西北大学考古学系列研究 第 9 号

冉万里 著

中华文明十论

考古学视野下的文明传承、交流与表达

上海古籍出版社

图书在版编目（CIP）数据

中华文明十论 ： 考古学视野下的文明传承、交流与
表达 / 冉万里著． -- 上海 ： 上海古籍出版社，2025.
4． -- ISBN 978-7-5732-1610-6

Ⅰ．K203

中国国家版本馆CIP数据核字第2025EU4409号

责任编辑：贾利民
技术编辑：耿莹祎
美术编辑：阮　娟

中华文明十论
——考古学视野下的文明传承、交流与表达
冉万里　著
上海古籍出版社出版发行
（上海市闵行区号景路 159 弄 1-5 号 A 座 5F　邮政编码 201101）
（1）网址：www. guji. com. cn
（2）E-mail：guji1 @ guji. com. cn
（3）易文网网址：www. ewen. co
上海雅昌艺术印刷有限公司印刷
开本 700×1000　1/16　印张 14.5　插页 18　字数 195,000
2025 年 4 月第 1 版　2025 年 4 月第 1 次印刷
印数：1—2,500
ISBN 978-7-5732-1610-6
K·3864　定价：78.00 元
如有质量问题，请与承印公司联系

图版一　河南洛阳涧磁汉墓壁画中的月亮图像

图版二　河南密县打虎亭东汉墓壁画中的宴饮乐舞图

图版三　山西太原北齐徐显秀墓壁画中的宴饮乐舞图像

图版四　陕西西安长安区唐韩休墓墓室东壁乐舞图像

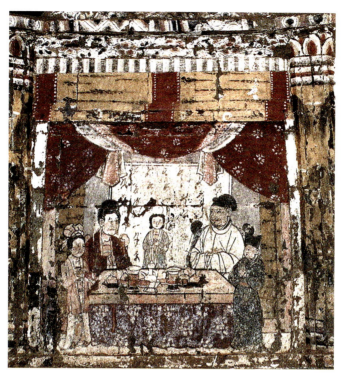

图版五　河南新安县李村 1 号北宋墓壁画中的开芳宴图像

图版六　内蒙古赤峰元宝山宁家营沙子山元墓墓室北壁壁画中
的夫妇并坐像

图版七　陕西蒲城洞耳元墓壁画中的开芳宴图像

图版八　陕西扶风法门寺塔基地宫
出土鎏金银香囊

图版九　西汉霍去病墓前马踏匈奴石刻

图版一〇　北魏宣武帝景陵神道石人

图版一一　甘肃敦煌莫高窟第 194 窟菩萨像

图版一二 四川安岳毗卢洞宋代第 19 窟水月观音像

图版一三　浙江杭州飞来峰南宋布袋和尚像

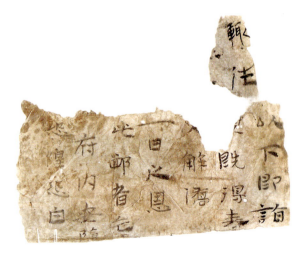

图版一四　甘肃敦煌悬泉置遗址出土西汉墨书纸张

图版一五　河南洛阳关林出土三彩罐

图版一六　北齐东安王娄睿出土二彩盂

图版一七　河南巩县石窟寺第 4 窟平棋飞天

图版一八　山西大同云冈石窟北魏第 10 窟前室
东壁中部第 2 层燃灯佛授记本生

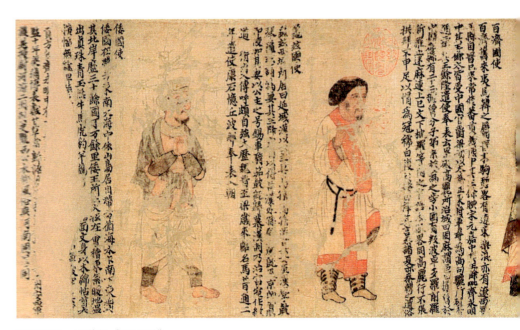

图版二〇　梁萧绎《职贡图》

图版一九　轩辕皇帝脚印石

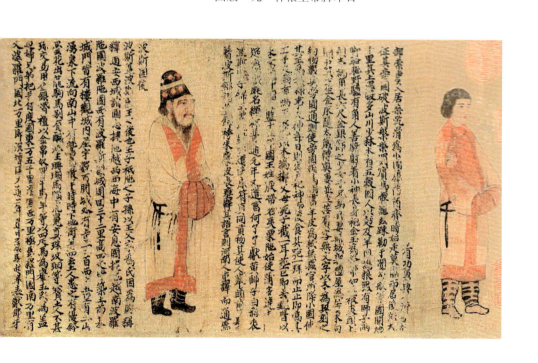

图版二一　唐阎立本绘《职贡图》

图版二二　河南博物院藏红陶乐舞人物陶印模

图版二三　唐章怀太子墓壁画中的客使图像

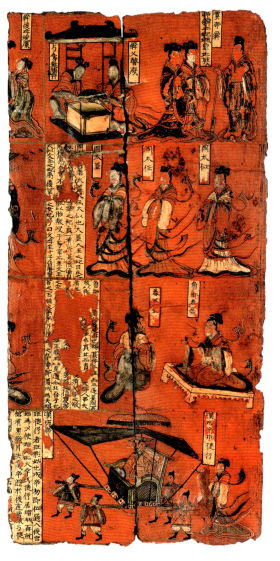

图版二四　北魏司马金龙墓出土漆画屏风

图版二五　云冈石窟第 10 窟前室北壁门拱上部浮雕的须弥山

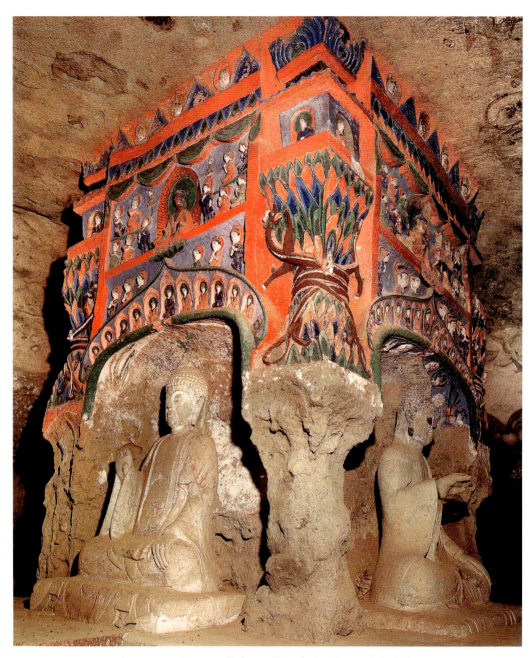

图版二六　辽宁义县万佛堂西区第 1 窟中心柱及上部的须弥山

图版二七　河南洛阳涧西七里河
　　东汉墓出土连枝灯

图版二八　西汉平陵十六国墓出土陶连枝灯

图版二九　西安中兆 M100 第一过洞上上部的仿土雕木构门楼

图版三一　河南洛阳孟津出土"晋归义胡王"金印

图版三〇　山西省忻州市九元岗北朝墓门楼图

图版三二　山东青州龙兴寺窖藏
出土北齐贴金彩绘佛立像

图版三三　山东青州龙兴寺窖藏
出土贴金彩绘佛立像

图版三四　西安铸锅厂北西汉墓出土陶女俑

图版三五　陕西韩城盘乐村北宋壁画墓墓室东壁佛涅槃图像

图版三六　河北邺城北吴庄出土东魏至北齐佛教造像

图版三七　西汉长安城遗址出土青龙纹瓦当

图版三八　陕西安塞大佛寺石窟北魏至西魏时期
第4窟中的太子诞生

图版三九　陕西西安雁塔区隋正觉寺遗址出土北
周天和二年（567年）菩萨像

图版四〇　山西大同云冈石窟第 9 窟后室南壁第 2 层西侧佛龛中
鬼子母与般支迦并坐像

目　　录

引　子

　　为了应对这个变化快、信息量爆炸的时代，在考古教学和研究中如何对五千年中华文明进行表达，并达到传承的目的，需要不断地思考和凝练。在这一过程中，根据层出不穷的考古新发现，需要缀合复原一件件破碎的器物和一处处残破的遗迹，然后在其基础上不断地总结和构建，并将其放在历史的长河中进行思考，从而将单个的遗迹与遗物有机联系在一起，成为一个个鲜活的案例，使人们在这些鲜活的案例中进行思考并受到启发，这是当下考古学教学和研究应该承担的历史使命。有鉴于此，本书以历史唯物主义的观点，系统地分析经典考古遗存所反映的五千年中华文明的一脉相承性、创新性、理想性、开放性、包容性、多元一体性、善于学习和总结等特征，凝练出一些案例并形成文字。因笔者学力有限，在对中华文明的各种特性进行总结与凝练的过程中，还存在着这样那样的不足之处，尚祈方家不吝批评与指正。

第一章　论中华文明连绵不断

　　对于历史上发生的任何事件、发现的任何考古遗存，都不能将其作为一个孤立的现象来对待，而应置入宏大而清晰的历史背景中去看待，就是要有时空观念，对待考古学上的遗存也是如此。否则的话，容易一叶障目，不见森林。这个道理浅显易懂，但具体到某个问题的分析时，却容易片面化和阶段化，放大其特殊性的一面，而忽略其系统性，从而看不到历史的进程其实一直都是一脉相承的，只是有些是显性的，有些是隐性的，显性的容易发现，而隐性的需要去探究。这种具体的实例，在考古学遗存中显得更生动活泼和具体形象。

　　考古发现的遗迹与遗物是丰富的，可以用琳琅满目来形容，这是由考古学的特点所决定的。因为考古发掘与发现的遗迹、遗物虽然是碎片化和非全面性的，但涉及当时社会的方方面面，所以，其数量是巨大的，内容是丰富的。综合而言，考古学家通过对遗迹与遗物的不断缀合，自然会看到一个古代社会方方面面的缀合体，由此可以清晰地看到中华文明的连绵不断性特征，而这种连绵不断性还可以分为两种情形：一种是通过接力棒式的延续和发展，也就是直接继承和发展；一种是通过不断的技术积累或者形象叠加而形成的，可以概括为继承与创新并存，而创新则往往在某一个特定的时间段爆发。这两种情形实际上也不能完全割裂，在许多情况下，都是通过技术积累或形象叠加而发生创新，在创新之后又被继承和发展。

第一节　赓续文明之脉的石经

在中国历史上，将儒家经典刻于石、立于太学，是重大的国家文化工程。相对于简帛而言，以石为载体的儒家经典不仅可以提供经典范本，供人观摩学习，也包含有以这种形式赓续文明之脉的美好愿望。所以，自东汉始，石经代有雕琢。这种将儒家经典雕刻于石的做法，后来还影响到佛教，出现了大规模的雕刻佛经活动。北齐唐邕的《唐邕刻经记》（《唐邕刻经记碑》）说明了刻经于石的优点，其文云："缣缃有坏，简策非久，金牒难求，皮纸易灭。于是发七处之印，开七宝之函，访莲华之书，命银钩之迹，一音所说，尽勒名山。"[1]

一、熹平石经

东汉时期的太学，建于光武帝建武五年，东汉顺帝永建六年（131年）重修太学，"凡所造构二百四十房，千八百五十室"[2]。学生最多时达 3 万余人，这是我国最早的大学，著名大儒马融、郑玄、班彪、桓谭等都曾在此讲学。熹平四年（175 年），"灵帝乃诏诸儒正定《五经》，刊于石碑，为古文、篆、隶三体书法以参检，树之学门，使天下咸取则焉"[3]。所谓古文，即科斗书；篆，即大篆；隶，即八分书。从传世和考古发现的熹平石经残块来看，熹平石经为隶书[4]。关于刊刻石经的目的，据《后汉书·蔡邕传》记载："（蔡）邕以经籍去圣久远，文字多谬，俗儒穿凿，疑误后学，熹平四年，乃与五官中郎将堂溪典，光禄大夫杨赐，谏议大夫马日磾，议郎张驯、韩说，太史令单飏等，奏求正定《六经》文字。灵帝许之，邕乃自书丹于碑，使工镌刻立于太学门外，于是后儒晚学，咸取正焉。及碑始立，其观视及摹写者，车乘日千余两（辆），填塞街陌。"[5]所刻石经的数量和经典种类，据唐李贤注《后汉书》引《洛阳记》云："太学在洛城南开阳门外，讲堂长十丈，广二丈。堂前石经四部，本碑凡四十六枚，西行，《尚书》《周易》《公羊传》十六碑存，十二碑毁。南行，《礼记》十五碑悉崩坏。东行，《论语》三碑，二碑毁。《礼记》碑上有谏议大夫马日磾、议郎蔡邕名。"[6]
据东晋、刘宋时期戴祚（字延之）的《西征记》记载："太学堂前石碑
四十枚，亦表里隶书《尚书》《周易》《公羊传》《礼记》四部，本石壤
相连，多崩败。"[7]又据《隋书·经籍志》记载："后汉镌刻七经，著于
石碑，皆蔡邕所书。"[8]文献记载的刻经种类有所不同，但结合考古发
现及文献记载、传世资料可知，蔡邕当时书写了《尚书》《周易》《仪
礼》《春秋》《公羊传》《论语》《鲁诗》（《诗经》有四家，其中鲁、齐、
韩三家为今文诗，《毛诗》为古文诗，而熹平石经所刻为鲁派所传，所
以称为《鲁诗》）七种经书，并镌刻成46通石碑，立于太学门前，作为
儒家经典的教科书，这就是"熹平石经"（图一），但不幸毁于东汉末年

图一　河南洛阳出土熹平
石经残石拓片

的董卓之乱。南北朝之时，石经又因战乱而迁移，至唐贞观初已"十不存一"。唐以后陆续有残石出土。1962 年和 1974 年发掘出土了《尚书》残石，1980 年又出土 600 多块残石[9]，但还有许多残石流落国外。

二、正始石经

汉末魏初，古文经学盛行，但《熹平石经》所刻都是今文经书，所以，魏齐王曹芳正始二年（241 年）又刻了《尚书》《春秋》《春秋左氏传》三种古文经书，正反两面刻经书，每字三体，先古文，次篆书，再隶书，因此又称为《三体石经》或《三字石经》（图二、三）[10]。刻成后置于洛阳太学讲堂西侧。据《水经注》卷十六记载："魏正始中又立古、篆、隶《三字石经》。""树之于堂西，石长八尺，广四尺，列石于其下。"[11] 石经残石在洛阳和西安都有发现，尤其是 1957 年在西安市北大街青年路发现的石经残石上刻有"□（正）始二年三月"，证明《正始石经》始刻于正始二年三月，确证了正始石经的始刻年代，弥补了以往各类著录的不足[12]。据《太平御览》卷五八九引《西征记》云："国子堂前（国子堂位于太学西侧）有列碑，南北行，三十五枚，刻之表里，书《春秋经》《尚书》二

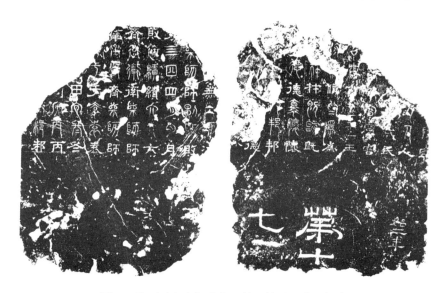

图二　陕西西安青年路发现的正始石经残石拓片

图三　河南洛阳出土正始石经拓片

部，大篆、隶、科斗三种字。碑长八尺，今有十八枚存，余皆崩。"[13]由此可知，正始石经有三十五石，在东晋、刘宋时期，虽也有崩坏，但仍存十八石，与熹平石经的"多崩坏"相比，保存状况要好一些。

据前引晋陆机《洛阳记》可知，熹平石经原碑有四十八石，经东汉末年董卓之乱的破坏，至西晋之时崩坏或毁者二十九石，已逾大半。从考古发掘来看，所谓石经"崩坏"或"毁"，是指其被毁坏成碎石残块。正始石经保存稍好一些，虽经十六国战乱，正始石经尚存。但在北魏孝文帝即位后，至迁都洛阳之前，曾以冯熙为洛州刺史，此人信奉佛法，他竟然取正始石经构建寺院佛塔。继冯熙任洛州刺史的常伯夫亦如此。据《魏书·冯熙传》记载："洛阳虽经破乱，而旧《三字石经》宛然犹在，至熙与常伯夫相继为州，废毁分用，大至颓落。"[14] 又据《资治通鉴》卷一百四十八记载："初，洛阳有汉所立《三字石经》，虽屡经丧乱而初无损失。及魏，冯熙、常伯夫相继为洛州刺史，毁取以建浮图精舍，遂大致颓落，所存者委于榛莽，道俗随意取之。"[15] 这里所谓的"宛然犹在""初无损失"，可能是指正始石经相较于熹平石经，残存下来的十八石保存较好。东魏时，高欢将残存的熹平石经和正始石经由洛阳迁至邺城，行至河阳（古县名，辖地包括今河南洛阳孟津区、孟州市的部分区域），因黄河北岸崩塌而陷于河中，"其得至邺者，不盈太半"。隋开皇六年（586 年），又由邺城迁往大兴（长安），"置于秘书内省，议欲补辑，立于国学。寻属隋乱，事遂寝废，营造之司，因用为柱础"。贞观初，秘书监魏征"始收聚之，十不存一"[16]。

三、开成石经

开成石经始刻于唐文宗大（亦作"太"）和七年（833 年），开成二年（837 年）完成，故称"开成石经"，又称《唐石经》（图四）[17]，原立于唐长安城务本坊国子监之内。五代后梁之时，始迁石经于原长安城唐尚书省西南。宋元祐五年（1090 年）移到府学北墉，具体地点在今西安碑林博物馆。清代以前所刻石经甚多，唯开成石经保存最为完好，是研究中国经书历史不可或缺的重要资料，也是文脉赓续的见证。

关于开成石经的雕刻，据文献记载，唐文宗大和年四年（830 年），翰林侍讲学士郑覃上奏唐文宗："经籍讹谬，博士相沿，难为改正。请召宿儒奥学，校定六籍，准后汉故事，勒石于太学，永代作则，以正其阙。"[18] 于是在唐大和七年（833 年）始刻《周易》《尚书》《毛诗》《周礼》《仪礼》《礼记》《春秋左氏传》《春秋穀梁传》《春秋公羊传》《孝经》《论语》《尔雅》等 12 种儒家经典 160 卷，114 块经碑。每石两面刻经，共刻经文 650 252 字。每通经碑高约 2.16、面宽约 0.93 米[19]。下

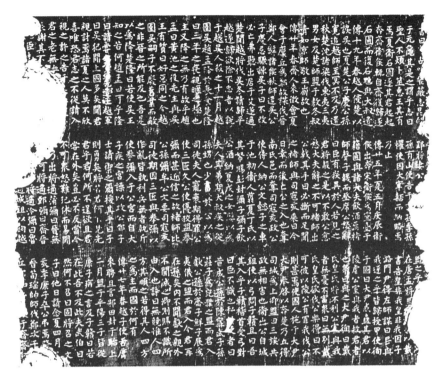

图四　西安碑林博物馆藏开成石经拓片

设方座，中插经碑，上置碑额，通高约 3 米。1949 年以前，"碑林管理委员会"去碑额平列成现存形式。开成石经的版面格式与汉魏石经不同，每碑分为上下 8 栏，每栏约刻 37 行，每行刻 10 字，均自右至左、从上而下、先表后里雕刻经文。经文由艾居晦、陈玠等书，每一篇经文的标题为隶书，经文为楷书，刻字端正清晰，按经篇次序衔接，卷首篇题俱在其中，一石衔接一石，故不易混乱。

　　唐石经的排列情况已不可考。自宋代移至现存处，皆坐北朝南，中留缺口断开为东西两厢。东厢石经次序，由南至北，折向西行，旋向外侧，计 57 石，自《周易》卷一起，有《尚书》《毛诗》《周礼》《仪礼》《礼记》，至"五经文字序列"及"九经字样"。西厢石经的次序，亦如东厢，自《春秋左氏传》《春秋公羊传》《春秋穀梁传》《孝经》《论语》

《尔雅》，亦 57 石，整齐有序。

四、蜀石经

蜀石经刻于五代后蜀孟昶的广政七年（944 年），用楷书刻《易经》《书经》《毛诗》、"三礼"、《左传》《论语》《孝经》《尔雅》等十经于成都。宋人又补刻《公羊》《穀梁》《孟子》《尚书》。蜀石经经文下有双行小字的注，这为历代石经所仅有。南宋时，蜀石经是经书的通行本。1938 年，四川成都出土蜀石经残石数十方，现大都存于四川、重庆的博物馆中。此后的北宋仁宗嘉祐六年（1061 年）、南宋高宗绍兴十三年（1143 年）、清乾隆五十六年（1791 年）都曾刻过石经[20]。

经文承载着中华文明的思想精髓，东汉至清代连续不断地雕刻，这件事情本身就是为了赓续文明，更是中华文明连绵不断的体现。

第二节　金乌玉兔与鸟蛙，月中金桂新开花
——形象叠加形成的连绵不断性特征

唐代铜镜和唐墓壁画中的月宫图像以及太阳图像，种类丰富且形象生动，但它们不是一下子就产生的，而是从史前时期的鸟、蛙纹逐渐演变而来的，要了解其形式和内涵的变化，必须将其与史前时期流行的鸟纹和蛙纹崇拜联系起来进行观察，并以之为例，从形象叠加的角度来探讨文明的一脉相承性。

已故著名考古学家严文明先生指出，在我国古代的神话传说中，有许多关于鸟和蛙的故事，其中许多可能和图腾崇拜有关。后来，鸟的形象逐渐演变为代表太阳的金乌，蛙的形象则逐渐演变为代表月亮的蟾蜍。《楚辞·天问》说："羿焉射日，乌焉解羽？"《山海经·大荒东经》说："一日方至，一日方出，皆载于乌。"说的就是乌鸦和太阳的关系。《楚辞·天问》又说："夜光何德，死则又育？厥利维何，而顾菟在腹？"夜光就是月亮，关于顾菟，闻一多先生以为即蟾蛤的古音读，顾菟在腹，就是月亮中有蟾蜍。《淮南子·精神训》径直说"而

月中有蟾蜍"，就更加清楚了。这就是说，从半坡期、庙底沟期到马家窑期的鸟纹和蛙纹，以及从半山期、马厂期到齐家文化和四坝文化的拟蛙纹，半山期和马厂期的拟日纹，可能都是太阳神和月亮神的崇拜在彩陶花纹上的体现。这一对彩陶纹饰的母题之所以能够延续如此之久，本身就说明它不是偶然的现象，而是与一个民族的信仰和传统观念相联系的[21]。安徽含山约公元前 3500 年的凌家滩 M29 出土 1 件玉鸟，长 6.5、高 3.5、厚 0.2～0.5 厘米（图五）[22]。鸟呈鹰首形，以尾部作为支撑，展开双翼，羽翼两端雕琢成豚形。在玉鸟胸、背部分别雕刻一个圆形图案，其内雕刻一个边缘有八角形的星状纹饰。其胸、背部的圆形图案及其中的星状图案，可能象征太阳，用飞鸟运载着太阳飞行来表示太阳的运行。这一图案与《山海经》所云的"一日方至，一日方出，皆载于乌"非常接近。凌家滩遗址 M29 出土的玉鸟与太阳图案，奠定了后来太阳形象的基础，在汉代画像石及汉墓壁画中，就有不少载着太阳飞翔的羲和形象，而单独表现的太阳形象，则是在一个圆圈之内雕刻或绘制飞翔或站立的三足乌（图六）[23]。

鸟纹——对太阳的崇拜，从史前开始出现发展到汉代基本定型，人们首先刻画一个圆圈，并将三足乌纹（三足乌）刻画在其中，以象征太阳。汉代完成了太阳形象的具体化和定型化，其形象屡屡出现在

图五　安徽含山凌家滩 M29 出土玉鸟　　图六　陕西绥德汉画像石上的太阳图像

汉代的墓葬壁画及画像石等载体上，成为太阳的基本形状，并为后代所继承。太阳图像始于新石器时代的鸟纹，到汉代太阳样式的定型化，我们的祖先用了三四千年的时间，并最终将其延续下来。新石器时代的蛙纹崇拜也经历了同样的历程，也在汉代最终成为月亮的基本形象。正如东汉王充《论衡》卷十一中所引："日中有三足乌，月中有兔、蟾蜍。"[24] 王充本人虽然否定此说，但却反映了其广为流传的一面，只是随着历史的发展，其形象越来越丰富、越来越生动，不断地添加了桂树、嫦娥、玉兔捣药等（图版一，图七）[25]，甚至还出现了仙人吴刚月中伐桂的传说。据《酉阳杂俎》卷一"天咫"记载："旧言月中有桂、有蟾蜍，故异书言月桂高五百丈，下有一人常斫之，树创随合。人姓吴名刚，西河人，学仙有过，谪令伐树。"[26] 但不论怎样变化，蛙——蟾蜍作为月亮形象的核心这一点没有根本性的改变。太阳和月亮形象明显地带有远古的记忆，也是能够反映五千年中华文明绵延不断、不断发展的一个典型例子。这样的例子绝对不只这两个。

图七　唐代铜镜上装饰的月宫故事

第三节　宴饮图、乐舞图和开芳宴
——一脉相承的思想和艺术表现

墓葬壁画中的坐帐宴饮图、乐舞图和开芳宴图像，是对当时社会生活的表现和模拟，在艺术形式上则折射了礼乐文明的延续性。在汉墓壁画及画像石、画像砖上出现之后，为魏晋南北朝时期及隋代的墓葬壁画所继承，在唐代此类图像虽然表现形式有所变化，但图像中所包含的基本元素仍然存在。五代之时，这种乐舞图像往往以雕刻的艺术形式出现。在中原北方地区的宋代仿木建筑雕砖壁画中，或雕刻或绘制的夫妇对坐图像，被人们称为"开芳宴"。受唐宋的影响，辽墓中也常见此类壁画。元代之时，宋墓中常见的"开芳宴"样式的壁画仍然存在。

　　宴饮乐舞图像，是汉墓壁画、画像石、画像砖等载体上的常见题材，画面一般较为宏大，人物众多，但尚未形成以墓主人夫妇为中心的艺术表现形式，仅少量图像中有夫妇并坐的形象。它一方面是对上层社会生活的艺术表现，体现的是当时社会的礼乐文化；另一方面，则往往与帝王、将相、孝子、列女等题材相结合，其主要目的是体现礼乐文化的教化意义。如西汉元帝至新莽时期的墓葬壁画中，不仅绘制有宴饮乐舞群像（图八），而且还出现了以女性为核心的宴饮乐舞图像（图九），壁画中的女性墓主人绘制在四周带遮挡的榻内，榻则围绕在一个曲尺形的屏风之内，女性墓主人身躯高大突出，在其前方绘制两席地对坐的宴饮客人，两列客人之间绘制挥舞长袖的舞蹈人物[27]；河南新密打虎亭东汉墓

图八　西安理工大学西汉墓壁画中的宴饮乐舞图像

图九　西安理工大学 M1 西壁壁画中的女性宴饮乐舞图像

葬壁画也以群像表现宴饮乐舞的场景（图版二）[28]；河南洛阳偃师区朱村东汉墓壁画中出现了墓主人夫妇坐帐宴饮图，墓主人夫妇男左女右坐于帐中榻上，男女服装均右衽。二人前方几上置杯盘，几下前方置一三足圆案，其上置一三足樽，樽内置一勺[29]；陕西榆林郝家滩东汉墓葬壁画中绘制的夫妇并坐像[30]，其并坐方式为女左男右，而且男女的服装也有差异，男性为右衽，女性为左衽，反映了陕北地区汉人与少数民族通婚的情景，所以，男女并坐的方式也受到当时当地风俗习惯的影响。西汉至东汉时期墓葬中出现的各类宴饮乐舞图像，反映了宴饮乐舞图像特别是夫妇并坐的宴饮乐舞图像尚处于发展阶段，为后来的夫妇坐帐或对坐奠定了基础。

　　十六国时期的宴饮乐舞图，在河西一带墓葬中有所发现，如甘肃酒泉丁家闸北凉时期五号墓绘制的宴饮乐舞图像[31]。男性墓主人位于屋顶铺瓦的四面无墙的亭子之内，手持麈尾坐于榻上，其身后为一男一女的侍者，在其较远的前方绘制奏乐、舞蹈和杂技图像，在墓主人和乐舞图像之间绘制一个多足几，几上置一个三足酒樽，樽内漂浮一勺，几下绘制一个带足扁壶，以表现宴饮场景。在关中地区的十六国时期墓葬中，虽然目前未见宴饮乐舞壁画的图像，但发现众多的乐舞陶俑。这些陶乐舞俑可以视为另外一种形式的宴饮乐舞图像。比较典型的发现是陕西咸阳洪渎原布里十六国大墓发现的陶女乐俑[32]，该墓在前室东部放置有东西两排奏乐女俑，中间放置4个奏乐女俑，在两排奏乐女俑的东西两端各放置1个奏乐女俑，共计26件奏乐女俑，反映了规模宏大的宴饮乐舞场景。陶女乐俑的数量也与这座十六国大墓的规模相匹配。该墓由长斜坡墓道、二天井、二过洞、前后甬道、前后墓室组成，水平总长98米，是目前所知规模最大的十六国时期墓葬。

　　南北朝时期的宴饮乐舞图像，以北魏、北齐时期的墓葬壁画为代表。如山西大同沙岭北魏墓墓室东壁正中绘制一庑殿顶带鸱尾的建筑，建筑之内绘制夫妇二人男左女右坐于其中，男主人手持麈尾，在墓室南壁则主要绘制庖厨宴饮的场景[33]；洛阳北魏王温墓墓室东壁绘制有坐帐宴饮乐舞图（图一〇），夫妇二人男左女右坐于可移动的帷帐一侧，帐的另一侧外面绘直棂窗。帐右侧有三女性呈舞蹈状，帐左侧站立三

图一〇　洛阳北魏王温墓墓室东壁壁画

女性，帐前站立一童子。帐外两侧前方以朱、墨绘制园林景致的山石树木 [34]；山西太原北齐徐显秀墓壁画绘制的图像中，墓主人夫妇坐于帐内，在其两侧绘制奏乐者和侍宴者（图版三）[35]。

隋墓壁画中的宴饮乐舞图像，以山东徐敏行墓壁画中的夫妇并坐宴饮图像为代表 [36]。夫妇二人男左女右并坐于高榻之上，榻前是一个舞蹈人物。这种将墓主人夫妇图像与乐舞图像绘制在一起的做法，沿用了汉魏旧习。与之相并行，在河南安阳隋墓中还常见瓷质的伎乐俑群，这可以视为另外一种形式的宴饮群像，再如安阳置度村隋墓出土的站立的青瓷伎乐俑群 [37]、开皇十五年（595 年）张盛墓出土的坐部伎乐俑群 [38]。

唐墓壁画中的同类图像与以往有所不同，在壁画中主要表现大型乐舞的场景，绝大部分壁画中未见宴饮情节，仅个别墓室东壁绘制宴饮图，如陕西西安长安区南里王村唐墓墓室东壁绘制的宴饮图 [39]。由于唐墓的方向主要为坐北向南，一般在墓室西侧安置棺木，所以，乐舞等题材的壁画主要绘制在墓室东壁，仅个别的绘制在甬道两侧壁。从绘制壁画的唐墓墓主身份来看，其墓主人大都在三品以上。墓室东壁绘制的乐舞图像，其表现形式有两种：第一种是在墓室东壁仅绘制乐舞图像，不表现欣赏乐舞的人物图像，而与墓室西侧墓主人尸骨的棺椁相对应，这种形式预示着在地下世界里，单独的墓主人或者墓主人夫妇正在欣赏乐舞演奏。如唐昭陵陪葬墓之一的燕妃墓 [40]、韩休墓（图版四）[41]、苏思勖墓 [42] 等墓葬的墓室东壁，都在墓室东壁绘制大型乐舞图像，但却未绘制出墓主人形象。有的墓葬由于在墓室西侧安置石椁而占据了墓室的大部分空间，从而将乐舞图像绘制在甬道的两侧壁，或在墓室壁面分开绘制。如唐韦贵妃墓的乐舞图像绘制于后甬道两侧壁 [43]，李勣墓墓室绘制的乐舞图像则分别绘制于墓室北壁东侧和墓室东壁北侧 [44]，两者可以相互衔接；第二种情况是在乐舞图一侧绘制出一组人物，多为女性群像，坐于群像之中心位置者应该是墓主人形象，其壁画表现形式的代表性墓葬有让皇帝李宪夫妇合葬墓（图

图一一 唐让皇帝李宪夫妇合葬墓墓室东壁的乐舞图像

一一）[45]以及新近发现的开元四年（716年）康比比墓等。其表现方式虽然继承了北齐时期将乐舞图像绘制于墓主人夫妇两侧的做法，但两者之间还是有一定区别的，北齐时期的墓葬壁画将演奏者、侍宴者横列于墓主人夫妇两侧，未表现出墓主人夫妇欣赏乐舞的一面，动感不强烈。而唐墓壁画中以墓主人为中心的群像则多是呈侧身面对乐舞图像，表现出了正在欣赏乐舞的瞬间，其动感比较强烈。与墓葬壁画中的乐舞图相对应，唐墓也随葬有大量乐舞陶俑，这些可以视为宴饮乐舞图像的一种补充。

宋墓中的"开芳宴"，通常绘夫妇二人端坐一桌或分坐两桌，一般为男左女右，桌上置注子注碗、果品盘碟等，仆侍拥立周围，有家庭和美、夫妻恩爱、家庭富贵的寓意。而与墓主人夫妇对坐图像相对的一面墓室墙壁之上或雕或画杂剧、散乐、花卉牡丹等，以表示墓主人夫妇欣赏它们的场景。从墓主人夫妇与杂剧、散乐等的位置关系来看，墓主人夫妇对坐图像有些绘在西壁，而东壁等壁面绘制杂剧、散乐等；有一些墓葬的墓主人夫妇对坐像绘制在北壁，而东南壁绘制散乐图，两者基本呈相对的布局样式，这一点表明宋墓与唐墓之间有某种内在联系，只是唐墓中与乐舞图相对的主要为棺椁而已，棺椁中即葬有墓主人。由此可见，唐宋时同类图像的主要差异表现在，宋代是以直观的艺术形式表现墓主人夫妇，唐代则以棺椁隐性地表现墓主人的存在。一些宋代墓葬还将墓主人夫妇对坐与乐舞图像绘在一起，这一点则与唐代相似。宋代墓葬的开芳宴壁画以河南禹州白沙 1 号宋墓[46]、白沙 2 号宋墓[47]、新安县李村 1 号宋墓（图版五）[48] 等墓葬中的开芳宴图像为代表。

　　元代之时，在墓室一面绘制墓主人夫妇的坐像，其余壁面则绘制散乐等图像，通过整体来表现宴饮、乐舞图像。部分夫妇并坐图像继承了以往男左女右的表现方式，如内蒙古赤峰元宝山宁家营沙子山元墓墓室北壁壁画中的夫妇并坐像（图版六），画面中的女性服饰表现出汉族女性的特点，头部未戴蒙古族的姑姑冠[49]；内蒙古凉城蛮汉镇后德胜村元墓壁画中的宴饮图，墓主人夫妇男左女右，两旁各有侍女在布置饮食[50]。也有部分元墓壁画中的同类图像与宋代的不同，这部分元墓的墓主人夫妇排列与传统的正好相反，为女左男右，比较有代表性的墓葬如陕西蒲城洞耳元墓壁画中的夫妇并坐宴饮图（图版七）[51]。在一些石窟壁画中也有这种现象，如甘肃瓜州榆林窟第 6 窟明窗前室西壁北侧的元代蒙古族供养人像即为女左男右[52]，而在同一石窟明窗甬道北壁站立的蒙古族供养人像则表现为男左女右[53]。在元代墓葬等的图像资料中，夫妇并坐出现两种排列方式并存的现象，一方面反映了当时社会生活的多元性，另一方面则通过艺术表现上对当时民族文化融合情形进行了形象的表达。

　　值得注意的是，汉代以来墓葬中流行的宴饮乐舞图像，也影响到了来华粟特人、鱼国人的墓葬。如陕西西安北周安伽墓屏风石榻上雕刻有夫妇家居宴饮图像[54]，夫妇二人男左女右，但其房屋建筑样式却是中国传统的木构建筑样式，工匠们在雕刻之时显然模仿了当时长安地区流行的家居宴饮样式。无独有偶，在山西太原隋虞弘墓的石椁线刻上也出现了宴饮乐舞图像（图一二）[55]，夫妇二人女左男右对坐宴饮，这应该也是受了中国流行的家居宴饮的影响。从葱岭以西地区考古发现的宴饮图像来看，图像中的人物一般较多，而且多呈横列样式，单独表现夫妇对坐宴饮者罕见，如位于乌兹别克斯坦西北约 15 千米阿姆河上游的巴拉雷克遗址，其年代在 5～6 世纪，该遗址是嚈哒人的城址，其中发现的壁画绘制有以群像横列样式表现的宴饮图像[56]。这说明，北

0　　　　　　　20 厘米

图一二　山西太原隋虞弘墓石椁上的夫妇宴饮乐舞图像

周、北齐至隋代的粟特人、鱼国人葬具上雕刻的宴饮图像，应该受了同时期中国宴饮图像的影响，是来华粟特人、鱼国人等融合中国传统的礼乐文化形成的。

第四节　技术积累基础上的继承与创新

一、铜镜形制的变化

从世界范围来看，铜镜的出现以西亚和中国为早。中国最早的铜镜见于齐家文化，约为公元前 2000 年。据分析，从战国至隋唐的铜镜，一般平均含铜约 70%、锡约 24%、铅约 5%，其他 1%。与其他青铜器相比，铜镜锡的含量较高，有利于使镜面光亮，便于映照。世界古代的铜镜大体上可以分为两大体系：一是西亚、埃及、希腊、罗马的有柄镜，形制多为圆形，附有长柄；一是中国铜镜，镜子背部中央有纽以穿绦带，无柄，到了宋代才出现并流行柄镜。

作为日常生活用品的铜镜，其形制也具有鲜明的一脉相承性和创新性。我国现知最早的铜镜出现在齐家文化，其样式为带纽的圆形，与西方的希腊、罗马、波斯等地的有柄镜在形制上有根本性不同。有柄镜虽然在我国的新疆、西藏等地都有发现，但并没有影响我国传统的铜镜样式。

齐家文化创造出纽镜之后，被后代继承下来，成为我国古代铜镜的基本样式。这种圆形带纽的铜镜在我国延续了将近五千年，其中只有形制和纹饰的不断变化。唐代以前的铜镜以圆形为主，在战国及汉代、南北朝至隋朝之时偶见方形或长方形铜镜。至隋唐时期特别是唐代，铜镜形制则发生了巨大变化，突破了以往较为单一的以圆形铜镜为主的情形，出现了各种新颖的造型，如菱花形、葵瓣形、委角方形（亚字形）、圆角方形等，但纽镜这一基本特征没有根本的变化。虽然在极个别的唐代石椁线刻或陶俑中，偶见有持柄镜者，如陕西历史博物馆所藏陶女俑手中持有柄镜[57]；唐韦顼石椁上线刻图像有仕女手中持柄镜（图一三）[58]。但考古发掘已充分证明，唐代的铜镜中未见这种柄镜，说明这种柄镜在唐代仅是昙花一现，纽镜仍是主体，一直到宋代才开始大量出现柄镜。宋代柄镜的出现，是现实生活需要变化的必然结果，而不是外来文化影响的直接结果。宋代之时，铜镜分为纽镜和柄镜两种，纽镜不仅有圆形、菱花形、委角方形、葵花瓣形、方形、长方形等，还出现了棱边形和像生形（模拟某种器物等的形状而制作的铜镜，如钟形、鼎形、炉形、心形、盾形等）等。宋代柄镜由长柄和镜身组成，镜身形制与纽镜基本相同。此后的辽、金以及明清时期铜镜，仍以圆形纽镜为主体。

图一三 唐韦顼石椁上线刻的仕女手中持柄镜图像

铜镜的形制从圆形（齐家文化至魏晋南北朝）——方形或长方形（战国、汉、南北朝）——菱花形、葵瓣形、委角方形、圆角方形以及仿生形（隋唐、宋）的发展过程中，纽镜作为基本形制未发生变化，但其形制却不断地创新，形制越来越多样化，并被继承下来。往往是某种形制萌芽于前代甚至更早的时期，在接下来的时代则成为主体形制，从而使得铜镜的形制丰富多彩，这正是在技术积累基础上的传承与创新的典型例子。

二、具有传奇色彩的香囊

技术积累基础上传承与创新的另一典型例子就是金属香囊。这种圆球形金属香囊是带有传奇色彩的器物，在唐代有较多的发现（图版八）[59]。对于这种器物的认识过程，本身就经历了一个曲折的过程[60]。其最大的特征是在镂空圆形外罩之内，安置一个圜底的钵形盂，不论其怎么转动，钵盂都处于一个水平面上，与现代飞机和轮船上使用的陀螺仪原理极为相似。

香囊的实物虽然最早见于唐代，但据文献记载，它在汉代已经创造出来了。由于其内钵盂的不倾斜能够保持平衡，可以放到被褥之中用来熏香，所以人们赋予其不同的通俗易懂的名称——汉魏时期称之为"鎤""卧褥香炉""被中香炉"，唐代称之为"香囊""香毬"，明代称之为"香毬"[61]。

文献中对香囊的记载，最早见于西汉司马相如的《美人赋》，其文云："寝具既陈，服玩珍奇，金鎤薰香，黼帐低垂，袵褥重陈，角枕横施。"宋代章樵注云："鎤音匜，香毬，袵席间可旋转者。"[62] 更加明确而详细的记载，则见于《西京杂记》，该书卷一"巧工丁缓"条记载："卧褥香炉，一名被中香炉。本出房风，其法后绝，至（丁）缓始更为之。为机环转运四周，而炉体常平，可置之被褥，故以为名。"[63]

《一切经音义》卷六记载："香囊者，烧香圆器也，巧智机关，转而不倾，令内常平。"卷七又云："香囊者，烧香器物也，以铜铁金银聆瓏圆作内有香囊，机关巧智，虽外纵横圆转而内常平，能使不倾，妃后贵人之所用之也。"[64] 又据《旧唐书·杨贵妃传》记载，"安史之乱"爆发时，唐玄宗在逃往四川的途中被将士所逼而缢杀了杨贵妃，并将其葬于马嵬驿西道侧。"上皇自蜀还，令中使祭奠，诏令改葬。……上皇密令中使改葬于他所。初瘗时以紫褥裹之，肌肤已坏，而香囊仍在"[65]。这段文献记载验证了香囊确为"妃后贵人"所使用。

这种充满神奇色彩的香囊，也在唐诗中屡屡被描述和歌咏。如元稹《香毬》云："顺俗唯团转，居中莫动摇。爱君心不恻，犹讶火长烧。"[66] 元稹《友封体》云："雨送浮凉夏簟清，小楼腰褥怕单轻。微风暗度香囊转，胧月斜穿隔子明。桦烛焰高黄耳吠，柳堤风静紫骝声。频频闻动中门锁，桃叶知嗔未敢迎。"[67] 白居易《青毡帐二十韵》云："铁檠移灯背，银囊带火悬。深藏晓兰焰，暗贮宿香烟。"[68]

香囊在元明清时期仍然有所制作。如元陈樵《鹿皮子集》卷一有"卧褥香炉赋"。明田艺蘅《留青日札》卷二十二"香毬"云："今镀金香毬，如浑天仪然，其中三层关楗，轻重适均，圆转不已，置之被中，而火不复灭，其外花卉玲珑，而篆烟四出。"[69] 香囊一直延续到清代还在制作，只是其质地从铜、银等变成了珐琅器。故宫博物院收藏有清代的掐丝珐琅香囊[70]，造型与装饰精美，不论其形制还是结构，都与唐代所发现的完全一致，而且下部还有一束腰的喇叭形台座。

香囊的发明如果从西汉时期算起，至清代之时，这种圆球形金属香囊延续了两千多年。圆球形金属香囊不仅从西汉开始生产并延续下来，同时也对外部世界产生了影响。如日本奈良宫内厅正仓院收藏的银、铜香囊[71]；13 世纪西亚的马穆鲁克王朝也仿制出了同类器物[72]，只是其装饰纹样打上了浓郁的伊斯兰文化色彩。

第五节　兆沟、墓葬形制及陵园中的十二时俑、壁画中的列戟等反映的中华文明连绵不断性特征

中国是礼仪之邦，古代的礼仪被区分为吉礼、宾礼、嘉礼、军礼、凶礼等，以之来规范人们的日常行为。陵与墓是一类重要的考古学遗存，更是考古发掘与研究的重要内容之一，而丧葬礼仪属于凶礼的范畴，陵与墓则是凶礼规范的一系列礼仪活动完成后的最终结果。这一礼仪体现了古代中国人的丧葬观，是事死如生观念的实践。

考古发掘表明，陵与墓的组成包括墓域范围、封土、形制、葬具与葬式、随葬品等，它们又有规模大小、封土高低、随葬品种类与数量的多寡之别。事死如事生的丧葬观，与古代中国人的生死观念有着

密切关系。在佛教的地狱观念传入中国之前，古代中国人认为，生与死对应的是阳与阴，阳间世界就是生人的世界，而阴间世界就是死人的世界，而这两个世界的间隔以地面为界，分为地上世界和地下世界。在这种观念指导下的事死如生的丧葬观，实际上就是将地上世界"搬到"地下世界，是对生人世界的模拟。汉墓随葬的镇墓瓶上的文字中，常见"地上丞敢告地下丞"之类的话语，就是这种丧葬观念的典型反映。唐临川公主及虢王李凤墓发现的册封诏书[73]，不仅可以补文献之不足，同时又是地下世界模拟地上世界的生动例证，而"陵墓若都邑"[74]则是对其进行的高度概括。关于地上世界与地下世界所反映的丧葬观念，文献中还有些一些生动的记载。

据《史记·绛侯周勃世家》记载："条侯（周亚夫）子为父买工官尚方甲楯五百被（具、件）可以葬者[75]。取庸苦之，不予钱。庸知其盗买县官（天子）器，怒而上变告子，事连污条侯。书既闻上，上下吏。吏簿责条侯，条侯不对。景帝骂之曰：'吾不用也。'召诣廷尉。廷尉责曰：'君侯欲反邪？'亚夫曰：'臣所买器，乃葬器也，何谓反邪？'吏曰：'君侯纵不反地上，即欲反地下耳。'"[76]周亚夫之子为其买了五百件用于丧葬的铠甲和盾牌，但这些东西属于天子用器，由于未给雇工付搬运的工钱而被上告。官吏在审问周亚夫的过程中，说出了"君侯纵不反地上，即欲反地下耳"这样的话语，它可以作为地上世界与地下世界之间关系的恰当注脚。言外之意，周亚夫在地下仍然为臣，而景帝在地下仍为君，地下世界是地上世界的模拟，所以，审问的官吏竟然以此作为周亚夫欲在地下造反的口实。

既然阴与阳相对应，那么，在一定程度上而言，丧葬能够反映当时的社会状况和人们的世界观。对陵墓中的一些因素的探讨，可以明确看到其继承与发展的一面，也能够生动地体现五千年文明一脉相承的特征。刘庆柱先生将中华文明的连绵不断性称之为"不断裂的文明"[77]。

一、兆沟的继承和发展

兆沟是用来表示墓域范围的，虽然学界对其名称多有争论，如将其称为隍壕、界域或墓域、封沟、围墓沟等，但其作为墓域范围标志的本质没有改变，现在的一些论著中多称其为"围沟"，对汉代以前的兆沟，学界多有研究[78]。在近些年来的考古发掘中，发现了从商周到隋唐时期的陵墓兆沟，这不仅改变了以往对兆沟的认识，而且可以将其贯通考察，作为中华文明连绵不断的一个证据。

2022年，在河南安阳发现了围绕商王陵的兆沟[79]，将兆沟年代提前到了商代。与殷墟时代相差不远的青海卡约文化，也曾发现在墓葬周围开挖兆沟的现象[80]。最近几年，经西北大学文化遗产学院发掘的陕西旬邑西头村遗址，是泾河流域发现的规模最大的商周时期聚落之一，在该遗址也发现了开挖兆沟的大型墓地，兆沟内发现墓葬近千座，2020～2022年已经发掘了其中的中小型墓葬120座、马坑3座，并确定该兆沟墓地中墓葬的年代主要集中在商末周初和西周早期[81]。在春秋战国时期的秦国陵园或者墓地等都有兆沟的发现，如陕西宝鸡凤翔区秦雍城的秦公陵园、咸阳秦陵、临潼秦东陵、长安神禾原秦陵及陵园内大墓（图一四）等[82]；河南三门峡陕州区火电厂发现的秦墓中有8座墓葬周围带有兆沟[83]；山西侯马乔村战国至西汉墓葬也发现了围绕墓葬的兆沟[84]；通过多年的钻探和考古发掘证明，汉代帝陵及其陪葬墓都有兆沟的存在[85]；东汉墓葬也发现有兆沟，如河南三门峡交口东汉墓葬发现了兆沟[86]；西晋墓也是如此，如河南洛阳孟津区大汉冢西侧的西晋墓发现有兆沟[87]；在陕西咸阳空港建设中，发现了大量北朝至唐代墓葬，在一些墓葬的周围有大型兆沟，兆沟内墓葬排列整齐，延续时间长，为探讨北朝至唐代墓葬的兆沟提供了典型实例。北周墓葬的兆沟近年来发现数量大增，如西安咸阳空港建设过程中发现的北周孝闵帝静陵以及北周鹿善夫妇合葬墓、豆卢恩家族墓等都发现有兆沟围绕[88]。隋文帝泰陵经过钻探，在陵园垣墙之外也发现有兆沟存在[89]。近些年来的考古发掘证明，隋唐时期以兆沟作为墓域标志是当时的普遍现象。较有代表性的是隋王韶家族墓地发现的兆沟，兆沟之内共发现墓葬7座，据墓志可知有王仕通、王显、王韶、王弘等人的墓葬[90]（图一五）。又如

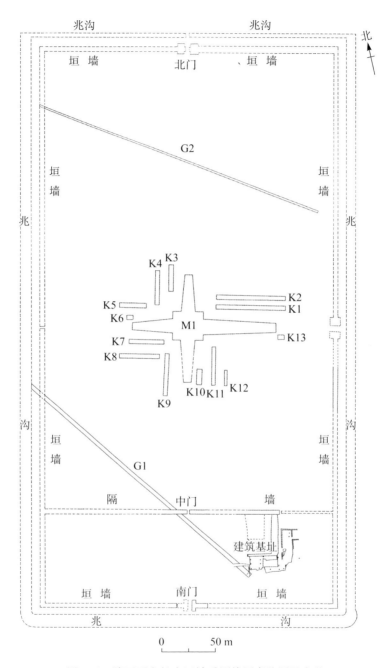

图一四　陕西西安长安区神禾原战国秦陵园及大墓

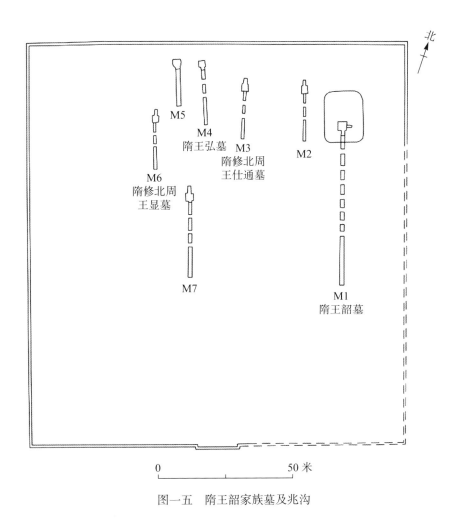

图一五 隋王韶家族墓及兆沟

唐乾陵陪葬墓之一的懿德太子陵园[91]，经过重新调查和钻探之后，发现封土周围有两重垣墙，外垣墙之外有兆沟环绕（图一六）。这种自商代延续至唐的陵墓兆沟，无疑是从墓域范围的表现形式这个层面展示着丧葬礼仪的绵延不断。

值得注意的是，兆沟开挖之后是否一直保留着？还是在当时已经填埋？从考古发掘的西安咸阳空港唐墓兆沟来看，其中张氏家族墓地

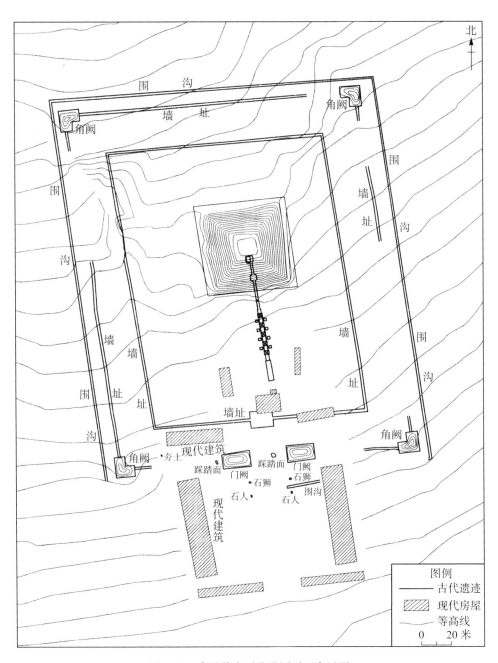

图一六　唐懿德太子墓墓园平面布局图

M92 的兆沟之内发现了十二时陶俑[92]，发现之时个别俑已经身首异处，但兆沟以及其中的堆积却未见被扰动的迹象，这说明十二时陶俑在填埋之时已经身首异处了。也就是说，十二时陶俑在兆沟之内应该放置了一段时间，在这期间已经身首异处。一些兆沟底部有数层因水流冲刷而形成的淤积痕迹，而其上部的堆积则为一次性堆积。这种堆积现象同样说明，兆沟在开挖之后在一定的时间段未经填埋。那么，从兆沟开挖到被填埋，其间间隔了多长时间呢？笔者推测，应该在守孝期满之后就将其填埋了。唐代的服丧期为三年，如《通典》卷八十九记载："天宝六载正月敕文：'五服之纪，所宜企及，三年之数，以报免怀'。"[93] 据此推测唐墓的兆沟从开挖到填埋其间隔时间为三年。兆沟的填埋除上述情况之外，还有因淤积等原因而填埋的现象，与前面两种情况相较，这种情况可能出现了某种变故而没有人工填埋，最终经过自然淤积而逐渐被填埋。墓葬周围存在兆沟的问题解决了，但新的问题又来了，沟内的堆积和填埋问题又提上了日程，值得考古工作者仔细观察其迹象。

兆沟在宋代之时仍然存在，如陕西蓝田吕氏家族墓地东、西、北三面有兆沟环绕，将整个墓地包含于兆沟正中偏北处[94]。宋代的兆沟具有双重属性，一方面是葬俗的继承和发展，另一方面则与宋代的复古潮流有关系，也就是说，存在刻意为之的一面。众所周知，自北宋仁宗以后，金石学蔚然成风，出现复古潮流，上自皇室下至士大夫都崇尚收藏商周钟鼎彝器以及历代碑刻等。据《铁围山丛谈》卷四记载："太上皇帝即位，宪章古始，眇然追唐虞之思，因大宗尚。及大观初，乃效公麟之《考古》，作《宣和殿博古图》。凡所藏者，为大小礼器，则已五百有几。世既知其所以贵爱，故有得一器，其直为钱数十万，后动至百万不翅者。于是天下冢墓，破伐殆尽矣。独政和间为最盛，尚方所贮至六千余数，百器遂尽。"[95] 在收藏的同时，还出现了大量的著录商周青铜器及历代碑刻的金石学著作，如欧阳修的《集古录》、赵明诚的《金石录》、吕大临的《考古图》及《续考古图》、王黼的《宣和博古图》、薛尚功的《历代钟鼎彝器款式》、李公麟《考古》、宋徽宗的《宣和殿博古图》等。作为金石学代表人物的吕大防、吕大临兄弟，其家族墓地使用兆沟这一点，绝不是偶然的，可视之为复古潮流的另外一种表现形式。这种发生在北宋、被称为复古潮流的现象，是伴随着宋以前各种遗迹与遗物的不断发现而产生的，对其进行著录、研究不是被动的，而是逐渐形成的，在这个过程中逐渐演变成为一种文化自觉，是自觉地对传统文化的继承和发展，这就很容易理解吕氏家族墓地会出现兆沟的原因了。但"上有所好，下必甚焉"，伴随着这股复古潮流而来的是大量古墓葬遭到破坏和盗掘。

从兆沟的发现及其自身的发展历史来看，帝陵的兆沟与"陵墓若都邑"的思想密切相关，它不仅是陵园范围的表示，更是都城护城河（壕）的象征，从而将陵作为郭城的象征。如经过勘探发掘证实，秦陵陵园一般由夯土垣墙或兆沟组成，有一重、两重甚至三重之分，有门或门阙[96]。普通墓葬的兆沟则主要表示墓域范围，并以之来体现聚族葬的习俗，是事死如生观念的体现，也是以血缘为纽带的社会关系的体现。

二、长斜坡墓道多天井多过洞墓葬的出现与延续

天井与过洞作为汉唐时期墓葬的组成部分，从而形成多天井多过洞墓葬。这种墓葬形制在西汉时期已经出现，主要见于西汉都城长安地区，如陕西省交通学校3号西汉墓、西安雅荷城市花园17号西汉墓（图一七）[97]等。考古发现的东汉时期此类墓葬数量逐渐增加，十六国时期一些较大型的墓葬继续沿用，如陕西西安焦村M25带有两个天井[98]；西安咸阳机场布里发掘的十六国大墓也修建有规模较大、面积几乎等同墓室的天井，形成长斜坡墓道、二天井、二过洞、带前后甬道的前后室墓[99]。这种长斜坡墓道多天井多过洞墓葬至北周时期被广泛使用，并被隋唐时期京畿地区墓葬所继承而成为墓葬的基本形制，如唐懿德太子墓（图一八）[100]。这一现象主要发生在汉代至北朝时期的长安地区，以及隋大兴唐长安城为中心的地区，虽然它们在时代上有所不同，但在地域上却基本是重叠的，这反映了作为周秦汉唐文化中心的

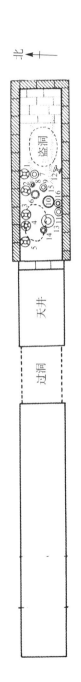

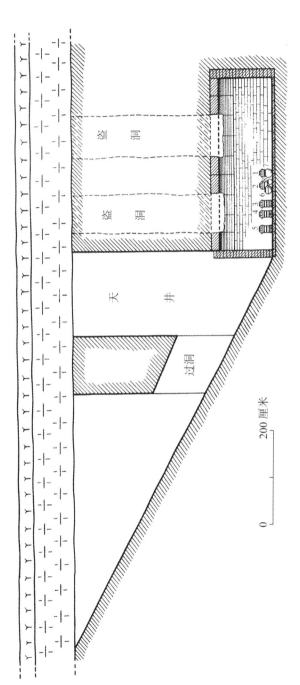

图一七 西安雅荷城市花园 17 号西汉墓平、剖面图

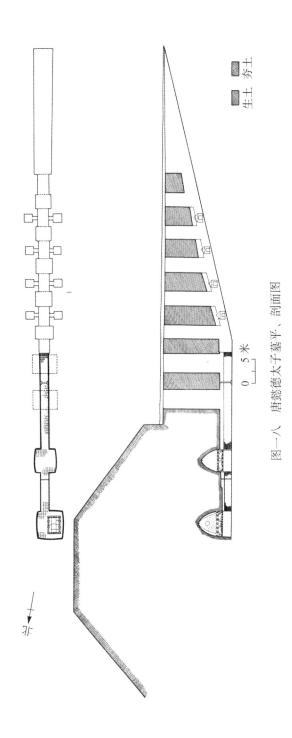

图一八　唐懿德太子墓平、剖面图

长安地区，在历史发展过程中形成了一些自身的文化传统，而这一传统的形成显然是数千年以来这一地区一直作为文化中心而积淀的结果。由于墓葬等级最显著最直观的标志之一就是其规模，高等级的墓葬往往通过增加天井和过洞数量的方式，或者增大天井、墓室本身的长度与宽度，从而使墓葬规模达到其所要表现的等级。这种长斜坡墓道多天井多过洞墓葬中的等级较高者多绘壁画，而壁画上往往绘有红色的影作木构建筑构件，如斗拱、阑额、柱子等，这也正是在事死如生思想指导下对其生前宅邸的模拟。

三、帝陵陵园中的十二时石俑

1974 年，唐肃宗建陵内城门外相继出土 2 件马首人身、猴首人身的十二时石俑，而且其出土位置也与十二时的方位相吻合[101]。这两件十二时石俑的发现，说明自中唐时期开始唐代帝陵陵园之内开始安置十二时石俑，这一发现不仅为唐代帝陵石刻增添了新资料，并开创了宋代帝陵陵园设置十二时石刻的先河。这种在唐代帝陵开始出现的新因素，在北宋帝陵陵园中则演变成一种制度，并且还有等级之分：皇帝陵出土的十二时石俑，青石质，下有须弥座，形体较大，雕刻精致。高度在 40 厘米以上；皇后陵出土的十二时石俑，用青石质，石座上部雕刻宝山纹，下部磨光。有的表面施红、绿彩绘，高约 40 厘米；公主和亲王的十二时石俑，用红砂岩或灰砂岩，石座通体素面或雕刻宝山纹，表面不施彩绘，动物形体较小，通高在 40 厘米以下[102]。

唐代帝陵陵园安置十二时的做法，还影响了朝鲜半岛的新罗王陵。如位于韩国庆州南 12 千米的新罗挂陵，相传因为修建陵墓时底部冒水，不得已将棺木挂起来进行埋葬，所以称为挂陵。墓主人是新罗第 38 代国王元圣王金敬信（785～798 年在位）。陵墓呈圆锥形，底部周长 70米，直径 21.9 米，高 7.7 米。在坟丘四周镶嵌石雕的十二时图像。与此同时，陵前神道两侧列置石刻，自外向内依次为一对石柱、一对武臣、一对文臣、两对石狮子，而武臣有胡人的面貌特征[103]。挂陵的构筑、陵前列置石刻的做法，明显受到唐代帝陵影响。

这些在考古学遗存上表现出来的连绵不断现象，对考古发掘本身也有一定指导意义，也就是人们常说的反作用。在以前发掘墓葬之时，由于更多地关注墓葬本身，而对其地面设施关注不够，有些甚至连墓道也不发掘。但随着近些年来考古工作大规模地展开，以前不了解的各种迹象纷纷呈现在人们面前。如大量唐墓兆沟的发现，就是一个典型例子。在以往，由于考古发掘的局限性，对于唐墓周围存在兆沟这一点认识不足，现在，唐墓也存在兆沟已经成为一种普遍认识。

四、从出行仪仗到门前列戟：墓葬壁画中的列戟

棨戟是指带有缯衣或用油漆的木戟，是古代作为皇帝或官吏出行仪仗的前导。棨戟由殳演变而来，是古代官吏的仪仗，出行时作为前导。南北朝之时，开始列戟于门，经过隋代的发展，在唐代成为一种等级、身份的象征。如《汉书·韩延寿传》记载："延寿衣黄纨方领，驾四马，傅总，建幢棨，植羽葆，鼓车歌车，功曹引车，皆驾四马，载棨戟"。颜师古注云："幢，麾也。棨，有衣之戟也，其衣以赤黑缯为之。"[104]《晋书·舆服志》记载，玉、金、象、革、木等天子法车，皆"斜注旐旗于车之左，又加棨戟于车之右，皆囊而施之。棨戟韬以黻绣，上为亚字，系大蛙蟆幡，轵长丈余。于戟之杪，以牦牛尾，大如斗，置左骖马轭上，是为左纛"[105]。《古今注》卷上记载："棨戟，殳之遗象也。《诗》所谓'伯也执殳，为王前驱'。殳，前驱之器也，以木为之，后世滋伪，无复典刑。以赤油韬之，亦谓之油戟，亦谓之棨戟。公王以下通用之以前驱。"[106]《中华古今注》卷上记载："戟以木为之。后世刻为，无复典刑，赤油韬之，亦谓之油戟，亦谓之棨戟，公王已下通用，以为前驱。唐五品（应为三品之误——笔者注）已上，皆施棨戟于门。"[107]古代墓葬壁画中的列戟，因其与当时社会的等级制度密切相关，所以，历来为学界所重视[108]。

虽然北朝大墓发掘的数量已经不少，但壁画中绘制列戟的情况却很是罕见，目前所知年代最早的墓葬列戟壁画，见于河北磁县东魏武定八年（550年）茹茹公主墓[109]，其图像位于墓道末端甬道入口之外的墓道两侧壁面，戟列于墓道两侧绘制的两面坡式廊房之内，廊脊两端绘制有鸱尾。但这个时期的列戟尚未形成严格的制度，如河北磁县湾漳大墓墓道两侧分别绘制一座廊房，廊内所列置者则为矛槊之类（图一九）[110]，这也与文献中所云的"伯也执殳，为王前驱"相吻合。这种所列之物的不统一，反映了列戟制度尚处于初创阶段。从身份来看，茹茹公主墓绘制有两个戟架，每架6戟，合计12戟；湾漳大墓被认为可能是北齐开国之君高洋之武宁陵或者高澄的峻平陵[111]，但所绘"列戟"却为每架5杆，合计10杆。这说明，当时所列戟类的数量尚未成为等级、身份的标志，这进一步说明，列戟不论在地上世界还是地下世界都处于滥觞阶段。

隋代之时，门前两侧列戟已初步形成制度，而且对门前列戟者的身份有了明确规定，需在三品以上。据《隋书·柳彧传》记载："时制三品已上，门皆列戟。左仆射高颎子弘德封应国公，申牒请戟。彧判曰：'仆射之子更不异居，父之戟槊已列门外。尊有压卑之义，子有避父之礼，岂容外门既设，内阁又施！'事竟不行，颎闻而叹伏。"[112]虽然在宅邸门前列戟的制度已经初步形成，但墓葬壁画中所绘列戟却表现出不成熟性。目前所见隋墓壁画中绘制列戟者不多，比较重要的仅有陕西潼关税村隋壁画墓[113]、张綝墓[114]、韦协墓[115]等数座。在这几座隋墓壁画中，仅潼关税村隋墓壁画中所绘列戟较为规整，位于第一过洞之前、墓道北端两侧壁面，两侧壁面各绘制一个戟架，每架9戟，合计18戟（图二〇）。将列戟绘制于墓道北端两侧壁面的做法，与东魏茹茹公主墓、湾漳大墓相似，说明隋代的这种做法显然是对东魏、北齐的继承。有关隋代的文献中，仅记载三品以上列戟，而未见更加详细地说明列戟数量与身份之间关系的资料，所以，据唐代的列戟制度，潼关税村壁画墓的墓主人身份当为太子级别，由此推测其墓主人为太子杨勇。但张綝墓和韦协墓壁画中的列戟图，不仅位置不固定，而且还出现两组列戟图像。如张綝墓第二、三过洞分别绘制一组列戟，但第二过洞的列戟仅绘出戟架，而未见列戟，第三过洞绘制的戟架上

图一九　河北磁县湾漳大墓墓道东壁列戟图像

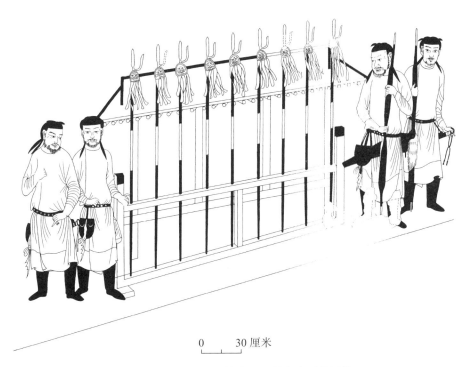

0 ____ 30厘米

图二〇　陕西潼关税村隋墓墓道东壁列戟图像

列 5 戟。韦协墓壁画中的列戟图分别绘制于第一、二天井的两侧壁面。这种列戟图位置的不确定性，反映了隋代之时在墓中绘制列戟图还不是一种普遍现象，但从壁画中的列戟来看，戟的形制初步趋向于统一，都为"戟"的形象。

真正将门前列戟规范化、等级化且形成一种制度则在唐代。据《唐六典》卷四记载："凡太庙、太社及诸宫殿门，东宫及一品已下、诸州门，施戟有差：凡太庙、太社及诸宫殿门，各二十四戟；东宫诸门，施十八戟；正一品门，十六戟；开府仪同三司、嗣王、郡王、若上柱国·柱国带职事二品已上及京兆·河南·太原府·大都督、大都护门，十四戟；上柱国·柱国带职事三品已上、中都督府、上州、上都护门，十二戟；国公及上护军·护军带职事三品，若下都督、中·下州门，各一十戟。"[116] 从列

戟数量来看，大约可以分为 24、18、16、14、12、10 六个等级。至天宝
六载（747 年）又将庙社、宫殿门的列戟数量调整为"每门各二十戟"，其
他的列戟数量仍然与以前相同 [117]。这种门前列戟成为当时人的荣耀，据
《旧唐书·张俭传》记载："唐制三品已上，门列棨戟，俭兄弟三院，门皆
立戟，时人荣之，号为'三戟张家'。"[118] 又据《旧唐书·张暐传》记载，
张暐与其子张履冰、张季良，"俱列棨戟，时人美之"[119]。

　　唐代的棨戟如何在门前列置？图像资料比较罕见，墓葬壁画只能
表明列戟的数量和这一制度的存在，不能作为生人世界门前列戟的实
际情形来对待。比较庆幸的是，在陕西三原唐贞观五年（631 年）李寿
墓墓室北壁壁画中，残存有一处院落图像，院落之内是一组奏乐图像。
门楼为三开间，门楼之内大门之外两侧分别绘制一个戟架，每个戟架
之上绘制有列戟图像，门楼前两侧绘值房，值房前分别站立门吏两人
（图二一）[120]。这幅残缺的壁画，真实而形象地将唐代门前列戟的情形
展现在了人们面前。现实生活中，唐代三品以上门前列戟的制度与唐
王朝相始终，但墓葬壁画中绘制列戟则随着唐玄宗时期丧葬制度的改
革而渐趋衰落，特别是中晚唐时期，墓葬规模日渐缩小，墓道中绘制
壁画的现象也逐渐消亡。

　　将墓主人生前门前列戟的情形，以壁画形式绘制于墓葬之中，是事
死如生丧葬观念的体现，而且壁画中所绘列戟的数量，基本与墓主人的
品阶相对应，以显示墓主人生前的荣宠。至目前为止，唐墓壁画中发现
的列戟图像已不在少数。但值得注意的是，唐景龙三年（709 年）唐从
心夫妇合葬墓第一天井两侧壁所绘列戟较为特殊，每架 12 戟，合计 24
戟，发掘者认为是严重逾制 [121]。但从唐从心墓壁画中的列戟来看，戟
不仅绘制得较为密集，而且戟杆粗细不一。唐从心的身份是上柱国带职
事官正三品，爵位开国郡公正二品，按其身份应该是列 12 戟。但根据
墓志，在丧葬过程中，唐从心夫人长孙氏又获赠许昌郡夫人，与唐从心
的三品职事官相对应，由于在这一时期夫人也可以列戟 [122]，在其获赠郡
夫人时壁画似乎已经绘制完成，与郡夫人相对应的一组列戟也就无处可

图二一　唐淮安王李寿墓壁画中的门楼、列戟及庭院乐舞图像

绘，不得已而绘在了已绘成的戟架之上，所以，两个戟架上所绘戟杆粗
细不一，画面也显得拥挤不堪。从这一个角度而言，唐从心夫妇合葬墓
所绘列戟没有逾制，而且唐从心夫妇合葬墓在营建过程中有"京官六品
检校"，其家人不可能在有检校官员的情况下，在墓葬中逾制绘制列戟。
再说了，唐从心的家人不论怎么狂妄，都不至于愚蠢到让自己走向灭门
的地步。由此可见，唐从心夫妇合葬墓中所绘制的 24 戟，属于壁画绘
制过程中的权宜之计，而非逾制之举。类似的例子还见于阿史那忠与定
襄县主合葬墓[123]，只是其表现形式不同。在阿史那忠与定襄县主合葬墓
的第一天井两侧绘制列戟，合计 12 戟，但壁画分为上下两层，上下层
加起来也为 24 戟。下层应是唐高宗永徽四年（653 年）葬定襄县主时
所绘，上层则是唐高宗上元二年（675 年）葬阿史那忠时所绘，两者间

隔在二十多年，因此对壁画进行了重绘。与阿史那忠墓绘制两层壁画不同，在唐从心夫妇的丧葬过程中前后两次得到唐中宗降制，可见对其恩宠有加，所以，也就一次性将对应两个人身份的列戟绘制在了一起，这一点与以往的发现有所不同，不仅不能视为逾制，反而是了解当时墓葬壁画绘制的重要参考资料。

唐墓壁画中所见列戟图像一览表

墓主人	身份	列戟位置	列戟数量（杆）	葬年	资料出处
李寿墓	淮安郡王	第4天井	7+7=14	贞观五年（631年）	陕西省博物馆、文管会：《唐李寿墓发掘简报》，《文物》1974年第9期。
段简璧	邳国夫人（一品之母妻）	第1天井	6+6=12	永徽二年（651年）	昭陵博物馆：《唐昭陵段简璧墓清理简报》，《文博》1989年第6期
李氏	定襄县主	第1天井	6+6=12	永徽四年（653年）	陕西省文物管理委员会、礼泉县昭陵文管所：《唐阿史那忠墓发掘简报》，《考古》1977年第2期。
唐太宗之女	新城长公主	第1天井	6+6=12	龙朔三年（663年）	陕西省考古研究所、陕西历史博物馆、礼泉县昭陵博物馆编著：《唐新城长公主墓发掘报告》，科学出版社，2004年，第92～94页。
韦珪	贵妃	第2天井	6+6=12	乾封二年（666年）	陕西省考古研究院、昭陵博物馆编著：《唐昭陵韦贵妃墓发掘报告》，科学出版社，2017年，第114～115页。

墓主人	身份	列戟位置	列戟数量（杆）	葬年	资料出处
定襄县主、阿史那忠	县主；右骁卫大将军、缯荆州大都督、上柱国、薛国公	第1天井	6+6=12	上元二年（675年）	陕西省文物管理委员会、礼泉县昭陵文管所：《唐阿史那忠墓发掘简报》，《考古》1977年第2期。
苏君墓		第4天井	5+5=10	高宗至武则天时期	陕西省社会科学院考古研究所：《陕西咸阳唐苏君墓发掘》，《考古》1963年第9期。
李重润	懿德太子	第1、第4天井	两组，每组：12+12=24	神龙二年（706年）	陕西省考古研究院、乾陵博物馆编著：《唐懿德太子墓发掘报告》，科学出版社，2016年。
李仙蕙	永泰公主	墓道北部	6+6=12	神龙二年（706年）	陕西省文物管理委员会：《唐永泰公主墓发掘简报》，《文物》1964年第1期。
李贤	雍王（章怀太子）	第2过洞	7+7=14	神龙二年（706年）	陕西历史博物馆编：《唐墓壁画珍品》，三秦出版社，2011年。
唐从心	金紫光禄大夫、上柱国、上庸郡开国公、歙州刺史	第一天井	12+12=24	景龙三年（709年）	陕西省考古研究院：《陕西咸阳唐从心夫妇墓发掘简报》，《考古与文物》2023年第3期。
薛氏	万泉县主	前甬道	5+5=10	景云元年（710年）	陕西省文物保护研究院编著、姜宝莲主编：《二十世纪五十年代陕西考古发掘资料整理与研究》，三秦出版社，2015年，第191～196页。

墓主人	身份	列戟位置	列戟数量（杆）	葬年	资料出处
李撝	太子	第2过洞	9+9=18	开元十二年（724年）	陕西省考古研究所编著：《唐惠庄太子李撝墓发掘报告》，科学出版社，2004年，第26～28页。
李邕	嗣虢王	第2天井	7+7=14	开元廿六年（738年）	陕西省考古研究院编著：《唐嗣虢王李邕墓发掘报告》，科学出版社，2012年，第54、55页。
陕西泾阳显石刘村唐M68		第1天井	6+6=12	盛唐时期（约在8世纪初）	陕西省考古研究院《陕西泾阳显石刘村唐代壁画墓M68发掘简报》（待刊）

　　从墓葬之中绘制列戟壁画的发展演变来看，它滥觞于北朝时期，制度初步形成于隋代，盛行于唐代。根据上表的统计来看，大约在唐玄宗改革丧葬制度之后列戟壁画就消亡了，具体时间大约为开元末期。

第六节　唐人在陵墓制度上对汉的崇尚所反映的继承中的选择性

　　唐王朝和西汉王朝，都建立于完成统一而国祚短促的隋、秦王朝之后。唐代隋之后，首先面对的问题就是在国家治理过程中如何避免重蹈隋代覆辙。唐太宗之时，处处以隋王朝为鉴，小心翼翼地统治，唯恐步其后尘，唐太宗的名言"以铜为鉴，可正衣冠；以古为鉴，可知兴替；以人为鉴，可明得失"[124]，就是在这样的历史背景下发出的。正是由于唐太宗和一大批治世能臣，在老子提倡的"治大国若烹小鲜"的努力之下，唐初出现了"贞观之治"。与此同时，如何能使国祚延续？需要一个学习的对象，唐初的统治者将目光投向了与之境遇相似的西汉王朝，尚汉情结在唐太宗时表现得尤其强烈。他对国祚较长的西汉王朝情有独钟，就是希望唐王朝能像汉王朝一样强盛且国祚绵长。与此同时，唐王朝与汉王朝承担的历史使命也极其相似，如西汉王朝在当时需要打败匈奴，设立河西四郡、西域都护府，开通丝绸之路这一东西方交通要道等，唐王朝也需要打败突厥、设立安西四镇、维护丝绸之路的畅通等，两者在不同的历史时期承担了相似的历史重任。正因为如此，唐王朝在各个层面都有向汉代学习或者说向汉代看齐的一面。关于这一问题，文献中有诸多事例，而与考古学关系较密切者是唐初帝陵制度的确立。

据《旧唐书》卷一记载，唐太宗贞观九年五月庚子（六）日，高祖李渊遗诏云："既殡之后，皇帝宜于别所视军国大事。其服轻重，悉从汉制，以日易月。园陵制度，务从俭约。"[125]《唐大诏令集》卷十一还有"斟酌汉魏，以为规矩"这样的记载[126]。学界对唐陵制度中的"斟酌汉魏"多有研究，但从唐高祖遗诏的上下行文来看，多为四六句，为了语句通顺，"斟酌汉"自然成了"斟酌汉魏"，其重点实际在"汉"而不是"汉魏"。这还可以从唐太宗对帝陵制度的意见得到证明。

据《唐会要》卷二十记载，高祖李渊驾崩后，唐太宗"诏定山陵制度，令依汉长陵故事，务在崇厚"。经过虞世南、张释之、房玄龄等人的议论，最后"山陵制度颇为省减"[127]。从文献记载来看，唐高祖的山陵制度在省减制度方面借鉴了汉文帝霸陵和魏文帝陵，但陵墓制度上依然吸收和借鉴的是汉制，这也符合太宗最初"依汉长陵故事"的愿望，所以，所谓"斟酌汉魏"重点在"汉"，而不是"汉魏"并举。唐太宗对他本人的山陵制度，也多有谈及，如"贞观十八年，太宗谓侍臣曰：'昔汉家皆先造山陵，既达始终，身复亲见，又省子孙经营，不烦费人功，我深以此为是。……汉氏将相陪陵，又给东园秘器，笃终之义，恩意深厚。自今以后，功臣密戚及德业佐时者，如有薨亡，宜赐茔地一所，以及秘器，使窀穸之时，丧事无阙'" [128]。但其对西汉丧葬制度的艳羡只是表面现象，其真实的愿望可能是希望唐王朝能够如汉王朝一样强盛且长治久安。

不仅山陵制度吸收和借鉴汉代，唐太宗、唐高宗对李靖、李勣等大臣丧葬，也让依"卫（青）霍（去病）故事"，筑墓象山。象山形坟丘中最初出现在西汉卫青、霍去病墓。据《史记·卫将军骠骑列传》记载，霍去病去世时，"天子悼之，发属国玄甲军，陈自长安至茂陵，为冢象祁连山" [129]。《汉书·卫青霍去病传》记载，卫青去世时，"起冢象庐山" [130]。主要为了表彰和纪念卫青、霍去病在对匈奴的战争中所建立的不朽功勋。唐代的李靖、李勣、李思摩、阿史那社尔等，其坟丘也均采用了象山形。尤其是《唐书》中不厌其烦地强调李靖、李勣的坟茔制度，要依卫青、霍去病故事。这充分说明，在唐太宗、唐高宗等帝王的心目中，汉代始终是其学习和模仿的对象，既然李靖等大臣的坟丘可依卫霍故事，那他们自己也自然可比雄才大略的汉武帝。

《旧唐书·李靖传》记载，贞观十四年（640 年），李靖妻卒，唐太宗"诏坟茔制度依汉卫（青）、霍（去病）故事，筑阙象突厥内铁山、吐谷浑内积石山形，以旌殊绩" [131]。《旧唐书·李勣传》记载，唐高宗总章二年（669 年）李勣卒，"所筑坟一准卫、霍故事，象阴山、铁山及乌德鞬山，以旌破突厥、薛延陀之功" [132]。据李思摩墓出土墓志记载，贞观二十一年（647 年）李思摩卒，太宗下诏"令使人持节册命，陪葬昭陵。赐东园秘器，于司马院外高显处葬，冢象白道山" [133]。《旧唐书·阿史那社尔传》记载："（永徽）六年卒，赠辅国大将军、并州都督，陪葬昭陵。起冢以象葱山，仍为立碑，谥曰元。" [134] 考古发掘的武则天光宅元年（684 年）安元寿墓，其墓志云安元寿亡后，"特令陪葬昭陵"，且有"汉将开坟，终依茂陵之侧"之语，说明其陪葬昭陵也是依据卫霍之例。又云"泽均诏葬，恩侔赐茔。祁山构象，夏屋成形。道被存没，礼极哀荣" [135]，更说明安元寿墓的坟丘有比拟"祁山（祁连山）"的一面。

　　唐诗也能充分体现唐人尚汉的一面。唐诗中有许多借古言今者，但所借之古多为汉代。当然了，唐诗中的借汉言事，既有颂扬，也有讽喻。如王之涣《凉州词》云："单于北望拂云堆，杀马登坛祭几回。汉家天子今神武，不肯和亲归去来"[136]；白居易《长恨歌》云："汉皇重色思倾国，御宇多年求不得。杨家有女初长成，养在深闺人未识。天生丽质难自弃，一朝选在君王侧。回眸一笑百媚生，六宫粉黛无颜色"[137]；鲍防《杂感》云："汉家海内承平久，万国戎王皆稽首。天马常衔苜蓿花，胡人岁献葡萄酒。五月荔枝初破颜，朝离象郡夕函关。雁飞不到桂阳岭，马走先过林邑山。甘泉御果垂仙阁，日暮无人香自落。远物皆重近皆轻，鸡虽有德不如鹤"[138]；张籍《征妇怨》云："九月匈奴杀边将，汉军全没辽水上。万里无人收白骨，家家城下招魂葬。妇人依倚子与夫，同居贫贱心亦舒。夫死战场子在腹，妾身虽存如昼烛"[139] 等。唐以前有那么多朝代，任何一个朝代都可以选取，为什么单单反复不断地选取汉王朝作为自己作品的借代对象呢？结合前文论述，可以充分说明，不仅在唐代帝王的心目中，即使在一般的唐人心目中，西汉王朝也是崇尚对象，所以，不论其所言是正面的赞颂还是反面的借古讽今，都以汉代为比拟对象。

　　无独有偶，唐墓中还常见仿制的汉代铜镜，如方形仿汉花叶镜、葵瓣形仿汉四螭镜[140] 等。单就这些仿汉镜本身而言，其制作精美，纹饰清晰，而且形制多样，有圆形、葵瓣形、方形等几种，与唐代流行的铜镜形制基本相吻合。但问题是，唐墓中不仅有汉式铜镜，还有三国至南北朝时期的神兽镜、神仙画像镜等，如陕西西安唐贞观十四年（640 年）郑乾意墓出土 1 面三段式神兽镜[141]、西北大学长安校区 M50 出土 1 面神仙画像镜[142] 等。但唐人为什么只对汉代铜镜情有独钟且对其进行了仿制，而没有去仿制其他时代的铜镜呢？主要原因还是唐人对汉人的崇尚，在探讨陵墓制度时唐太宗让大臣们"斟酌汉魏"实为"斟酌汉"，已经明确回答了这一问题。也就是说，唐人与汉人，虽有时代之隔，却无文化之别。唐崇尚汉，犹今之崇尚汉唐，都有崇豪尚强的一面。这种对某个特定时代的崇尚，实际上就是选择性学习和继承。

第七节 古人对继承与创新的论述

文明的一脉相承性是通过继承体现的，而继承也表现出一定的选择性，这一点古人也有深刻的认识，而且通过不同形式或隐或现地表达出来。如李世民《帝范》云："取法于上，仅得为中；取法于中，故得其下。"《四库全书》在其文下解释为："孔子曰：取法于天而则之，斯为其上。颜、孟取法于孔子而近之，才得其中。后儒取于颜、孟而远之，则为其下矣。既为其下，何足法乎？为儒者当取法孔子、颜子、孟子，为君者当取法于尧、舜、文王。"[143] 这两段话论述了选择学习对象的标准问题，其中也包含了继承和发展的问题。选择高标准作为学习对象，就是有选择地学习和继承，更是为了在继承和弘扬的基础上使自身的发展取得较为理想的效果。又如春秋时期的管仲认为"古今一也"，高度概括了"古"与"今"的关系，实际上就是他认为"今"是"古"的延续和发展，"古"与"今"在本质上是一样的，所以，才有可能和必要察古、视往，并进而指出解决疑难问题的方法无非是："疑今者察之古，不知来者视之往。万事之生也，异趣而同归，古今一也。"[144]

对于继承中创新的重要性，古人也有充分认识和深刻论述。《吕氏春秋·察今》通过刻舟求剑等生动形象的故事，旨在说明"世易时移，变法宜矣"。其中的关键字——"变"值得注意，"变"的含义是从一种形式到另外一种形式。换句话讲，就是强调在继承中要因时而化，要有变革和创新。考古发掘出土的不同时代的遗迹与遗物之间的继承与变化关系，不仅形象地展示了文明的连绵不断性，也具体而生动地表现了连绵不断过程中所表现出的创新性。连绵不断是源泉和根脉，变化与创新则是文明的生命力。

注释

1. 李裕群：《邺城地区石窟与刻经》，《考古学报》1997年第4期。

2. （宋）范晔撰，（唐）李贤等注：《后汉书》，中华书局，1965年，第2547页。

3. （宋）范晔撰，（唐）李贤等注：《后汉书》，中华书局，1965年，第2547页。

4. 中国社会科学院考古研究所洛阳工作队：《汉魏洛阳故城太学遗址新出土的汉石经残石》，《考古》1982年第4期。

5. （宋）范晔撰，（唐）李贤等注：《后汉书》，中华书局，1965年，第1990页。

6. （宋）范晔撰，（唐）李贤等注：《后汉书》，中华书局，1965年，第1990页。

7. （宋）李昉等撰：《太平御览》，中华书局，1960年，2654页。

8. （唐）魏徵、房玄龄撰：《隋书》，中华书局，1974年，第947页。

9. 中国社会科学院考古研究所洛阳工作队：《汉魏洛阳故城太学遗址新出土的汉石经残石》，《考古》1982年第4期。

10. 陕西省博物馆　李域铮、赵敏生、雷冰编著：《西安碑林书法艺术》，陕西人民美术出版社，1983年，第34、35页；河南博物院编著：《汉唐中原——河南文物精品展》，科学出版社，2015年，第186页；［日］台東区立書道博物館：《台東区立書道博物館図録》，財団法人台東区芸術文化財団，2007年，第67页，图版8。［日］東京国立博物館、毎日新聞社、NHK、NHKプロモーション：《日中国交正常化40周年　東京国立博物館140周年特別展"書聖　王羲之"》，毎日新聞社、NHK、NHKプロモーション，2013年，第43页，图版13。

11. （北魏）郦道元著，（民国）杨守敬、熊会贞疏，段熙仲点校，陈桥驿复校：《水经注疏》中册，江苏古籍出版社，1989年，第1428、1430页。

12. 陕西省博物馆　李域铮、赵敏生、雷冰编著：《西安碑林书法艺术》，陕西人民美术出版社，1983年，第34、35页。

13. （宋）李昉等撰：《太平御览》，中华书局，1960年，第2654页。

14. （北齐）魏收撰：《魏书》，中华书局，1974年，第1819页。

15. （宋）司马光编著，（元）胡三省音注：《资治通鉴》，中华书局，1956年，第4639页。

16. （唐）魏徵、令狐德棻撰：《隋书》，中华书局，1973年，第947页。

17. 赵力光：《风雨沧桑九百年：图说西安碑林（珍藏版）·碑石（中唐——民国）》，西北大学出版社，2017年，第67页；西安碑林博物馆编、成建正主编：《西安碑林博物馆》，陕西人民出版社，2000年，第49页。

18. （后晋）刘昫等：《旧唐书》，中华书局，1975年，第4490页。

19. 关于每通经石的尺寸，数据颇不相同，如《中国大百科全书·考古学》记为：高 1.8、面宽 0.8 米（1986 年，第 251 页）；《风雨沧桑九百年：图说西安碑林（珍藏版）·碑石（中唐—民国）》记为：高约 2.16、面宽约 0.93 米（第 67 页）；《西安碑林博物馆》记为：高 2.16、面宽 0.97 米（第 47 页）。

20. 中国大百科全书总编辑委员会《考古学》编辑委员会、中国大百科全书出版社编辑部编：《中国大百科全书·考古学》，中国大百科全书出版社，1986年，第 472、473 页。

21. 严文明：《甘肃彩陶的源流》，《文物》1978 年 10 期。

22. ［日］大广：《中国★美の十字路展》，大广，2005 年，第 19 页，图版 3。

23. 陕西省考古研究院编著：《壁上丹青：陕西出土壁画集》上册，科学出版社，2009 年，第 11、33 页，图版 9、33；中国画像石全集编辑委员会编：《中国画像石全集》5《陕西、山西汉画像石》，山东美术出版社、河南美术出版社，2000 年，第 93 页，图版一二二，说明文字参见第 31 页；中国画像石全集编辑委员会编：《中国画像石全集》2《山东画像石》，山东美术出版社、河南美术出版社，2000 年，第 54 页，图版六二，说明文字参见第 21 页。

24. （汉）王充著，张宗祥校注，郑绍昌标点：《论衡校注》，上海古籍出版社，2013 年，第 229 页。

25. 洛阳市文物管理局、洛阳古代艺术博物馆编：《洛阳古代墓葬壁画》，中州古籍出版社，2010 年，上卷，第 37、82 页；中国画像石全集编辑委员会编：《中国画像石全集》2《山东画像石》，山东美术出版社、河南美术出版社，2000 年，第 136 页，图版一四五，说明文字参见第 51 页；中国画像石全集编辑委员会编：《中国画像石全集》5《陕西、山西汉画像石》，山东美术出版社、河南美术出版社，2000 年，第 167 页，图版二二四，说明文字参见第 62 页；中国画像石全集编辑委员会编：《中国画像石全集》8《石刻线画》，河南美术出版社、山东美术出版社，2000 年，第 69 页，图版八八，说明文字参见第 25 页；孔祥星、刘一曼：《中国铜镜图典》，文物出版社，1992 年，第 624～626 页。

26. （唐）段成式撰，曹中孚校点：《西阳杂俎》，《唐五代笔记小说大观》上册，上海古籍出版社，2000 年，第 5 页。

27. 西安市文物保护考古研究院编著：《西安西汉壁画墓》，文物出版社，2017 年，第 41、44 页。

28. 河南博物院编著：《汉唐中原——河南文物精品展》，科学出版社，2015 年，第 113 页。

29. 洛阳市文物管理局、洛阳古代艺术博物馆编：《洛阳古代墓葬壁画》，中州古籍出版社，2010 年，上卷，第 245 页，图四。

30. 陕西省考古研究院编著：《壁上丹青：陕西出土壁画集》上册，科学出版社，2009 年，第 62 页，图版 14。

31. 酒泉市博物馆编著：《酒泉文物精萃》，中国青年出版社，1998 年，第 102、103 页。

32. 国家文物局主编：《2022 中国重要考古发现》，文物出版社，2023 年，第 126～131 页。

33. 国家文物局主编：《2005 中国重要考古发现》，文物出版社，2006 年，第 115～122 页。

34. 洛阳市文物工作队：《洛阳孟津北陈村北魏壁画墓》，《文物》1995 年第 8 期。

35. 太原市文物考古研究所编：《北齐徐显秀墓》，文物出版社，2005 年，第 28、29 页，图版 15。

36.《中国墓室壁画全集》编辑委员会编：《中国墓室壁画全集》2《隋唐五代》，河北教育出版社，2011 年，第 5 页，图版五。

37. 安阳市文物考古研究所：《河南安阳市置度村八号隋墓发掘简报》，《考古》2010 年第 4 期。

38. 考古研究所安阳发掘队：《安阳隋张盛墓发掘记》，《考古》1959 年第 10 期；孙英民主编：《河南博物院：精品与陈列》，大象出版社，2000 年，第 76、77 页，图版 61。

39.《中国墓室壁画全集》编辑委员会编：《中国墓室壁画全集》2《隋唐五代》，河北教育出版社，2011 年，第 127 页，图版一四一。

40. 昭陵博物馆编：《昭陵唐墓壁画》，文物出版社，2006 年，第 172～177 页，图版 143～146。

41. 陕西省考古研究院、陕西历史博物馆、西安市长安区旅游民族宗教文物局：《西安郭庄唐代韩休墓发掘简报》，《文物》2019 年第 1 期。

42. 陕西考古所唐墓工作组：《西安东郊唐苏思勖墓清理简报》，《考古》1960 年第 1 期。

43. 陕西省考古研究院、昭陵博物馆编著：《唐昭陵韦贵妃墓发掘报告》，科学出版社，2017 年，第 135～145 页。

44. 昭陵博物馆：《唐昭陵李勣墓（徐懋功）墓清理简报》，《考古与文物》2000 年第 3 期。

45. 陕西省考古研究所编著：《唐李宪墓发掘报告》，科学出版社，2005 年，第 151 页。

46. 宿白：《白沙宋墓》，生活·读书·新知三联书店，2017 年，图版贰贰、贰叁。

47. 宿白：《白沙宋墓》，生活·读书·新知三联书店，2017 年，图版叁玖。

48. 洛阳市文物管理局、洛阳古代艺术博物馆编：《洛阳古代墓葬壁画》，中州古籍出版社，2010 年，下卷，第 400、403 页。

49. 金维诺总主编：《中国美术全集·墓室壁画（二）》，黄山书社，2010 年，第 540 页。

50. 金维诺总主编：《中国美术全集·墓室壁画（二）》，黄山书社，2010 年，第 541 页。

51. 陕西省考古研究所：《陕西蒲城洞耳村元代壁画墓》，《考古与文物》2000 年第 1 期；陕西省考古研究院编：《考古圣地　华章陕西：陕西考古博物馆基本陈列》，三秦出版社，2023 年，第 376 页。

52. 敦煌研究院编：《中国石窟艺术·榆林窟》，江苏凤凰美术出版社，2014 年，第 178 页，图版 153。

53. 敦煌研究院编：《中国石窟艺术·榆林窟》，江苏凤凰美术出版社，2014 年，第 179 页，图版 154。

54. 陕西省考古研究所编著：《西安北周安伽墓》，文物出版社，2003 年，图版五二。

55. 山西省考古研究所、太原市文物考古研究所、太原市晋源区文物旅游局编著：《太原隋虞弘墓》，文物出版社，2005 年，第 106 页。有人认为他们是神祇，但作为神祇却没有"圆形头光"，这一点应该证明其身份不是神祇。

56. ［日］角田文衞：《世界考古学大系》第 9 卷《北方ユーラシア・中央アジア》，平凡社，1962 年，卷末插页。

57. 冀东山主编：《神韵与辉煌：陕西历史博物馆国宝鉴赏·陶俑卷》，三秦出版社，2006 年，第 103 页，图版 67。

58. 王子云编：《中国古代石刻画选集》，中国古典艺术出版社，1957 年，图版二〇。

59. 陕西省考古研究院、法门寺博物馆、宝鸡市文物局、扶风县博物馆编著：《法门寺考古发掘报告》，文物出版社，2007 年，第 125、126 页，彩版六七。

60. 冉万里：《丝路豹斑——不起眼的交流，不经意的发现》，科学出版社，2016 年，第 281～286 页。

61. 以下部分内容特别是文献中的名称部分，系依据史树青《古代科技事物四考》论文写就，参见氏著《古代科技事物四考》，《文物》1962 年第 3 期。

62. 关于这一点，参见史树青：《古代科技事物四考》，《文物》1962 年第 3 期。

63. （晋）葛洪撰，周天游校注：《西京杂记校注》，中华书局，2020 年，第 57、58 页。

64. 徐时仪注：《一切经音义三种校本合刊》，上海古籍出版社，修订第 2 版，2023 年，第 606、619 页。

65. （后晋）刘昫等：《旧唐书》，中华书局，1975 年，第 2181 页。

66.《全唐诗》卷四一〇，上海古籍出版社，1986 年，第 1010 页。

67.《全唐诗》卷四二二，上海古籍出版社，1986 年，第 1031 页。

68.《全唐诗》卷四五四，上海古籍出版社，1986 年，第 1147 页。

69. 参见史树青：《古代科技事物四考》，《文物》1962 年第 3 期。

70. 中国美术全集编辑委员会编：《中国美术全集·工艺美术编》10《金银玻璃珐琅器》，文物出版社，1996 年，第 171 页，图版三一二。

71. ［日］奈良国立博物館：《正倉院展——六十回のあゆみ》，奈良国立博物館，2008 年，第 45、232 页。

72. ［日］杉村棟：《世界美術大全集·東洋編》第 17 卷《イスラーム》，小学館，1999 年，第 130 页，图版 65。

73. 陕西省文管会、昭陵文管所：《唐临川公主墓出土的墓志和诏书》，《文物》1977 年第 10 期；富平县文化馆、陕西省博物馆、陕西省文物管理委员：《唐李凤墓发掘简报》，《考古》1977 年第 5 期。

74.《吕氏春秋·安死》云："世之为丘垄也，其高大若山，其树之若林，其设阙庭、为宫室、造宾阼也若都邑。以此观世示富则可矣，以此为死则不可也。"人们据其说法，提出了"陵墓若都邑"的概念。参见（战国）吕不韦著，陈奇猷校释：《吕氏春秋新校释》上册，上海古籍出版社，2002 年，第 542 页。

75. 周亚夫尚未死，而其子即购买丧葬用的明器，是因为汉代有预筑陵墓的习俗。

76.（汉）司马迁：《史记》，中华书局，1959 年，第 2079 页。

77. 刘庆柱：《不断裂的文明史：对中国国家认同的五千年考古学解读》，四川人民出版社，2020 年。

78. 王志友：《秦墓地围沟起源的新认识》，《秦陵秦俑研究动态》2003 年第 4 期。

79.《安阳殷墟考古新发现：2 个围绕商王陵园的隍壕及超 460 座祭祀坑》，《央视新闻》2023 年 1 月 6 日。

80. 陈洪海先生提供相关资料和信息，参见俞伟超：《方形周沟墓与秦文化的关系》，《中国历史博物馆馆刊》1993 年第 2 期，第 3～13 页。

81. 2022 年度陕西重要考古发现。

82. 焦南峰：《秦陵的考古发现与研究》，《中国考古学百年史（1921～2021）》（第三卷）上册，中国社会科学出版社，2021 年，第 58～92 页；陕西省考古研究院：《陕西长安神禾原战国秦陵园大墓发掘简报》，《考古与文物》2021 年第 5 期。

83. 三门峡市文物队：《三门峡火电厂秦人墓发掘简报》，《华夏考古》1993 年第 4 期。

84. 山西省考古研究所编著：《侯马乔村墓地（1959～1996）》，科学出版社，2004 年。

85. 焦南峰：《西汉帝陵的考古发现与研究》，《中国考古学百年史（1921～2021）》

（第三卷）上册，中国社会科学出版社，2021 年，第 235～273 页。

86. 河南省文物考古研究所：《河南三门峡南交口汉墓（M17）发掘简报》，《文物》2009 年第 3 期。

87. 洛阳市第二文物工作队：《洛阳孟津大汉冢西晋围沟墓发掘简报》，《文物》2011 年第 9 期。

88. 参见陕西省考古研究院、咸阳市文物考古研究所：《陕西咸阳隋鹿善夫妇墓发掘简报》，《考古文物》2013 年第 4 期；陕西省考古研究院：《陕西咸阳北周宇文觉墓发掘简报》，《考古与文物》2024 年第 1 期；国家文物局主编：《2021 中国考古重要发现》，文物出版社，2022 年，第 154～161 页。

89. 罗西章：《隋文帝陵、祠勘察记》，《考古与文物》1985 年第 6 期；陕西省考古研究院：《隋文帝泰陵考古调查勘探简报》，《考古与文物》2021 年第 1 期。

90. 刘呆运、李明、赵占锐等先生及女士提供材料。

91. 陕西省考古研究院、乾陵博物馆编著：《唐懿德太子墓发掘报告》，科学出版社，2017 年，第 10 页。

92. 陕西省文物局、陕西省考古研究院编：《留住文明：陕西"十一五"期间基本建设考古重要发现》，三秦出版社，2011 年，第 189～191 页。发掘过程中的详细信息，系陕西省考古研究院刘呆运先生见告。

93. （唐）杜佑撰，王文锦、王永兴、刘俊文等点校：《通典》，中华书局，1988 年，第 2452 页。

94. 陕西省考古研究院：《陕西蓝田县五里头北宋吕氏家族墓地》，《考古》2010 年第 8 期。

95. （宋）蔡绦：《铁围山丛谈》，《全宋笔记》第三编（九），大象出版社，2008 年，第 222 页。

96. 焦南峰：《秦陵的发现与研究》，《中国考古学百年史（1921～2021）》（第三卷）上册，中国社会科学出版社，2021 年，第 58～92 页。

97. 西安市文物保护考古所、郑州大学考古专业编著：《长安汉墓》上册，陕西人民出版社，2004 年，第 257、428 页。

98. 西安市文物保护考古研究院辛龙先生提供材料和信息。

99. 国家文物局主编：《2022 中国重要考古发现》，文物出版社，2023 年，第 126～131 页。

100. 陕西省考古研究院、乾陵博物馆编著：《唐懿德太子墓发掘报告》，科学出版社，2016 年，第 24、25 页之间插页。

101. 李浪涛：《唐肃宗建陵出土石生肖俑》，《文物》2003 年第 1 期。

102. 河南省文物考古研究所编：《北宋皇陵》，中州古籍出版社，1997 年，第 407～409 页。

103. 笔者在韩国庆州参观调查时所获资料。

104. （汉）班固撰、（唐）颜师古注：《汉书》，中华书局，2013 年，第 3214～3215 页。

105. （唐）房玄龄等：《晋书》，中华书局，1974 年，第 753 页。

106. （晋）崔豹撰，王根林校点：《古今注》，《汉魏六朝笔记小说大观》，上海古籍出版社，1999 年，第 232 页。

107. （五代）马缟撰，吴企明点校：《中华古今注》，中华书局，2002 年，第 85、86 页。

108. 李求是（韩伟）：《谈章怀、懿德两墓的形制问题》，《文物》1972 年第 7 期，此文后收录于《磨砚书稿——韩伟考古文集》，科学出版社，2001 年，第 184～191 页。中国社会科学院考古研究所编著：《新中国的考古发现和研究》，文物出版社，1984 年，第 589 页；申秦雁：《唐代列戟制探析》，《陕西历史博物馆馆刊》第 1 辑，三秦出版社，1994 年，第 60～66 页；龚甜甜：《以戟为仗：古代列戟制度的考古探索》，《大众考古》2017 年第 12 期；田蕊：《墓室壁画与等级制度：唐墓壁画中的列戟图研究》，《美术大观》2022 年第 8 期等。

109. 磁县文化馆：《河北磁县东魏茹茹公主墓发掘简报》，《文物》1984 年第 4 期。

110. 中国社会科学院考古研究所、河北省文物研究所编著：《磁县湾漳北朝壁画墓》，科学出版社，2003 年，第 152 页。

111. 中国社会科学院考古研究所、河北省文物研究所编著：《磁县湾漳北朝壁画墓》，科学出版社，2003 年，第 198、199 页；宿白：《关于河北四处古墓的札记》，《文物》1996 年第 9 期。

112. （唐）魏征、令狐德棻：《隋书》，中华书局，1973 年，第 3481 页。

113. 陕西省考古研究院编著：《潼关税村隋代壁画墓》，文物出版社，2013 年，图八五。

114. 西安市文物保护考古研究院：《西安长安隋张綝夫妇合葬墓发掘简报》，《文物》2018 年第 1 期。

115. 西安市文物保护考古研究院：《隋韦协墓发掘简报》，《文博》2015 年第 3 期。

116. （唐）李林甫等撰，陈仲夫点校：《唐六典》，中华书局，1992 年，第 116 页。

117. （宋）王溥：《唐会要》上册，上海古籍出版社，1991 年，第 685、686 页。

118. （后晋）刘昫等：《旧唐书》，中华书局，1975 年，第 2776 页。

119. （后晋）刘昫等：《旧唐书》，中华书局，1975 年，第 3248 页。

120. 陕西省博物馆、文管会：《唐李寿墓发掘简报》，《文物》1974 年第 9 期；〔日〕日本中国文化交流协会、每日新闻社：《中華人民共和国漢唐壁画展》，1975 年，图版 98。

121. 陕西省考古研究院：《陕西咸阳唐从心夫妇墓发掘简报》，《考古与文物》

2023 年第 3 期。

122. 据《唐会要》卷三十二记载："景龙三年七月，皇后表请：'妇人不因夫、子而加邑号者，请见同任职事官，听子孙用荫，门施棨戟。'制从之"。大约从景龙三年七月开始，妇人即使不因夫、子加邑号，也可以同现任职事官一样，门可以施棨戟，并且可以荫其子孙。

123. 陕西省文物管理委员会、礼泉县昭陵文管所：《唐阿史那忠墓发掘简报》，《考古》1977 年第 2 期。

124. （宋）欧阳修、宋祁：《新唐书》，中华书局，1975 年，第 3880 页。

125. （后晋）刘昫等：《旧唐书》，中华书局，1975 年，第 18 页。

126. （宋）宋敏求：《唐大诏令集》，商务印书馆，1959 年，第 66、67 页。

127. （宋）王溥：《唐会要》上册，上海古籍出版社，1991 年，第 455～457 页。

128. （宋）王溥：《唐会要》上册，上海古籍出版社，1991 年，第 457、458 页。又见《旧唐书》卷三《本纪三·太宗下》。

129. （汉）司马迁撰：《史记》，中华书局，1959 年，第 2939 页。

130. （汉）班固撰，（唐）颜师古注：《汉书》，中华书局，1962 年，第 2490 页。

131. （后晋）刘昫等：《旧唐书》，中华书局，1975 年，第 2481 页。李靖之妻卒时，李靖尚在，唐太宗在昭陵预赐茔地，坟茔制度也依卫霍故事，"筑阙象突厥内铁山、吐谷浑内积石山形"，目的是为了将来李靖卒时彰显其平突厥、吐谷浑之功。

132. （后晋）刘昫等：《旧唐书》，中华书局，1975 年，第 2488 页。

133. 吴刚主编：《全唐文补遗》第 3 辑，三秦出版社，1996 年，第 399 页。

134. （后晋）刘昫等：《旧唐书》，中华书局，1975 年，第 3290 页。

135. 昭陵博物馆：《唐安元寿夫妇墓发掘简报》，《文物》1988 年第 12 期。

136.《全唐诗》卷二五三，上海古籍出版社，1986 年，第 640 页。

137.《全唐诗》卷四三五，上海古籍出版社，1986 年，第 1075 页。

138.《全唐诗》卷三〇七，上海古籍出版社，1986 年，第 771 页。

139.《全唐诗》卷三八二，上海古籍出版社，1986 年，第 948 页。

140. 西安市文物保护考古所编著、孙福喜主编：《西安文物精华·铜镜》，世界图书出版公司，2008 年，第 134 页，图版 120、121。

141. 西安市文物保护研究院：《郑乾意夫妇墓发掘简报》，《文博》2014 年第 1 期。

142. 西北大学文化遗产学、陕西省考古研究院：《西北大学长安校区唐墓（M50）发掘简报》，《文物》2023 年第 6 期。

143. 刘野编：《钦定四库全书荟要·盐铁论、帝范》，吉林出版集团有限责任公司，2005 年，第 247、248 页。

144. 黎翔凤撰，梁运华整理：《管子校注》，中华书局，2004 年，第 43 页。

第二章 论中华文明善于总结与凝练

礼仪的形成主要有两种形式：一是自上而下的规定；二是对民间习俗的总结与凝练，并将其上升到礼仪制度的层面，陵墓石刻的发展与演变历程即属于后者。在中国古代帝陵中，唐代帝陵神道石刻已经成为一种制度，而且保存较好、种类齐全、数量较多，并被北宋、明清时期所继承。但陵墓前石刻并不是一开始就有的，它经历了一个较为漫长的发展过程，并逐渐地从社会习俗上升到礼仪制度层面。能够历史地论述陵墓前石刻的古籍，是唐代人封演的《封氏闻见记》，该书卷六云："秦汉以来帝王陵前有石麒麟、石辟邪、石象、石马之属，人臣墓前有石羊、石虎、石人、石柱之属，皆所以表饰坟垄，如生前之仪卫耳。"[1] 根据目前考古发现的实物来看，可以将陵前石刻分为四个发展阶段：滥觞期的两汉时期；发展期的魏晋南北朝至隋时期；制度形成期的唐代；延续期的北宋、明清时期，其主要特征表现为因循。这四个大的发展阶段，能够体现出总结与凝练并使之制度化、等级化的文明特征。

第一节 唐代以前墓葬与帝陵石刻的出现与发展

墓前列置石刻在西汉时已出现，如霍去病墓前的石人和石兽（图版九）[2]，但仅为特例，而且其形象不够规整化，其种类也带有明显的任意性。石人与石兽的普遍流行并初步成为定制，则在东汉时期。这一时期的人物雕像主要为亭长或门卒等，以示守卫墓域。动物雕像有狮、虎、马、羊等类[3]，前两者多附双翼，或刻文字，标明为天禄、辟邪，含有镇墓之意。特别是东汉时期墓前开始列置的石柱，如东汉元兴元年（105 年）"汉故幽州书佐秦君之神道"石柱（图二二）[4]，则为此后的历代墓葬所延续。但这些列置石刻的墓葬多为人臣墓葬，帝陵前尚无石刻。

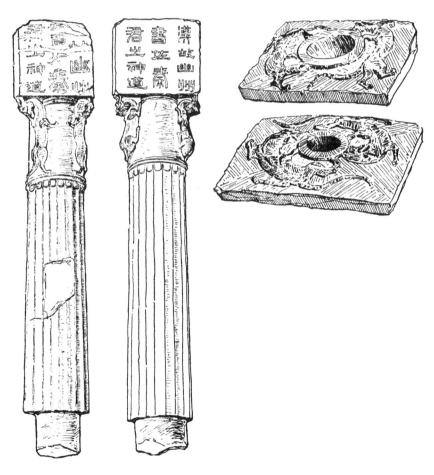

图二二   "汉故幽州书佐秦君之神道"石柱

三国时期，由于崇尚薄葬，而不封不树。从考古发现的曹操墓等来看，三国时期的曹魏帝陵地面上未见石刻之类。据《三国志·武帝记》记载，曹操曾说："古之葬者，必居瘠薄之地。其规西门豹祠西原上为寿陵，因高为基，不封不树。"[5]《三国志·文帝纪第二》记载，魏文帝黄初三年（222 年）"冬十月甲子，表首阳山东为寿陵"，"寿陵因山为体，无为封树，无立寝殿，造园邑，通神道"[6]。

西晋时期，一方面禁止在墓前树立石兽碑表，一方面又在陵墓神道立"标"。据《宋书·礼志》记载，咸宁四年（278 年）晋武帝司马炎颁布诏令："石兽碑表，既私褒美，兴长虚伪，伤财害人，莫大于此。一禁断之。其犯者虽会赦令，皆当毁坏。"[7]可见，西晋帝陵不封不树，墓而不坟，且无碑兽类石刻。但西晋时期在陵前设神道和望柱。据《宋书·五行志四》记载："晋惠帝永康元年（300 年）六月癸卯，震崇阳陵标西南五百步，标破为七十片。"[8]标即石柱，可见西晋帝陵前建有神道，入口处立石柱。西晋时期禁止的"石兽碑表"，在东晋时期又有所恢复。据《宋书·礼志》记载："元帝太兴元年，有司奏：'故骠骑府主簿故恩营葬旧君顾荣，求立碑。'诏特听立。自是后，禁又渐颓。大臣长史，人皆私立。"[9]西晋时的韩寿墓石柱和笴府君石柱（图二三）[10]等，是当时流行的石柱样式，那么，西晋帝陵前神道石柱也应该与之相似。

北魏时期，开始在帝陵前神道两侧立石人、石狮，如在孝文帝长陵发现石人基座[11]，在宣武帝景陵神道发现了石人（图版一〇）[12]，孝庄帝静陵神道也发现了石人和蹲狮[13]。西魏文帝元宝炬陵前也有石兽[14]。北周时期崇尚因势为坟、不封不树，所以，考古发掘的北周武帝孝陵地面上未见封土和石刻[15]。

南朝时期，帝王陵墓前列置石刻较为普遍，而且初步形成了制度，石刻一般夹神道两两相对而立，自神道最前端起，依次为石兽、石碑、石柱、石碑，其中的石兽带有羽翼，被称为麒麟或辟邪[16]。据《隋书·五

图二三　西晋笱府君墓石柱

《行志》记载，"梁武帝大同十二年（546年）正月，送辟邪二于建陵（梁武帝之父萧顺之之陵）"，左为双角，右为独角[17]。实际上这些翼兽均以狮子为模特雕刻而成，属于翼狮。又据《旧唐书·礼仪志五》记载，梁武帝登大位后，朝于建陵，因觉其石刻较小，对侍臣云："可更造碑、石柱、麟。"[18]尽管"（梁天监）六年（507年），申明葬制，凡墓不得造石人兽碑，唯听作石柱，记名位而已"[19]，但从地面遗存来看，南朝梁时一些高等级的帝王墓前不仅有石柱，而且还列有石兽、石碑，只是未见石人，可见上述规定是针对一般墓葬而言的。

从考古调查和发掘来看，隋墓前不仅列置石柱，而且列置石碑、石虎、石羊，如陕西潼关税村隋壁画墓墓前残存有石柱之座（图二四）[20]；陕西三原隋开皇二年（582年）李和墓墓前列置石羊一对[21]；甘肃榆中隋开皇十二年（592年）隋刘义夫妇墓墓前列置石虎1对、石羊1对、石碑1通[22]。隋代帝陵却未置石刻，而且其封土形制与西汉帝陵一样为高大的覆斗形。

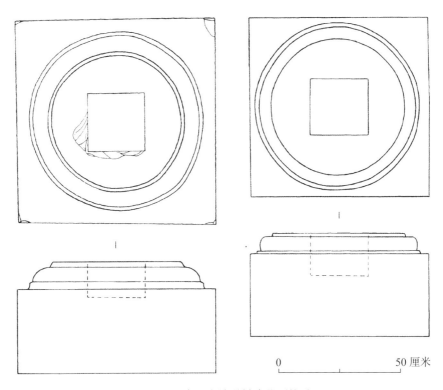

0　　　　　　　　　　50 厘米

图二四　陕西潼关税村隋墓石柱础

第二节　唐代帝陵石刻制度形成及其影响

　　唐代帝陵石刻在南北朝帝王陵墓石刻的基础上，经过唐高祖献陵、太宗昭陵的发展与过渡，在被追封的孝敬皇帝恭陵时组合方式初步形成（图二五）[23]，而唐高宗与武则天合葬的乾陵则又在其基础上增加了石刻种类和数量，并将其制度化并形成模式（图二六）[24]，为此后的唐代帝陵所继承。

　　值得注意的是，自北魏帝陵开始在陵前立蹲狮，这一点被唐代帝陵所继承，并在唐太宗昭陵开始出现，其形制变为走狮，特别其中一只石狮一侧还有身着大翻领上的御狮胡人像（狮奴）[25]。此后，在唐孝

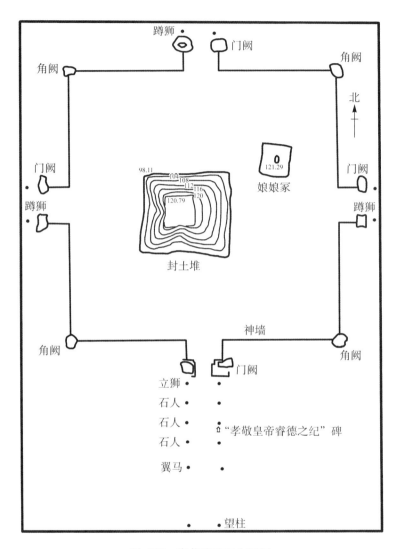

图二五　唐恭陵平面实测图

敬皇帝恭陵陵园四面神门分别立有一对走狮。自唐高宗乾陵开始，陵
园四神门之外均立蹲狮一对，并成为一种模式和制度。这里涉及一个问
题，就是唐高祖献陵前的石虎后来被石狮替代，这是为什么呢？从佛
教造像来看，为了表现佛所坐处皆为狮子座的理念，北魏时期的工匠

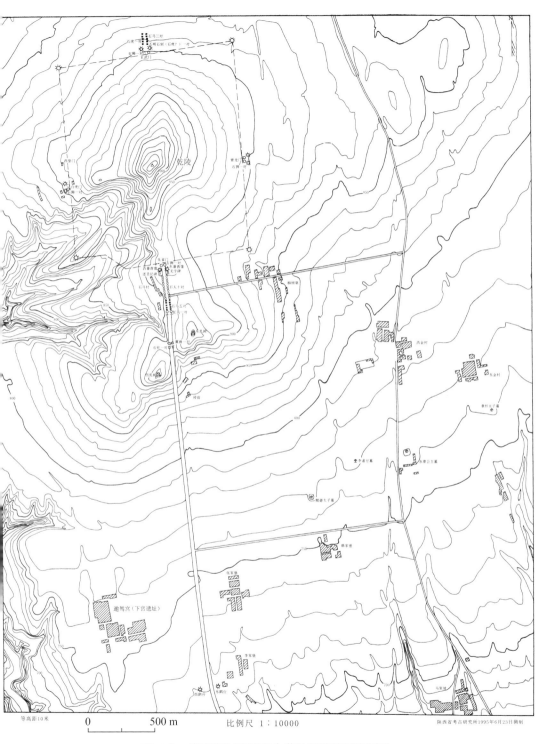

石马三对
明石刻（石刻？）一对
石獅一对
玄武门

西华门
乾陵
蕃龙
石獅　一对

青龙门

东华门
西蕃酋像　东蕃酋像
述圣記碑　无字碑
石柱一对
石人十对
西金村
马五对
东金村

朱雀门　青龙门
峰门
章怀太子墓

石柱一对
鸿雁
李谨行墓
永泰公主墓

懿德太子墓

鹤家堡
邀驾宫（下宫遗址）
张家堡

李家堡

西鹊台　东鹊台
马家道

等高距10米

0　　　　　500 m　　　比例尺 1∶10000　　　　　陕西省考古研究所1995年6月23日测制

图二六　唐高宗与武则天合葬的乾陵陵园实测图

们以雕塑或绘画的方式将狮子表现在佛座两侧，通过形象艺术表明佛之所坐即为狮子座。与此同时，随着时代的推移，佛教造像中的狮子越来越多地偏离佛座两侧，被工匠们雕塑或绘制在佛座下方，从而成为佛的护法。这是古代中国工匠的创造，并将其与力士、香炉、供养人等并列。这种现象大约萌芽于北魏时期，在北朝后期发展成为一种较为普遍的现象。唐高祖献陵前所列置的石虎自太宗昭陵开始改为狮子，显然是受了佛教的影响。这一看似简单的替换隐含了一个重要思想，即北魏法果所提倡的皇帝即当今如来的思想。也就是说，既然皇帝是当今如来，那么以狮子守护其陵园则再正常不过了。正是在这一思想的指导下，才以佛教中的护法狮子替换了传统的石虎，同时又将石虎作为人臣墓前的石刻。狮子是佛教中对唐代帝陵产生影响的一面，此外，再如唐代帝陵修建有佛教寺院[26]：唐贞观二十二年（648 年），唐高宗为太子时为其母文德长孙皇后祈冥福修建了慈恩寺[27]；文明元年（684 年），唐高宗崩后百日即为其祈冥福修建了献福寺，武则天天授元年（690 年）改为荐福寺，唐中宗复位后又大加修饰[28]等，这些寺院的修建都与帝陵有着密切关系。

　　从帝陵石刻的发展演变来看，其最初起源于民间，并带有一定的随意性。经过不断发展与总结，在南北朝时期初步制度化，唐代时则在其基础上进一步完善，使之成为帝陵制度的重要组成部分，同时还对人臣墓前列置石刻的种类和数量进行了规定。唐代人臣墓列置的石刻种类主要为石柱、石虎、石羊等，以此显示帝陵与人臣墓葬之间的等级性差异。由此可见，中华民族是能在历史的发展中不断总结和凝练的民族。在文化上的表现也是如此，如作为经典的《诗经》，由《风》《雅》《颂》三部分组成，而其中的《风》是经过采风而得来的民间作品，或称之为民歌，通过对这些来自民间的作品进行归类和加工，使之也成为经典的一部分。现在实行的土地包产到户的经营方式，一开始也是在民间自发地形成，最初出现在安徽凤阳小岗村，最终被上升到一种土地经营形式而推广到全国的。

　　与此同时，自唐乾陵开始，制度化、模式化了的帝陵石刻，还对突厥可汗墓产生了影响，使其原来在墓前较为单纯地树立石人和杀人石[29]的做法，变成了在神道两侧对称树立石人、石兽（包括石羊、石虎）等，如位于蒙古国的突厥毗伽可汗（716～734年）墓前所立石刻即是如此，而且其墓前还立有唐墓前常见的螭首龟趺石碑[30]。唐代以后的帝陵，尤其是北宋、明清时期的帝陵石刻，其基本内容和列置方式是对唐代帝陵的延续，但石刻的种类、数量等则表现出其自身特点，列置方式也变得较为紧凑。

　　通过以上论述可以看出，中华文明的连绵不断表现的是其继承性的一面，而这种继承本身不是简单的接力棒式的传承与交接，而是在继承的基础上不断地创新和发展。继承下来的前代文化，根据时代发展的需要，都有所创新，而且这种创新表现在各个方面。如唐高祖献陵采取同坟异穴合葬方式，这显然是对隋文帝泰陵埋葬方式的继承。但自唐太宗昭陵开始则采取同坟同穴的合葬方式，并开启了以山为陵的新形式，改变了自秦始皇帝陵开始的在地面修建高大的覆斗形封土堆的封土为陵的模式。在创新的同时，还出现了复古现象，如唐敬宗庄陵采用了西汉帝陵的埋葬方式，封土之下的墓穴呈长方形竖穴土圹式，在土圹四面各开挖一条墓道，其中南面墓道较长[31]。这些现象的发生，反映了中华五千年文明不仅连绵不断，而且创新不断，并在继承与创新的同时，还表现出一定的复杂性特征。

注释

1. （唐）封演撰，赵贞信校注：《封氏闻见记校注》，中华书局，2005年，第58页。
2. 西安市文物局编著：《华夏文明故都　丝绸之路起点》，世界图书出版公司，2005年，第76、77页。
3. 中国陵墓雕塑全集编辑委员会编：《中国陵墓雕塑全集》3《东汉三国》，陕西人民美术出版社，2009年，第16、38页，图版一四、四〇，文字说明第8、19页。

4. 北京市文物工作队：《北京西郊发现汉代石阙清理简报》，《文物》1964年第11期。

5. （晋）陈寿撰，（宋）裴松之注：《三国志》，中华书局，1959年，第51页。

6. （晋）陈寿撰，（宋）裴松之注：《三国志》，中华书局，1959年，第81页。

7. （梁）沈约：《宋书》，中华书局，1974年，第407页。

8. （梁）沈约：《宋书》，中华书局，1974年，第966页。

9. （梁）沈约：《宋书》，中华书局，1974年，第407页。

10. 中国陵墓雕塑全集编辑委员会编：《中国陵墓雕塑全集》4《两晋南北朝》，陕西人民美术出版社，2007年，第2、3页，图版一、二，文字说明第1页。

11. 洛阳市第二文物工作队：《北魏孝文帝长陵的调查和钻探——"洛阳邙山陵墓群考古调查与勘测"项目工作报告》，《文物》2005年第7期。

12. 中国社会科学院考古研究所洛阳汉魏城队、洛阳古墓博物馆：《北魏宣武帝景陵发掘报告》，《考古》1994年第9期；中国陵墓雕塑全集编辑委员会编：《中国陵墓雕塑全集》4《魏晋南北朝》，陕西人民美术出版社，2007年，第5页，图版四，文字说明第2页。

13. 中国陵墓雕塑全集编辑委员会编：《中国陵墓雕塑全集》4《魏晋南北朝》，陕西人民美术出版社，2007年，第6、7页，图版五、六，文字说明第3页。

14. 西安碑林博物馆编、成建正主编：《西安碑林博物馆》，陕西人民出版社，2000年，第90页。

15. 陕西省考古研究所、咸阳市考古研究所：《北周武帝孝陵发掘简报》，《考古与文物》1997年第2期。

16. 南京博物院、南京市文物保管委员会：《南京栖霞山甘家巷六朝墓群》，《考古》1976年第5期；［日］奈良县立橿原考古研究所编集：《中国南朝陵墓の石造物：南朝石刻》，（社）橿原考古学协会，2002年，第22页，图版18；［日］曾布川宽、冈田健：《世界美术大全集·东洋编》第3卷《三国·南北朝》，小学馆，2000年，第32页，图版15。

17. （唐）魏征、令狐德棻：《隋书》，1973年，中华书局，1973年，第643页。

18. （后晋）刘昫等：《旧唐书》，中华书局，1975年，第972页。

19. （唐）魏征、令狐德棻：《隋书》，中华书局，1973年，第153页。

20. 陕西省考古研究院编著：《潼关税村隋代壁画墓》，文物出版社，2013年，第2页，图版二之1。

21. 陕西省文物管理委员会：《陕西三原县双盛村隋李和墓清理简报》，《文物》1966年第1期。

22. 兰州大学敦煌学研究所、甘肃省文物考古研究所、甘肃省文物资料信息中心、榆中县博物馆：《甘肃榆中隋代刘义夫妇合葬墓发掘简报》，《考古与文物》2023 年第 4 期。

23. 中国社会科学院考古研究所河南第二工作队、河南省偃师县文物管理委员会：《唐恭陵实测纪要》，《考古》1986 年第 5 期。

24. 文中插图系陕西省考古研究院田有前先生提供。

25. 西安碑林博物馆编、成建正主编：《西安碑林博物馆》，陕西人民出版社，2000 年，第 96 页。

26. 冉万里：《帝陵建寺之制考略》，《西部考古》第 1 辑，三秦出版社，2006 年，第 433～441 页；田有前：《唐代陵寺考》，《文博》2012 年第 4 期。

27. （宋）宋敏求撰，辛德勇、郎杰点校：《长安志》，三秦出版社，2013 年，第 286 页。

28. （宋）宋敏求撰，辛德勇、郎杰点校：《长安志》，三秦出版社，2013 年，第 257 页。

29. 关于杀人石，据《隋书》卷八十四《突厥传》记载："有死者，停尸帐中，家人亲属多杀牛马而祭之，绕帐号呼，以刀划面，血泪交下，七度而止。于是择日置尸马上而焚之，取灰而葬。表木为茔，立屋其中，图画死者形仪及其生时所经战阵之状。尝杀一人，则立一石，有至千百者。"参见（唐）魏征、令狐德棻撰：《隋书》，中华书局，1973 年，第 1864 页。

30. Christoph Baumer, The History of Central Asia: The Age of the Silk Roads, I.B. Tauris, 2014, fig.222.

31. 陕西省考古研究院、三原县文化和旅游局：《唐敬宗庄陵陵园遗址考古勘探发掘简报》，《考古与文物》2021 年第 1 期。

第三章　论中华文明善于吸收与创新

相对于寺庙、宫殿等土木结构的建筑，石窟寺在战乱中更容易保存下来，正如唐代高僧道宣在《集神州三宝感通录》卷中所云："古来帝宫，终逢煨烬。若依立之，效尤斯及，又用金宝，终被毁盗。乃顾昈山宇，可以终天。……就而斫窟，安设尊仪，或石或塑，千变万化。"[1]同时还应该注意，现存的一些大型石窟的开凿往往是国家工程，为了开凿和管理这些石窟，北魏和北齐时还设置了专门的官员，如《隋书·百官志》论述北魏、北齐的官制时，云北齐多承袭北魏官制，并提到"甄官署，又别领石窟丞"[2]。甄官署在东汉时期已经设置，历代沿置，唐代甄官署的职能明确，据《唐六典》卷二十三记载："甄官令掌供琢石、陶土之事，丞为之贰。凡石作之类，有石磬、石人、石兽、石柱、碑碣、碾硙，出有方土，用有物宜。凡砖瓦之作，瓶缶之器，大小高下，各有程准。凡丧葬则供其明器之属，别敕葬者供，余则私备。"[3]由此可见，甄官署别领石窟丞是因其开凿石窟这一点与甄官署的"石作"较为相似。由国家支持开凿的石窟，往往能够集中最为优秀的工匠，代表了当时雕塑绘画艺术的最高水准，具有范式意义。正是由于石窟寺集建筑、艺术、文化等于一体，所以，对其形制和造像进行探讨，能够清晰地看到造像传入与创新的发展历程。

第一节　造像从伟丈夫到宫娃

　　唐代的佛教造像艺术发生了巨大变化，当时的高僧道宣对这种变化持批判态度。据《释氏要览》卷中记载："宣律师云：'造像梵相，宋齐间皆唇厚鼻隆目长颐丰，挺然丈夫之相。自唐来笔工皆端严柔弱似妓女之貌，故今人夸宫娃如菩萨也。'"[4] 又据《酉阳杂俎续集》卷五《寺塔记上》记载，长安城道政坊宝应寺是王维之弟齐国公王缙舍宅而立，"寺中释梵天女，悉齐公（王缙）妓小小等写真也"[5]。如甘肃敦煌莫高窟盛唐时期第 194 窟的菩萨像（图版一一）[6]，虽然带有髭须，但其面部丰满浑圆、头束发髻、所着半臂和裙装等方面，都强烈地表现出女性化特征。要搞清楚这一问题，就不能不注意到佛与皇帝的关系，佛殿与宫殿的关系，佛教造像的排列方式与朝堂之间的关系等。

　　关于佛与皇帝的关系，北魏时期的高僧法果提出皇帝"即是当今如来"的思想。据《魏书·释老志》记载："初，法果每言，太祖明叡好道，即是当今如来，沙门宜应尽礼，遂常致拜。谓人曰：'能鸿道者人主也，我非拜天子，乃是礼佛耳。'"[7] 正是在这一思想的影响下，高僧昙曜在云冈石窟所造五窟即第 20～16 窟，分别对应道武帝、明元帝、太武帝、景穆太子、文成帝[8]。"兴光元年（454 年）秋，敕有司于五级大寺内，为太祖已下五帝（道武、明元、太元、景穆、文成），铸释迦立像五身，各长一丈六尺，都用赤金二十五万斤"[9]。如果将皇帝看作是现世如来，那么，佛两侧的弟子在形象上可以以现实中的僧侣作为模拟对象，菩萨、天王、力士也都有现实的模拟对象，而这些模拟对象中的一部分自然指向宫中女性和上层女性。长安都城中丰富的社会生活，众多的歌伎，自然成为其艺术形象的源泉。甚至只要略微赋予其佛教元素即可，长安城的生活场景即刻会融入为理想的佛国世界，正如马克思所指出的，"这个国家、这个社会产生了宗教"[10]。

　　道宣对唐代佛教造像"宫娃如菩萨"的这种描述，显然是持否定态度的。但现在看来这并不是佛教造像艺术形象的退化，反而是其中国化过程中唐代审美的典型反映，也即是佛教造像艺术在中国化过程中阶段性特征的反映。实际上就是将当时人自己所认为的美的元素赋予了菩萨，而所谓的"端严柔弱似妓女之貌，故今人称宫娃如菩萨"这一现象的出现，恰恰是道宣生活的那个时代的人们审美意识的反映，更说明在这一时期佛教造像艺术的风格为之一变，创造出了以中国人为模拟对象的造像艺术，这也正如梁思成先生所云："（唐代）佛像之表现仍以雕像为主，然其造像之笔意及取材，殆不似前期之高洁。日常生活情形，殆已渐渐侵入宗教观念之中，于是美术，其先完全受宗教之驱使者，亦与俗世发生较密之接触。"[11] 所谓"与俗世发生较密之接触"，则隐含了将现实生活中的皇帝看作佛这一思想。工匠及艺术家们无形中将皇帝与后宫嫔妃、宫女以及现实中的僧侣作为模拟对象，来雕塑或者绘制佛、弟子、菩萨、天王、力士，从而在佛堂之中、墙壁之上出现了对称布局、形似左文右武的排列方式，暗含了法果所云的皇帝即当今如来的思想。这种隐性的表现方式，不仅拉近了佛与众生的距离，也拉近了佛国世界与人间世界的距离，从而对其能够广泛传播起了推波助澜的作用。

要说清楚"宫娃如菩萨"这个问题，也可以从佛殿的建筑形式说起。佛殿建筑模拟宫殿建筑，这在等级森严的封建社会成为普遍现象，建筑史学家在复原展示隋唐时期宫殿建筑的屋顶时，往往参考石窟寺壁画、佛教石刻以及现存的木构建筑佛殿的屋顶样式，也是基于这样一个基本的历史事实。据《洛阳伽蓝记》卷一记载，洛阳永宁寺"浮图北有佛殿一所，形如太极殿"[12]。这里的太极殿，就是曹魏至北魏时期洛阳城宫中的正殿。又据《长安志》卷七记载，隋文帝修建大兴城时所建的大兴善寺占了靖善坊一坊之地，"寺殿崇广，为京城之最，号曰大兴佛殿，制度与太庙同"[13]。到了唐代，朝廷对世俗建筑的形式从法律上进行了限制，据《唐律疏议》卷二十六记载："营造舍宅者，依营缮令：王公已下，凡有舍屋，不得施重拱、藻井。"[14] 却唯独对佛寺不予以限制，这也是皇帝即当今如来这一思想在佛殿建筑形式上的表现，并且得到官方认可，从而成为一种共识。既然佛之所在等于宫殿，那么，生活在宫殿中的人或与宫殿相关的人——皇帝、大臣、将军、嫔妃、宫女，与出现在佛殿塑像及壁画中的佛、菩萨、天王、力士，这两者之间应该存在着某种意识上的对应关系。也即佛殿建筑模拟了宫殿，造像艺术则模拟了与宫殿相关的人，所不同的只是赋予了其佛教元素。对于皇帝即当今如来这一思想，北魏时期的法果已经明确地提了出来，为什么此后不再这么明确地讲了呢？可以理解为这一思想已经深入人心并常识化了，不需要再去明确地表达和张扬，反而更多地以实际行动来表现。

与此同时，应该特别注意梁思成先生所云的"日常生活情形已渐渐侵入宗教观念之中"，这里的"日常生活"说的就是唐代人的日常生活。换句话说，就是将唐人的日常生活也即中国的特点融入造像艺术中，这不正是佛教造像艺术中国化的另外一种表达方式吗？同时也说明佛教造像艺术的巨大变革发生在唐代之时，或者说唐代就是一个分水岭。正如徐悲鸿先生所云："此犍陀罗风格之被中国接受，遂使中国失去汉人简朴而活跃之风格，形成一种拙陋木强之情调。迨唐代中国性格形成，始有瑰丽之制。"[15]道宣及梁思成、徐悲鸿先生从不同的角度阐释了同样一个问题。其实，不论是雕塑还是绘画艺术，往往是时代精神风貌的反映，而不是纯粹地为艺术而艺术，只是有时候我们还不能深刻理解其中的含义。常言所云的"愤懑出诗人"也是这个道理，即某种社会现象或者生活场景，促使诗人创作激情爆发，绝对单纯的不表达任何思想和情感的艺术是不存在的。

在佛教造像艺术中国化的过程中，一方面"日常生活情形已渐渐侵入宗教观念之中"，而中国化了的佛教造像艺术，则反过来促使唐代出现了一些新的造像样式和题材，如出现了皇帝、大臣侍奉玄元（老子）的造像，其造像的排列形式表现为玄元造像居中、皇帝与大臣居于两侧，这种做法显然是对佛教造像中一佛二弟子或一佛二菩萨排列形式的模仿。据《旧唐书·玄宗纪下》记载，天宝五载（746年）九月壬子，"于太清宫刻石为李林甫、陈希烈像，侍于圣容之侧"[16]。又据《旧唐书·礼仪四》记载："太清宫成，命工人于大白山采白石，为玄元圣容，又采白石为玄宗圣容，侍立于玄元之右。皆依王者衮冕之服……又于像设东刻白石为李林甫、陈希烈之形。及林甫犯事，又刻石为杨国忠之形，而瘗林甫之石。及希烈、国忠贬，尽毁瘗之。"[17]

第二节　清羸示病隐几忘言的维摩诘像

　　南北朝至隋唐时期，维摩诘形象较为流行，诸多画家都纷纷绘画。但如何表现这位居士的形象成为一个问题。首创维摩诘形象的画家是东晋时期的顾恺之，据《历代名画记》卷一所云："顾生首创维摩诘像，有清羸示病之容，隐几忘言之状"，顾恺之最初绘制的维摩诘像在瓦棺寺北小殿，且轰动一时[18]。顾恺之所创维摩诘像，成为当时画家模仿的对象，但即使陆探微、张僧繇这样的一代宗师，也"终不及顾之所创者也"[19]。根据张彦远的描述，虽然顾恺之独到地创造出了维摩诘形象，但其创造明显带有时代色彩，也即顾恺之所创为维摩诘形象实际上应该是以当时士大夫形象为模特的，所以才有"有清羸示病之容，隐几忘言之状"。众所周知，魏晋时期的士大夫由于当时的社会原因，沉溺于敷粉涂唇，熏香插花，身躯瘦弱，闻驴叫而觉其如虎。在这样畸形的审美情趣之下，顾恺之所创维摩诘形象，自然摆脱不了当时社会的影响。南朝宋时，画风则又为之一变，陆探微之画被称为"秀骨清像"。对于顾恺之、张僧繇以及陆探微的画风，唐代张怀瓘认为："夫象人风骨，张亚于顾、陆也。张得其肉，陆得其骨，顾得其神。神妙亡方，以顾为最。"[20]又据《历代名画记》卷六记载："陆公参灵酌妙，动与神会，笔迹劲利，如锥刀焉。秀骨清像，似觉生动，令人懔懔，若对神明。"[21]对于顾、陆的评价，不仅要看到其个人的才华和独特的审美观，时代背景也不可忽略，以他们为代表的画家，其画作无不是一个时代审美观的反映，所以，他们所绘的维摩诘像，都是对当时士大夫形象艺术化之后的产物。从传世的《斲琴图》中的人物形象，可以想见顾恺之所绘制维摩诘形象；从江苏南京南朝墓出土的《竹林七贤拼镶砖画》中的人物形象，可以想见南朝时的维摩诘形象。在河南洛阳龙门石窟大约开凿于北魏正始末年至延昌年间（505～515 年）的古阳洞北壁中层第 3 龛中的维摩诘像，身着褒衣博带手持麈尾凭几而坐（图二七）[22]；北魏延昌末至熙平初年（515～517 年）的宾阳中洞雕刻有维摩诘像，则呈现出东晋南朝维摩诘秀骨清像的特征，身着褒衣博

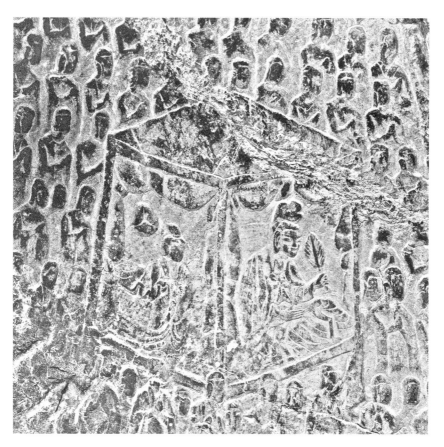

图二七　龙门石窟古阳洞北壁中层第 3 龛中的维摩诘像

图二八　龙门石窟宾阳中洞的维摩诘像

带，面容清癯，斜倚隐囊持麈尾而坐（图二八）[23]。

　　自北朝至隋唐时期的维摩诘形象，虽然也有维摩诘立像，但更多的则是坐像。维摩诘一般为手执麈尾，褒衣博带，凭几而坐，一派士大夫形象，如甘肃敦煌莫高窟盛唐第 103 窟东壁窟门南侧的维摩诘像[24]。其中手持麈尾、褒衣博带、凭几是塑造魏晋以来士大夫形象的几个基本元素。麈尾为时人讲谈所用之道具，手持麈尾含有指点迷津之意，犹如今之手持教鞭，也有拂秽清暑之功能。据《释氏要览》卷中记载："麈尾，《音义指归》云，《名苑》曰：鹿之大者曰麈，群鹿随之，皆看麈所往，随麈尾所转为准。今讲者执之象彼，盖有所指麾故。"魏晋南北朝之时，人们也多借这种日常用具咏怀。如王导《麈尾铭》云："道无常贵，所适惟理。勿谓质卑，御于君子。拂秽清暑，虚心以俟。"[25] 梁宣帝《咏麈尾诗》曰："匣上生光影，豪际起风流，本持谈妙理，宁是用摧牛。"[26] 徐陵《麈尾铭》曰："爰有妙物，穷兹巧制，员上天形，平下地势，靡靡丝垂，绵绵缕细，入贡宜吴，出先陪楚，壁悬石拜，帐中王举，既落天花，亦通神语，用动舍默，出处随时，扬斯雅论，释此繁疑，拂静尘暑，引饰妙词，谁云质贱，左右宜之。"[27] 魏晋墓葬壁画中的男性墓主人像，也往往为手持麈尾的坐姿，如北京石景山区八角村魏晋壁画墓中所绘制的墓主人形象[28]。维摩诘形象创造出来之后，对其他造像也产生了较大影响，如手执麈尾凭几而坐的老子造像，显然借鉴了维摩诘形象，两者的区别在于维摩诘形象多侧身，老子造像多正面，如四川成都西安路出土的南朝老子造像[29]。

维摩诘形象自顾恺之所创之后，便广为流行，尤为士大夫所崇尚。究其根本原因，主要是维摩诘的身份和智慧对士大夫们有着如磁石一般强大的吸引力。据佛经记载，维摩诘是在家居士，拥有无量资产和美妻，清净戒行，智慧有辩才，无论他以什么身份出现，诸如长者、居士、刹帝利、婆罗门、大臣、庶民、梵天、帝释等，都能成为其中的最尊者，这些不正是信佛法的皇帝和士大夫们所追求的吗？甚至于唐代的王维，字称"摩诘"，号称"摩诘居士"。《维摩诘经》在传入和翻译之时就为人们所关注，所以，顾恺之首创的维摩诘形象便是当时士大夫精神风貌的写照，其形象所表现出的创新性尤为强烈。深层次而言，就是当时的士大夫在思想上与之产生了共鸣，才有了清羸示病隐几忘言的维摩诘像。

第三节　山水意境的水月观音

自《法华经·观音普门品》传入翻译之后，观音菩萨在诸多菩萨中脱颖而出，成为人们所单独供奉的重要对象，其造像自然也就多了起来。观音菩萨像也随着时代的发展而有所变化，这些变化主要表现在服饰和面容上，但其或坐或立的姿态却变化不大。至唐代之时，周昉在前人的基础上创造出样式独特的观音菩萨像，并赋予其一个独特的名字"水月观音"。《历代名画记》卷十记载："周昉，字景玄，官至宣州长史。初效张萱画，后则小异，颇极风姿，全法衣冠，不近间里，衣裳劲简，彩色柔丽，菩萨端严，妙创水月之体"[30]。周昉所创水月观音，实际上就是创造了一种观音像的新范式，并对当时和后世产生了巨大影响。

周昉所创水月观音像，结合了中国的山水意境，是伴随山水画的兴起而出现的观音菩萨像新样式。关于山水画，据《历代名画记》卷一记载："山水之变，始于吴，成于二李"，卷九又云"（吴道玄）因写蜀道山水，始创山水之体，自成一家"[31]。周昉所创水月观音，菩萨一般侧身半跏趺坐于岩石之上，一脚踩踏于盛开的红色仰莲上。身旁绘制竹子、芭蕉等植物。脚下绘制水池，池中生莲，莲叶舒展，红莲盛开，波光粼粼，水鸟游弋，表现了一派祥和静美、人与自然和谐地融为一体的美妙意境。有的水月观音身侧还绘出大型白色圆光。水月观音像的意境正如白居易《画水月观音菩萨赞》所云："净渌水上，虚白光中，一睹其相，万缘皆空。"[32]白居易这几句简单明了的话语，道出了水月观音像的意境。与之意境符合者，多见于甘肃敦煌莫高窟藏经洞发现的绢画或者纸画[33]，有的还有题榜，它们应该就是周昉所创并传播至敦煌一带的。依据这些图像资料，可知北宋时期石窟寺中雕刻于窟龛中侧身而坐或正面而坐的水月观音像（图版一二）[34]，以及金铜水月观音像[35]，大都继承了周昉所创立的水月观音样式。在唐代以后的石窟寺造像中，水月观音像流传久、数量多而且分布范围广，充分说明唐代周昉所创立的水月观音像，在审美上符合中国传统的审美情趣，也与文人雅士往往寄情于山水的心境相吻合，言其"妙创"确不为过。

第四节　创新有典范，布袋和尚现

布袋和尚像一般被视为弥勒佛，他实际上就是唐明州奉化县的和尚契此。据《宋高僧传·契此传》记载："释契此者，不详氏族，或云四明人也。形裁腲脮，蹙额皤腹，言语无恒，寝卧随处。常以杖荷布囊入缠肆，见物则乞，至于醯酱鱼菹，才接入口，分少许入囊，号为长汀子布袋师也。曾于雪中卧，而身上无雪，人以此奇之。有偈云：'弥勒真弥勒，时人皆不识'等句，人言：'慈氏垂迹也。'又于大桥上立，或问：'和尚在此何为？'曰：'我在此觅人。'常就人乞啜，其店则物售。袋囊中皆百一供身具也。示人吉凶，必现相表兆。亢阳，即曳高齿木屐，市桥上竖膝而眠。水潦，则系湿草屦。人以此验知。以天复中终于奉川，乡邑共埋之。后有他州见此公，亦荷布袋行。江浙之间多图画其像焉。"³⁶

　　布袋和尚形象的流行——南方地区创造的形象遍布南北方地区（图版一三）³⁷，而且其延续时间之长，特征之鲜明，生活化、世俗化之浓郁，在古印度和中国的佛像中罕见。出现这一现象得从当时的社会背景去分析、理解和认识，它是当时人们迫切需要改变社会现状的思想在佛教造像层面的具体反映。其亲切而满含微笑的面庞和大腹袒露的形象，犹如现实生活中的慈祥老者，这一点让其成为人见人爱、观之心情愉悦的艺术形象。虽然布袋和尚像与其他的佛教造像大相径庭，但却毫无突兀之感，与庄严肃穆的佛像以及东晋南朝以来清瘦羸弱的维摩诘形象形成鲜明对比，以一个生动活泼的僧侣形象来表示弥勒佛，舍弃了佛经记载的有点繁琐的"三十二相，八十种好"，这反映了随着佛教的世俗化民间所爆发的创造力，也是对佛教造像艺术的一次颠覆，体现了中华民族丰富的想象力和创造力。在创造布袋和尚形象的过程中，略去了佛像的一些基本特征，让其完全以中国老者的形象出现在人们的面前，是一种完全中国化的佛教艺术形象。但这种简化和世俗化的表现形式，绝对不是从布袋和尚开始的，而是从佛像开始的。如日本东京私人收藏的南宋梁楷所绘《释迦出山图》中的释迦像³⁸，头上肉髻已不再高高耸立，而是变成了一小块低矮的凸起，须发蓬乱，身披红色袈裟，身旁是败叶枯树，跣足踽踽而行，犹如一个行走于山间道路上的瘦弱老僧，苍凉之感充满画面。这都是佛教世俗化和审美情趣变革的结果。由此可见，佛教及佛教造像艺术的中国化过程从来没有中断过，只是在不同时期其表现形式和中国化的程度有所差异，而其中国化的灵魂则是创新，如果没有创新就只能模仿，就不可能有佛教及佛造像艺术的中国化。但出现布袋和尚像的深层次原因，还是五代的战乱、南宋王朝面临的来自北方的威胁，在社会层面人民生活需要安居乐业。所以，可以这样理解：布袋和尚的笑容，恰恰是现实中匮乏而又是人们所需要的安乐在佛教艺术层面的反映，布袋和尚的大肚是人们对吃饱喝足这一最基本的生活需求在佛教造像艺术上的反映，是人们内心世界愿望的另外一种表现形式。因此，布袋和尚的形象不可能是脱离现实而独立存在的单纯的艺术形象，更不是一个简单的崇拜对象，它正是社会现实需要的产物。正如马克思在《〈黑格尔法哲学批判〉导言》中指出的那样："人不是抽象的蛰居于世界之外的存在物。人就是人的世界，就是国家，社会。这个国家、这个社会产生了宗教，一种颠倒的世界意识，因为它们就是颠倒的世界。""宗教里的苦难既是现实的苦难的表现，又是对这种现实的苦难的抗议。宗教是被压迫生灵的叹息，是无情世界的心境，正像它是无精神活力的制度的精神一样。宗教是人民的鸦片"。[39]

布袋和尚夸张的艺术形象的含义——以其袒露腹部表现包容，以其笑容象征佛的慈悲一面。至于流传久远而且影响巨大的楹联"大肚能容，容天下难容之事；笑口常开，笑天下可笑之人"，则是一种对宗教从世俗化角度的浅层次理解，而且其用语本身违背了佛教宗旨，佛是不可能去笑众生的，那样的话还是佛吗？佛教认为，其主要任务和目标就是教化被贪嗔痴等蒙蔽的众生而使之感悟，达到彼岸，而不是去"笑天下可笑之人"。这副楹联已经成为人们所熟知的名言警句，但它实际上没有看到这一艺术形象产生的社会根源和社会需求，即布袋形象的出现是人们盼望社会祥和、自身温饱和快乐的反映。这副楹联的内容，显然是儒生们对自身世俗情感的宣泄，而不是宗教情感的表达，更没有反映出创造布袋和尚像的初衷。

布袋和尚像是艺术创新的结果，但历史地来看，这种创新从来就没有停止和中断过。不仅造像艺术在吸收的同时进行创新，丝织物的装饰纹样也经历了一个在吸收外来文化因素的基础上，不断创新的发展历程，其中隋唐时期的两个人物何稠与窦师纶正好代表了两个不同的发展阶段，即吸收阶段与创新阶段。

隋代之时，波斯曾经献"金绵锦袍，组织殊丽"，根据隋文帝的旨意，何稠对其进行了仿制，结果他仿制的织锦的装饰效果甚至超过了波斯锦。关于何稠仿制的波斯纹锦，赵丰认为唐系翼马纹锦"都是属于何稠仿制波斯锦一类的系列产品"[40]，如中国丝绸博物馆收藏的团窠联珠花树对鹿纹锦[41]。与此同时，何稠还以绿瓷烧制出玻璃器。关于何稠其人，据《隋书·何稠传》记载："国子祭酒妥之兄子也。父通，善斫玉。稠性绝巧，有智思，用意精微。年十余岁，遇江陵陷，随妥入长安。仕周御饰下士。及高祖为丞相，召补参军，兼掌细作署。开皇初，授都督，累迁御府监，历太府丞。稠博览古图，多识旧物。波斯尝献金绵锦袍，组织殊丽。上命稠为之。稠锦既成，逾所献者，上甚悦。时中国久绝琉璃之作，匠人无敢厝意，稠以绿瓷为之，与真不异。寻加员外散骑侍郎。"[42]

唐代的窦师纶则是中国丝绸装饰纹样创新阶段的代表人物。《历代名画记》卷十载："窦师纶，字希言，纳言陈国公抗之子。初为太宗秦王府咨议、相国录事参军，封陵阳公，性巧绝。草创之际，乘舆皆阙，敕兼益州大行台、检校修造。凡创瑞锦宫绫，章彩奇丽，蜀人至今谓之'陵阳公样'。官至太府卿，银、坊、邛三州刺史，高祖、太宗时，内库瑞锦，对雉、斗羊、翔凤、游麟之状，创自师纶，至今传之。"[43]窦师纶墓志现藏西安碑林博物馆[44]。窦师纶创立的"陵阳公样"的主要花式有瑞锦、对雉、斗羊、翔凤、游麟等，是在传统大蜀锦织造艺术基础上，融合吸收波斯、粟特等锦的纹饰特点，穿插组合祥禽瑞兽、宝相花鸟。考古发现的对马纹锦以及装饰对龙、对狮、对羊、对鹿、对凤等纹样的丝绸，都是在吸收外来装饰元素并进行改造的结果。纹样大都以团窠为主体，围以联珠纹，团窠中央饰以各种动植物纹样。这些创新，是根据中国传统的审美情趣对外来文化吸收改造的结果。正如孙机先生指出的那样："在西方，无论萨珊或粟特，其联珠圈中一般仅有一只动物，而我国却习惯安排成对的动物"，"远在唐初，通过安排对禽兽，已使联珠圈中的图案开始中国化"[45]。窦师纶通过对织锦装饰纹样的改造，才出现了《旧唐书·舆服志》所记载的官服上的对禽兽纹样。武则天"延载元年五月，则天内出绯、紫单罗铭襟、背衫，赐文武三品已上。左右监门卫将军等饰以对师（狮）子，左右卫饰以（对）麒麟，左右武威卫饰以对虎，左右豹韬卫饰以（对）豹，左右鹰扬卫饰以（对）鹰，左右玉钤卫饰以对鹊，左右金吾卫饰以对豸，诸王饰以盘龙及（对）鹿，宰相饰以凤池，尚书饰以对雁"[46]。如中国丝绸博物馆藏宝花对凤纹锦（图二九）[47]、新疆出土的对鹿纹绫和对龙纹绮（图三〇）[48]等。

图二九　中国丝绸博物馆藏宝花对凤纹锦图案

图三〇　新疆出土的对鹿纹绫和对龙纹绮图案

　　上述诸多事例，无不证明了中华文明善于吸收的同时，更善于创新的特征。

注释

1. 唐麟德元年终南山释道宣撰：《集神州三宝感通录》,《大正藏》第 52 册，No.2106。
2. （唐）魏征、令狐德棻：《隋书》，中华书局，1973 年，第 757 页。
3. （唐）李林甫等撰，陈仲夫点校：《唐六典》，中华书局，1992 年，第 597 页。
4. （宋）道诚：《释氏要览》,《大正藏》第 54 册，No.2127，中华电子佛典协会，1998 ～ 2005 年，第 288 页。
5. （唐）段成式撰，曹中孚校点：《西阳杂俎》,《唐五代笔记小说大观》上册，上海古籍出版社，2000 年，第 756 页。
6. 中国石窟雕塑全集编辑委员会编：《中国石窟雕塑全集》1《敦煌》，重庆出版社，2001 年，第 158 页，图版一五四。
7. （北齐）魏收：《魏书》，中华书局，1974 年，第 3031 页。
8. 韦正：《云冈石窟中昙曜五窟的营造次序和理念》,《敦煌研究》2020 年第 2 期。
9. （北齐）魏收：《魏书》，中华书局，1974 年，第 3036 页。
10.《马克思恩格斯选集》（第一卷），人民出版社，2012 年，第 3 版，第 1 页。

11. 梁思成：《中国雕塑史》，百花文艺出版社，2007 年，第 128 页。

12. （魏）杨衒之撰，周祖谟校释：《洛阳伽蓝记校释》，中华书局，2010 年，第 2 版，第 5 页。

13. （宋）宋敏求撰，辛德勇、郎杰点校：《长安志》，三秦出版社，2013 年，第 260 页。

14. （唐）长孙无忌等撰，刘俊文点校：《唐律疏议》，中华书局，1983 年，第 488 页。

15. 徐悲鸿：《我对于敦煌艺术之看法》，《文物参考资料》1951 年第 4 期。

16. （后晋）刘昫等：《旧唐书》，中华书局，1975 年，第 220 页。

17. （后晋）刘昫等：《旧唐书》，中华书局，1975 年，第 927 页。

18. （唐）张彦远著，秦仲文、黄苗子点校：《历代名画记》，人民美术出版社，1963 年，第 28、112～114 页。

19. （唐）张彦远著，秦仲文、黄苗子点校：《历代名画记》，人民美术出版社，1963 年，第 28、29 页。

20. （唐）张彦远著，秦仲文、黄苗子点校：《历代名画记》，人民美术出版社，1963 年，第 127、128 页。

21. （唐）张彦远著，秦仲文、黄苗子点校：《历代名画记》，人民美术出版社，1963 年，第 127、128 页。

22. 龙门石窟文管所、北京大学考古系编：《中国石窟·龙门石窟》（第一卷），文物出版社、株式会社平凡社，1991 年，第 189 页，图版 166。

23. 龙门石窟文管所、北京大学考古系编：《中国石窟·龙门石窟》（第一卷），文物出版社、株式会社平凡社，1991 年，第 216 页；建筑科学研究院建筑史编委会组织编写，刘敦桢主编：《中国古代建筑史》，中国建筑工业出版社，1984 年，第 2 版，第 89 页。

24. 敦煌研究院主编，卷主编贺世哲：《敦煌石窟艺术全集》7《法华经画卷》，同济大学出版社，2016 年，第 214 页，图版 207。

25. （唐）欧阳询撰，汪绍楹校：《艺文类聚》下册，上海古籍出版社，1999 年，第 2 版，第 1216 页。

26. （唐）欧阳询撰，汪绍楹校：《艺文类聚》下册，上海古籍出版社，1999 年，第 2 版，第 1216 页。

27. （唐）欧阳询撰，汪绍楹校：《艺文类聚》下册，上海古籍出版社，1999 年，第 2 版，第 1216 页。

28. 石景山区文物管理所：《北京市石景山区八角村魏晋墓》，《文物》2001 年第 4 期。

29. 成都市文物工作队、成都市文物考古研究所：《成都市西安路南朝石刻造像清理简报》，《文物》1998 年第 11 期。

30. （唐）张彦远著，秦仲文、黄苗子点校：《历代名画记》，人民美术出版社，

1963 年，第 201 页。

31. （唐）张彦远著，秦仲文、黄苗子点校：《历代名画记》，人民美术出版社，1963 年，第 16、176 页。

32. （清）董诰等：《全唐文》，中华书局，1983 年，第 6918 页。

33. 敦煌研究院主编，卷主编樊锦诗：《敦煌石窟艺术全集》赠阅卷《藏经洞珍品卷》，同济大学出版社，2016 年，第 68、88、89 页，图版 71、93；金维诺总主编：《中国美术全集·卷轴画（一）》，黄山书社，2010 年，第 158 页。

34. 金维诺总主编：《中国美术全集·石窟寺雕塑（三）》，黄山书社，2010 年，第 711 页。

35. ［日］東京国立博物館、朝日新聞社：《中国国宝展》，朝日新聞社，第 177 页，图版 145。

36. （宋）赞宁撰，范祥雍点校：《宋高僧传》下册，中华书局，1987 年，第 552、553 页。

37. 浙江省文物考古研究所　王士伦主编：《西湖石窟》，浙江人民出版社，1986 年，图版 42、155；中国石窟雕塑全集编辑委员会编：《中国石窟雕塑全集》10《南方八省》，重庆出版社，2000 年，第 76 页，图版七五，说明文字参见第 28 页。

38. ［日］奈良国立博物館：《特別展　ブッダ釈尊——その生涯と造形》，奈良国立博物館，1984 年，第 32、71 页。

39. 《马克思恩格斯选集》（第一卷），人民出版社，2012 年，第 3 版，第 1、2 页。

40. 赵丰：《唐系翼马纬锦与何稠仿制波斯锦》，《文物》2010 年第 3 期。

41. 赵丰、齐东方主编：《锦上胡风——丝绸之路丝织品上的西方影响（4～8 世纪）》，上海古籍出版社，2011 年，第 182、183 页。

42. （唐）魏征、令狐德棻：《隋书》，中华书局，1973 年，第 1596 页。

43. （唐）张彦远著，秦仲文、黄苗子点校：《历代名画记》，人民美术出版社，1963 年，第 192、193 页。

44. 赵力光编著：《风雨沧桑九百年：图说西安碑林（珍藏版）·碑石（秦—盛唐）》，西北大学出版社，2017 年，第 157、158 页。

45. 孙机：《中国古舆服论丛》（增订本），文物出版社，2001 年，第 2 版，第 457～462 页。

46. （后晋）刘昫等：《旧唐书》，中华书局，1975 年，第 1953 页；孙机：《中国古舆服论丛》（增订本），文物出版社，2001 年，第 2 版，第 457～462 页。

47. 赵丰、齐东方主编：《锦上胡风——丝绸之路丝织品上的西方影响（4～8 世纪）》，上海古籍出版社，2011 年，第 188 页。

48. 孙机：《中国古舆服论丛》（增订本），文物出版社，2001 年，第 2 版，第 461 页。

第四章　论中华文明不断创新、自强不息

在历史上，我们有引以为自豪的四大发明。四大发明的提法虽然朗朗上口，但也不是很妥当，主要是弱化了中华民族对世界文明的贡献，容易造成一个误区——似乎拥有五千多年文明史的中华民族只有这四个发明。不谈文献记载，单从考古遗存来看，我们的发明创造和掌握的核心技术可以用琳琅满目这一词来形容，而不仅仅是"四大发明"。经过考古发掘而得以认识到的核心技术，以及这些核心技术的积累过程，足以说明中华民族不断创新、自强不息的特征。

第一节　纸的发明

纸的发明是世界历史发展中的一件大事，被誉为中国的四大发明之一，为促进世界文明发展作出了巨大贡献。1957 年，在陕西西安灞桥砖瓦厂工地汉墓中发现了西汉初期的纸[1]，它由大麻和苎麻两种纤维制成[2]。甘肃居延遗址南部肩水金关遗址发现的西汉麻纸，最大的一片长 21、宽 19 厘米，系用废旧麻絮、绳头、敝布等原料制成，以苎麻成分为主。色泽匀净，质地细密坚韧，纤维有明显的帚化现象，纸背有帘纹。另一片长 11.5、宽 9 厘米，暗黄色，似为粗草纸，含麻筋、线头和碎麻布块，较稀松。年代属于汉平帝建平以前[3]。甘肃天水放马滩西汉文景时期墓葬（M5）中发现汉代纸质地图残片，残长 5.6、宽 2.6 厘米[4]。在甘肃敦煌悬泉置遗址中发现的汉代麻纸，其中一片纸上还书写

有文字，长 14.5、宽 7.7 厘米（图版一四）[5]。该遗址的上限年代为西汉武帝时期，在该遗址中还存在极少量的纸、帛书与数万枚简牍共存的现象[6]，说明汉代的书写工具以简牍为主，呈现出多样性的特点，但由于这些纸张都属于植物纤维纸，质地粗糙，并不适宜于书写，所以，虽偶然用作书写工具，但仍然无法取代简牍和缣帛。

到了东汉时期，蔡伦改进了造纸术，制成了能书写的纤维纸，这种纸张的原料主要为麻，不仅易得，而且质地细腻，集中了缣帛与竹简的优点，被时人称为"蔡侯纸"，成为人类文明史上的伟大发明之一。据《东观汉纪》卷十八《蔡伦传》记载："黄门蔡伦，字敬仲，典作上方，造意用树皮及敝布、鱼网作纸，奏上，帝善其能，自是莫不用，天下咸称蔡侯纸也。"又云"伦典上方，作纸，用故麻造者谓之麻纸，用木皮名榖纸，用故鱼网名网纸。"[7] 又《后汉书》卷六十八《蔡伦传》记载："自古书契多编以竹简，其用缣帛者谓之为纸。缣贵而简重，并不便于人。伦乃造意，用树肤、麻头及敝布、鱼网以为纸。元兴元年奏上之，帝善其能，自是莫不从用焉，故天下咸称'蔡侯纸'。"[8] 在甘肃武威旱滩坡东汉墓[9]和兰州伏龙坪东汉墓[10]发现的东汉麻纸就是其代表，这些纸以麻为主要原料，通过施胶等加工技术，改变了纸张的白度和平滑度，使得纸张厚薄均匀，便于书写，达到了可以代替缣帛和简牍书写的程度。兰州伏龙坪发现的东汉纸，从其内容推测可能是一封家书，其上字迹流畅而不滞涩，加之纸张便于传递，至少说明纸张已成为时人的一类重要书信载体。

至唐代之时，各地已经能够利用自身的自然条件，生产出颇有地方特色的纸张。据《唐国史补》卷下记载："纸有越之剡藤苔笺，蜀之麻面、屑末、滑石、金花、长麻、鱼子、十色笺，扬之六合笺，韶之竹笺、蒲之白薄、重抄，临川之滑薄。又宋亳间有织成界格道绢素，谓之乌丝栏、朱丝栏，又有茧纸。"[11]

造纸术发明近千年之后，至 751 年，高仙芝率军与大食（阿拉伯帝国）会战于中亚重镇怛逻斯（今哈萨克斯坦的江布尔）。激战之时，唐军中的西域军队葛逻禄部突然发生叛乱，致使唐军战败，并有部分人被俘虏。在这批俘虏中就有能造纸的工匠，是他们将造纸术传播到大食，然后由此传播至西方各地的。沙畹认为："初，造纸工业为中国之专利，自此役（怛逻斯之役——作者注）以后，大食人将中国俘虏至康国（Samarkand 撒马尔罕——作者注），造纸之术由是传布于回教诸国，而流传至于西方。"[12] 卡拉拔色克（Karabecek）引用 Ta'alibi 的说法认为："康国之特产有纸，此物一兴，遂使埃及之草纸及旧用之皮纸一概消灭，盖纸之为用，较之更为美观而便利也。考《路程国土志》，此纸盖由中国之俘虏输入康国，而在 Ziyad ibn Salih（齐雅德·伊本·萨里——作者注）战胜中国一役之后，嗣后纸业发达，而为康国之重要出产，大地一切国家之人皆利赖之。"[13] 中国的造纸术传入到西方之后，从此西方诸国多采用中国造纸术造纸，促进了文化的发展。许多中世纪的阿拉伯旅行家的游记中，都有关于撒马尔罕出产优质纸品的记录。随着造纸术的西传，不仅康国、大马色（Damascus）有了造纸场所，波斯在 793 年也开始造纸，巴格达在 793～794 年建立起造纸工场。此后，源自中国的造纸术先后影响埃及、西班牙、法国、意大利、德国、英国等地[14]。李约瑟指出："中国的发明（应该包括造纸术的西传）曾为欧洲的文艺复兴铺平了道路。"[15]

第二节 雕版印刷术的出现

隋唐时期，随着文化的繁荣，读书识字的人增多，单靠抄写书本已很难满足社会需要。在这一历史背景之下，出现了雕版印刷术。隋唐时期造纸术也有了很大进步，不同地区已经能造出各有地方特色的纸，为雕版印刷奠定了深厚基础。对于唐五代的雕版印刷，向达、宿白、孙机等都有深入研究[16]。

雕版印刷术发明的年代，学术界一般将其开始年代定在 7 世纪，或者唐代前期。早期的雕版印刷主要在民间进行，多用于印刷佛像、经咒、发愿文以及历书等。唐代初年的高僧玄奘曾用来印刷佛像，但使用还不普遍。据后唐冯贽《云仙散录》"印普贤像条"引《僧园逸录》云："玄奘以回锋纸印普贤像，施于四众，每岁五驮无余。"[17]元稹在唐长庆四年（824年）为白居易的《白氏长庆集》作序时云，白居易的诗歌，"二十年间，禁省、观寺、邮堠、墙壁之上无不书，王公、妾、妇牛、童马走之口无不道，至于缮写模勒，衒卖于市井，或持之以交酒茗者，处处皆是"[18]。文中的"模勒"即刻印。也有人认为"模勒"是勾勒之意，"亦即影摹书写，与雕版印刷本无关系"[19]。唐文宗大和九年（835年），冯宿在《禁版印时宪书奏》中说："准敕禁断印历日版。剑南两川及淮南道，皆以版印历日鬻于市。每岁司天台未奏颁下新历，其印历已满天下，有乖敬授之道。"[20]由此可见，雕版印刷的历日在中晚唐时期已广泛流传。

现存有纪年的最早雕版印刷品，是藏于英国伦敦大英图书馆的咸通九年（868年）王阶印造的《金刚般若波罗蜜经》（图三一）[21]。经卷高约0.3米，长约5米，由7个印页黏结而成。卷首是一幅扉画，后面是《金刚经》正文，图画和文字刻印精美，刀法娴熟，足证当时的印

图三一　唐咸通九年（868年）雕版印刷的《金刚般若波罗蜜经》

刷技术已很成熟，这说明在这以前已有百年以上的发展过程。现存的唐代印刷品实物还有乾符四年（877 年）历书和中和二年（882 年）历书等。1944 年，在四川成都望江楼附近唐墓出土的龙池坊卞家印刷贩卖的《陀罗尼经》[22]，是国内现存的最早印本。1966 年，在韩国庆州佛国寺释迦塔内的舍利瓶中发现一卷《无垢净光大陀罗尼经》，长约 60、宽 6 厘米，版心高 5.5 厘米，用十二块雕版印刷后黏结而成，被认为是704～751 年（武则天长安四年至唐玄宗天宝十一年）的唐代印本，也是目前所知世界上年代最早的印刷品[23]。

唐末，印刷术已经流行于东川、西川、淮南、江南、浙东、江西和东都等地。出版的字书如《玉篇》，韵书如《唐韵》，历书、佛经、咒本，以及阴阳杂记、占梦、相宅、九宫五纬之类的术数书。如黄巢占领长安时，随唐僖宗逃往成都的柳玭，他在其《柳氏家训》中云："中和三年（883 年）癸卯夏，銮舆在蜀之三年也，余为中书舍人，旬休，阅书于重城之东南，其书多阴阳杂记、占梦相宅、九宫五纬之流。又有字书小学，率雕板，印纸浸染，不可尽晓。"[24] 又如《唐语林》卷七记载："僖宗入蜀。太史历本不及江东，而市有印货者，每差互朔晦，货者各征节候，因争执。"[25] 由此可见，唐末之时，成都已是雕版印刷的一大中心，一些书肆大量出售雕版印刷的历日等书籍。唐长安城的雕版印刷品在敦煌藏经洞也有发现，被斯坦因窃去的 1 件佚失纪年的印本残历，其上保存有"上都东市大刁家大印"字样，上都即长安，应该是晚唐长安东市刁家所印历日[26]。印刷术发明以后，从我国逐渐传播到全世界，是我国古代人民对世界文化的贡献。

第三节　美轮美奂的唐三彩

唐三彩作为一种低温铅釉陶器（图版一五）[27]，是中国古代陶瓷工艺的代表。唐三彩的产生本身就是一种创新，是中华民族自强不息不断创新的实际例子。唐三彩烧制工艺的最大特点就是复烧，先素烧坯胎，上釉后再低温烧制。其釉色充分利用了矿物中的金属氧化物的呈色机理，以氧化铅作为助溶剂，在釉料中适量加入铜、铁、钴、锰等作为着色剂，在 900℃ 温度中铜的氧化物呈现绿色，铁的氧化物呈现黄或黄褐色，钴的氧化物呈现蓝色，锰的氧化物呈现紫色。但如果只单纯地看待其生产、工艺、釉色、种类和用途等，就不能深刻认识唐三彩的发展历程。历史地来看，中国古代在西汉中期就产生了以棕色和绿色为代表的铅釉陶而且较为流行，同时一些低温铅釉陶器也开始采用复色釉工艺烧制 [28]。北魏时期出现了复烧工艺，即对釉陶先采用不上釉的素烧，上釉后再入窑烧制一次。到了北齐时期，开始出现了能够局部上釉的单色釉和多色釉，说明人们已经充分掌握了某些釉色的呈色剂并能够熟练运用，最具代表性的是山西太原北齐娄睿墓出土的二彩盂（图版一六）[29]，已经初步具备了"唐三彩"的基本特征，可以认为开启了唐三彩的先河。从目前的测试结果来看，唐三彩两大基本特征就是复烧和多色釉，而这两大基本特征的具备显然是从单色釉陶逐渐发展而来的。从西汉中期至 7 世纪中叶诞生真正意义上的三彩器物，技术积累用了 800 年左右的时间，所以，不能简单地将唐三彩看作是唐代突然爆发的发明创造，它的产生实际上是中华文明不断创新、自强不息的典型例证。同时，唐三彩也对世界产生了巨大影响，出现了模仿唐三彩的奈良三彩、新罗三彩和波斯三彩等。

第四节　多姿多彩的瓷器

在世界上，陶器的生产虽然我们不是最早的，但中华民族利用拥有瓷土的天然优势发明了瓷器。从商周时期原始瓷的烧造，到东汉时期较为成熟的瓷器的产生，经历了漫长的发展历程。这一历程不仅说明中华文明的一脉相承性，也是生产技术不断积累的发展过程。即使在东汉时期发明了真正意义上的瓷器之后，仍然不断地改造提高技术，在原有青瓷的基础上，北魏时期又创烧出了白瓷（河南巩义白河窑），尽管早期白瓷的质地较粗，烧结还不成熟，釉色有的泛黄或泛灰，但却是中国古代瓷器烧制的一大成就，从而初步奠定了中国古代瓷器生产的基本格局——青瓷和白瓷。单就烧制技术而言，白瓷的烧制要比青瓷严格一些，白瓷要求胎、釉含杂质比青瓷更少，其中铁的氧化物只占百分之一，或不含铁。按照现代科技的测定，如果釉料中的铁元素含量小于 0.75%，烧出来的就会是白釉。隋唐时期，白瓷的烧制工艺进一步提高和成熟，甚至能够烧制出透影白瓷，并基本形成了以越窑和邢窑为代表的青白瓷生产局面。与此同时，在成熟的白瓷烧制工艺和釉下彩的基础上，唐代又发明了青花瓷。宋元明时期，中国古代瓷器的生产达到了一个前所未有的繁荣阶段，新工艺、新产品层出不穷。自唐代开始，瓷器成为与丝绸、茶叶等并重的对外贸易商品，瓷器也成为国外的人们所喜爱的中国产品。英文中的中国（China）与瓷器（china）是同一个词汇，充分反映了中国以外的世界对中国生产能力的印象和瓷器生产的影响力。例如，印度尼西亚勿里洞"黑石号"沉船、南海诸多沉船、新安江沉船等装满中国不同时代瓷器沉船的发现，正是中国古代瓷器生产能力的反映。从瓷器的发展历程来看，同样可以看到中华民族不断创新和自强不息的一面。从其大量出口来看，也可以看到中华文明对世界的巨大贡献。

青花瓷的发明也能够彰显中华民族不断创新、自强不息的特征。青花瓷又称白地青花瓷，简称青花。它是运用钴料进行绘画装饰的釉下彩绘瓷器，釉下彩绘和运用钴料以及白瓷的烧制是其基本工艺要素，三者必须同时具备才有可能产生青花瓷。釉彩绘瓷器最早在三国吴至西晋时期已经产生，如最早的釉下彩绘青瓷器是在江苏南京长岗村、大行宫三国吴至西晋的墓葬中出土的釉下彩盘口壶[30]；邛窑在隋代开始烧制釉下彩瓷器[31]；长沙窑是以烧青瓷为主的窑口，釉下彩瓷器是其特色，约在中唐以前开始烧制釉下彩瓷器[32]。釉下彩这一创新打破了青瓷色调单一的局面，丰富了瓷器的装饰艺术。从唐三彩的釉色和装饰花纹来看，以钴原料为呈色剂的蓝色釉，已经能够在器物的不同位置与其他釉色搭配成和谐的装饰纹样，这说明唐代人已经熟练地掌握了如何使用钴原料。从目前的考古发掘来看，河南巩义白河窑北魏时期已经开始烧制白瓷，至隋唐之时出现了以邢窑为代表的烧制白瓷的窑口。通过长期的技术积淀，至唐代之时，釉下彩绘、运用钴料以及白瓷的烧制这三个烧制青花瓷的基本要素已经完全具备，并且由河南巩义黄冶窑烧制出了最早的青花瓷，而且它一经发明，就成为外销瓷的一种。从印尼勿里洞海域"黑石号"沉船打捞出水的青花瓷盘来看[33]，虽然其数量还不多，但足以说明它已经与其他品种的瓷器一同向外输出。结合唐三彩的生产时间来看，青花瓷的发明大约在7世纪后半叶至8世纪之间。这些考古发现充分证明，青花瓷是唐代人发明的，而不是欧美学者之前所认为的9～10世纪之时起源于中东地区。唐代人发明的青花瓷，不仅是中华民族不断创新和自强不息的证据，更为宋元明时期青花瓷成为东西方文化交流的主要产品积累了技术，奠定了深厚的基础。

第五节　吴带当风，满壁风动

吴道子被尊称"画圣"，"凡画人物、佛像、神鬼、禽兽、山水、台殿、草木皆冠绝于世，国朝第一"[34]。他用状如兰叶或莼菜条的笔法来表现衣褶，使其有飘举之感，被人们称为"吴带当风"。其传世作品《送子天王图》中的人物衣带就有衣带飘举之感（图三二）[35]。但这种"吴带当风，满壁风动"的艺术表现形式，也不是一蹴而就的。

从造像艺术来看，中原北方地区的石窟寺，衣带飞动的飞天形象，大抵在云冈石窟中期开始出现，到中期偏晚阶段逐渐形成，而到了北魏晚期巩县石窟寺时，飞天形象已经彻底变成了衣带飞扬的样子（图版一七）[36]。这种衣带飞扬的飞天形象只是在唐代变得更加自然，飞动感也表现得强烈，并且形成一个时代的风貌，人们称敦煌莫高窟的飞天"天衣飞扬，满壁风动"[37]。由此可见，"吴带当风"

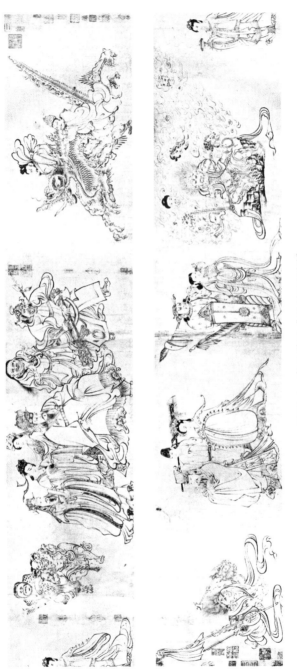

图三二　唐吴道子《送子天王图》

是在佛教造像艺术中国化过程中逐渐形成的，而不是一蹴而就的，吴道子只是其集大成者，而不完全是由其所创立。换句话说，"吴带当风"的出现是历史发展的必然，而由吴道子作为集大成者出现则是历史的偶然。

"吴带当风"与唐三彩在历史上的产生都有一个逐渐积累和爆发的过程，也即量变和质变的发展过程，一个是技术的逐渐积累和爆发，一个是艺术表现手法的逐渐积累与爆发。从这一点可以看出，佛教造像艺术上的"吴带当风"充分反映出中华民族自强不息的探索与创新精神。

注释

1. 赵荣主编：《长安丝路东西风》，三秦出版社，2018 年，第 42 页，图版四。
2. 潘吉星：《谈世界上最早的植物纤维纸》，《化学通讯》1974 年第 5 期。
3. 甘肃居延考古队：《居延汉代遗址的发掘和新出土的简册文物》，《文物》1978 年第 1 期；甘肃省博物馆编，俄军主编：《甘肃省博物馆文物精品图集》，三秦出版社，2006 年，第 112 页；甘肃省博物馆编，韩博文主编：《甘肃丝绸之路文明》，科学出版社，2008 年，第 102 页，图版 90。
4. 甘肃省文物考古研究所、天水市北道区文化馆：《甘肃天水放马滩战国秦汉墓群的发掘》，《文物》1989 年第 2 期。
5. 甘肃省博物馆编，韩博文主编：《甘肃丝绸之路文明》，科学出版社，2008 年，第 103 页，图版 91。
6. 甘肃省文物考古研究所：《甘肃敦煌汉代悬泉置遗址发掘简报》，《文物》2000 年第 5 期；甘肃省博物馆编，韩博文主编：《甘肃丝绸之路文明》，科学出版社，2008 年，第 103 页，图版 91。
7. （东汉）刘珍等撰，吴树平校注：《东观汉记校注》下册，中华书局，2008 年，第 816 页。
8. （宋）范晔撰，（唐）李贤等注：《后汉书》，中华书局，1965 年，第 2513 页。
9. 党寿山：《甘肃省武威县旱滩坡东汉墓发现古纸》，《文物》1977 年第 1 期；潘吉星：《谈旱滩坡东汉墓出土的麻纸》，《文物》1977 年第 1 期。
10. 中国国家文物局、意大利文化遗产与艺术活动部编：《秦汉—罗马文明展》，文物出版社，2009 年，第 147 页。
11. （唐）李肇撰，曹中孚校点：《唐国史补》，《唐五代笔记小说大观》，上海古籍出版社，2000年，上册，第197页。

12.（法）沙畹著，冯承均译述：《西突厥史料》，上海社会科学院出版社，2016年，第216页。

13.（法）沙畹著，冯承均译述：《西突厥史料》，上海社会科学院出版社，2016年，第217页。

14.（唐）杜环原著，张一纯笺注：《经行记笺注》，中书书局，2000年，前言第1、2页。

15.《中国科学思想对文化的影响》，《文物参考资料》1950年第1～4期；（唐）杜环原著，张一纯笺注：《经行记笺注》，中书书局，2000年，前言第2页。

16. 向达：《唐代刊书考》，《唐代长安与西域文明》，生活·读书·新知三联书店，1957年，第117～135页；宿白：《唐宋时期的雕版印刷》，文物出版社，1999年，第1～11页。孙机：《唐代的雕版印刷》，《寻常的精致》，辽宁教育出版社，1996年，第204～211页。

17.（后唐）冯贽编，张力伟点校：《云仙散录》，中华书局，2008年第2版，第107页。也有人认为这条史料不可靠。

18.（清）董诰等：《全唐文》卷六五三，中华书局，1983年，第6644页。

19. 辛德勇：《唐人模勒元白诗非雕版印刷说——兼论中国早期书籍雕版印刷技术在世俗社会的传播扩散过程》，《历史研究》2007年第6期。

20.（清）董诰等：《全唐文》卷六二四，中华书局，1983年，第6300、6301页。

21.［日］西冈康宏、宫崎法子：《世界美术大全集·东洋编》第8卷《明》，小学馆，1999年，第335页，插图215。

22. 冯汉骥：《记唐印本陀罗尼经咒的发现》，《文物参考资料》1957年第5期。

23. 关于这件唐代印刷品，中外学者多有论述，参见孙机：《唐代的雕版印刷》，《寻常的精致》，辽宁教育出版社，1996年，第205、206页。

24.（宋）薛居正等：《旧五代史》卷四十三，中华书局，1976年，第589页，明宗纪注引。

25.（宋）王谠撰，周勋初整理：《唐语林》，《全宋笔记》第三编（二），大象出版社，2008年，第264页。

26. 宿白著：《唐宋时期的雕版印刷》，文物出版社，1999年，第4页。

27. 王琇主编：《洛阳文物精粹》，河南美术出版社，2001年，第198、199、206、207页，图版52、58。

28. 王天艺：《汉代复色低温铅釉陶器初探》，《考古与文物》2018年第6期。

29. 山西省考古研究所、太原市文物考古研究所：《北齐东安王娄睿墓》，文物出版社，2006年，第133、134页，彩版一三七。

30. 易家胜：《南京出土的六朝早期青瓷釉下彩盘口壶》，《文物》1988年第6期；

南京市博物馆：《六朝风采》，文物出版社，2004 年，第 45～48 页，图版 18、19。

31. 陈显双、尚崇伟：《邛窑古陶瓷简论——考古发掘简报》，《邛窑古陶瓷研究》，中国科学技术大学出版社，2002 年，第 123～260 页。

32. 湖南省文物考古研究所、湖南省博物馆、长沙市文物工作队合著：《长沙窑》，紫禁城出版社，1996 年，第 230～232 页。

33. 郑州市文物考古研究所编著：《河南唐三彩与唐青花》，科学出版社，2006 年，第 434 页，图版 635、636。

34. （唐）朱景玄撰，温肇桐注：《唐朝名画录》，四川美术出版社，1985 年，第 3 页。

35. 金维诺总主编：《中国美术全集·卷轴画（一）》，黄山书社，2010 年，第 50、51 页。

36. 河南文物研究所编：《中国石窟·巩县石窟寺》，文物出版社、株式会社平凡社，1989 年，图版 23。

37. 敦煌研究院主编，卷主编郑汝中、台建群：《敦煌石窟艺术全集》15《飞天画卷》，同济大学出版社，2016 年，第 182、183 页，图版 153。

第五章　论中华文明善于学习和借鉴

　　在甘肃敦煌莫高窟北朝时期的壁画中，我们可以看到两种艺术表现手法，一种是连环画式，一种是一图数景的异时同图法。前者是将所要表现的故事题材，逐次顺序表达，采取连环画的叙事方式来表达故事情节。如莫高窟北魏第 257 窟绘制的九色鹿本生故事，采用连环画的表现形式，其情节多达九个[1]。这种艺术表现方式在犍陀罗佛教造像中很常见。后一种异时同图的艺术表现手法，则是将同一故事在不同时间段发生的情节融合绘制在同一画面中，采用这类绘画技法的壁画较少，以甘肃敦煌莫高窟北魏第 254 窟萨埵太子本生故事画最为著名，其中包括多个故事情节[2]；类似的图像也见于山西大同云冈石窟北魏第 10 窟前室东壁中部第 2 层雕刻的燃灯佛授记本生（图版一八）[3]，在一幅画面中包含了与卖花女商谈买花、散花供养燃灯佛、布发掩泥、燃灯佛授记、儒童欢喜腾空等五个故事情节；又如美国堪萨斯纳尔逊美术馆藏北魏孝子石棺床上线刻的孝子图[4]，采用的就是异时同图的艺术表现手法，其上所雕刻的人物均为褒衣博带，说明其年代大约在孝文帝变法以后的 6 世纪初，而其中的孝子蔡顺图、孝子郭巨图异时同图表现得尤其明显，它们分别选取了两个故事情节来表现蔡顺和郭巨的孝行（图三三、三四）；新疆拜城克孜尔石窟第 76 窟绘制的四门出游场景[5]，也采用异时同图的表现手法，表现出出门四游中的出东门见老人、南门见病人、西门见死人几个故事情节。甚至到了西夏时期，这种异时同图表现手法仍然存在，如甘肃敦煌莫高窟西夏第 176 窟八

图三三 北魏石棺上的孝子蔡顺图

图三四 北魏石棺上的孝子郭巨图

大灵塔变中的"诞生变相"，其中包含了腋下诞生、七步莲花、右手指天、九龙沐浴太子等故事情节[6]。

　　异时同图的艺术表现方式多见于古印度。如印度巴尔胡特塔上雕刻的公元前1世纪的鹿王本生浮雕[7]、阿富汗阿姆河流域昆都士出土的犍陀罗造像上雕刻的四门出游场景（图三五）[8]，都采用了异时同图的表现手法。还有大量的燃灯佛授记本生也采用异时同图的表现手法，将儒童买花、抛撒花朵、布发掩泥、燃灯佛授记、儒童欢喜腾空等故事情节表现在同一画面中。如巴基斯坦拉合尔博物馆收藏的犍陀罗造像中的燃灯佛授记本生[9]，白沙瓦博物馆收藏的犍陀罗造像中的燃灯佛授记本生[10] 等，其表现手法均采用了基本相同的异时同图法。

　　在新疆拜城克孜尔石窟壁画中，在表现本生、佛传及因缘时，更多地采用一图一景式的艺术表现手法，表现这些故事题材和内容。这种采用一图一景式技法绘制的壁画，其所绘情节是当时艺术家或工匠所认为的典型情节，但随着历史的推移和其他原因，这种画面形式表现的往往是一个故事中的某个特定情节，情节单一，是当时人所熟悉的题材内容，但今天看起来已经莫衷一是，对其进行辨认变得尤其困难。

图三五　阿富汗阿姆河流域昆都士出土的出门四游造像

在唐代的神仙人物故事镜中，除去一些抽象的不具备故事情节的铜镜纹饰之外，有一些神仙人物故事镜采用的艺术表现手法，明显采用了上述三种表现手法中的后两种，即一图数景异时同图和一图一景式的艺术表现手法，显然是对它们的借鉴和应用。一图数景异时同图的艺术表现手法，在唐代铜镜中主要见于月宫故事镜和王子乔吹笙引凤镜；一图一景式的唐代铜镜有三乐镜及表现一个情节的王子乔吹笙引凤镜。

第一节　月宫故事镜

唐代的月宫故事镜不仅画面优美，而且其中的嫦娥与蟾蜍的关系也是人们所津津乐道的神话故事。据《淮南子》卷六《览冥篇》记载："羿请不死之药于西王母，姮娥窃以奔月，怅然有丧，无以续之。"[11]又《初学记》卷一《天第一》所引《淮南子》尚有"托身于月，是为蟾蜍，而为月精"的记载[12]。说明奔月后嫦娥由美貌的仙女变成了丑陋的蟾蜍。在有的月宫故事镜上，飞翔的嫦娥手中还持一个上书"大吉"二字的方形牌，这也是有文献依据的，表现的是嫦娥奔月前曾经找有黄占卜的情节。据张衡《灵宪》云："羿请不死之药于西王母，姮娥窃之以奔月。将往，枚筮之于有黄。有黄占之，曰：'吉。翩翩归妹，独将西行，逢天晦芒，毋惊毋恐，后且大昌。'嫦娥遂托身于月，是为蟾蜍（蜍）。"[13]

根据以上文献所载内容，大体可以勾勒出嫦娥奔月故事的发展脉络，共计6个情节：（1）后羿自西王母处得到不死之药；（2）后羿之妻嫦娥窃药；（3）奔月前的准备（占卜）；（4）奔月过程；（5）至月宫后变为蟾蜍；（6）捣药玉兔、蟾蜍、桂树共处月宫。唐代月宫故事镜背面的画面构成，是自第3个情节"奔月前的准备"开始的，画面中共涉及其中的4个情节：（3）～（6），但表现出来的只有3个情节，主要是将其中（3）"奔月前的准备（占卜）"与（4）奔月过程两个情节合并在了一起。唐代月宫故事镜的装饰，是将不同时间段发生的故事情节置于同一画面中，从而形成了奔月、变为蟾蜍、捣药玉兔与桂树并存于月宫的图像，这种表现手法是较为典型的异时同图法，其具体的表现特点是一图数景（情节），即将故事不同时间段的情节同时表现在一个画面中[14]（参见图七）。这种表现手法主要见于古印度早期佛教造像及犍陀罗造像等，我国的佛教造像和壁画受其影响，也有采用这种表现手法者。这说明，唐代月宫故事镜对故事情节的表现手法与外来文化有着密切关系。

　　装饰嫦娥奔月题材的唐代月宫故事镜，与汉代以来的其他月宫图像完全不同，这些月宫图像中完全没有出现嫦娥的图像，要么只有蟾蜍，要么只有玉兔和蟾蜍，要么为蟾蜍、玉兔和桂树，而且完全未采用异时同图的手法进行表现。唐代其他载体上的月宫图像，则以桂树居中，两侧分别绘制或者雕刻蟾蜍、捣药玉兔为主，展现的是故事的最后一个情节，也没有采用异时同图的手法。显然，装饰嫦娥奔月题材的唐代月宫故事镜，在装饰手法上实现了超越和突破，而这一超越和突破，与印度、巴基斯坦佛教造像等的异时同图手法密切相关，单就这一个故事题材的表现形式来看，可以说是"前无古人，后无来者"，这也是唐代人能够在各个方面融合外来文化，使得外来文化为我所用，并创造出新样式的又一个代表性案例。而且嫦娥形象本身，就与当时壁画和雕刻中的飞天形象有着密切关系，其受佛教影响可见一斑。

第二节　王子乔吹笙引凤镜

　　关于王子乔，据《太平广记》卷四引《列仙传》记载："王子乔者，周灵王太子也。好吹笙作凤凰鸣，游伊洛之间，道士浮丘公，接以上嵩山，三十余年。后求之于山，见桓良曰：'告我家，七月七日待我于缑氏山头'。果乘白鹤，驻山岭，望之不到，举手谢时人，数日而去。后立祠于缑氏及嵩山。"[15] 从这段记载可知故事的主要情节有三个：游于伊洛间吹笙引凤；道士浮丘公接他去嵩山修道；乘白鹤而去。

　　将上述三个故事情节，以一图数景的艺术手法表现出来的王子乔吹笙引凤镜，在河南三门峡印染厂唐墓发现一面（图三六）[16]。其镜背纹饰按照顺时针旋转的方式来布局和表现。镜背右侧是坐于水边岩石上吹笙的王子乔，在其前方站立着一只凤凰，表现的是王子乔"好吹笙作凤凰鸣，游伊洛间"。镜背下方有一个草庐，表现的是王子乔被"道士浮丘公接以上嵩高山上"修行。镜背左侧下方是两个站立着向上仰望的人物，上方一人驾祥云腾空于山上的人物，表现的是王子乔与家人告别，于缑氏山升仙的场景。与此同时，在镜背还铸造出水波、山岳作为衬托，而这些水波、山岳纹则象征伊洛水、缑氏山，是对王子乔活动场景的象征。

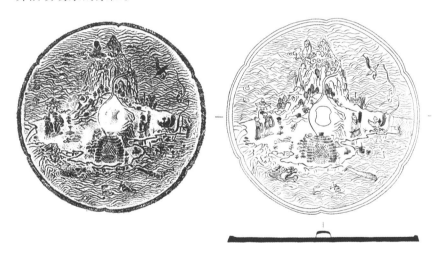

图三六　河南三门峡印染厂唐墓出土王子乔吹笙引凤镜

　　如果历史地看，这种一图数景式的王子乔吹笙引凤的装饰图案，也不是在唐代突然出现的，还有继承和发展了南北朝时期同类题材的一面。如河南邓州学庄村南朝墓出土的画像砖上，有两块模印有王子乔吹笙引凤的图像，其中一块画像砖上还在吹笙人物和站立人物身旁还分别模印出"王子侨（乔）"和"浮丘公"（图三七）[17]，整个画面呈横长方形，一侧是坐于岩石上吹笙的王子乔，其身后模印有一株阔叶树；

图三七　河南邓州学庄村南朝墓出土画像砖上模印的王子乔吹笙引凤图像

中央是踩踏祥云自空中而下的凤凰；画面另一侧是手持天扇的道士浮丘公，长发披肩，手持天扇，扇子一端呈"丫"字形，扇面上模印有"卍"字纹；画面上部为山岳状纹饰象征嵩山，作为其活动的背景。综合来看，画像砖所模印的画面包括两个故事情节：第一个情节是王子乔坐于岩石上吹笙，在其对面是乘云气而下的凤凰，表现王子乔于伊洛间吹笙引凤；第二情节是手持麈尾的道士浮丘公和其右上方的山岳状纹饰，表示道士浮丘公前来迎接他去嵩山修道。由此可见，唐代的王子乔吹笙引凤镜的镜背纹饰，不仅有吸收和借鉴外来文化的一面，还有对传统的布局样式继承的一面。

图三八　四川三台出土宋许由巢父故事镜

　　唐代铜镜上一图数景的艺术表现方式，还影响到宋金时期的神仙人物故事镜，如其中最为常见的许由巢父故事镜就是如此（图三八）[18]。关于许由、巢父的故事，据晋皇甫谧《高士传·许由》记载，尧欲把

天下让给许由，许由不接受，于是遁去。"尧又召为九州长，由不欲闻
之，洗耳于颖水滨。时有巢父牵犊欲饮之，见由洗耳，问其故。对曰：
'尧欲召我为九州长，恶闻其声，是故洗耳。'巢父曰：'子若处高岸深
谷，人道不通，谁能见子？子故浮游，欲闻求其名誉。污吾犊口。'牵
犊上流而饮之"[19]。综合起来看，这个故事共有三个情节，铜镜背面表
现了其中的两个：许由于颖水之滨洗耳、巢父牵牛去上游饮牛。

第三节　三乐镜等的装饰纹样

　　一图一景式的艺术表现手法，在唐代铜镜中也有发现，如较为常见
的三乐镜以及王子乔吹笙引凤镜。三乐镜上很多铸有铭文："荣启奇问
曰答孔夫子。"《列子·天瑞》所载："孔子游于太山，见荣启期行乎郕
之野，鹿裘带索，鼓琴而歌。孔子问曰：'先生所以乐，何也？'对曰：
'吾乐甚多：天生万物，唯人为贵。而吾得为人，是一乐也。男女之别，
男尊女卑，故以男为贵；吾既得为男矣，是二乐也。人生有不见日月、
不免襁褓者，吾既已行年九十矣，是三乐也。贫者士之常也，死者人之
终也，处常得终，当何忧哉？"[20]图像中的树木，表示郊野；携琴、着
鹿裘衣的荣启期，高冠拄杖的孔
夫子，表现的是两个人对话的场
景（图三九）[21]。

　　以异时同图的艺术表现手
法装饰的王子乔吹笙引凤镜，
在唐代铜镜中较为罕见，而更
多的是采用一图一景式的王子
乔吹笙引凤镜。与异时同图的
王子乔吹笙引凤镜不同，这
种一图一景式的铜镜，仅表
现出王子乔吹笙引凤的一个

图三九　唐代的三乐镜

图四〇　河南洛阳出土王子乔吹笙引凤镜

情节（图四〇）[22]。国家博物馆收藏的王子乔吹笙引凤镜[23]，也采用一图一景式的表现手法，但与常见的王子乔吹笙引凤镜不同，整个镜背铸出山水人物、凤凰，纽右侧是坐于岩石上吹笙的王子乔，纽左侧是一只展翅翘尾的凤凰。整个画面以河流与山岳醒目地表现出其活动的地点，再现了王子乔吹笙引凤的场景。从画面布局和人物来看，唐代一图一景式的王子乔吹笙引凤铜镜，其装饰省略了其他几个故事情节，主要是为了突出王子乔吹笙引凤这一故事情节。

正是由于对艺术表现手法能够不断地学习和借鉴，才在不同的时代产生了风格迥异的伟大作品，其艺术装饰手法甚至影响到了日常生活中使用的铜镜。正如《图画见闻志》卷一所记载："吴之笔，其势圆转，而衣服飘举。曹之笔，其体稠叠，而衣服紧窄。故后辈称之曰：'吴带当风，曹衣出水。'"[24] 而其中的"曹衣出水"，就是通过对古印度笈多造像样式的借鉴和学习而创造出来的。

第四节　轩辕黄帝脚印石

明代雕刻的轩辕黄帝脚印方石（图版一九）[25]，陈列于陕西黄陵县黄帝陵，它不仅是对人文初祖轩辕黄帝的纪念，也是中华民族善于借鉴和学习的典型例子。

一、古代文献中关于"巨人迹"的记载

中国古代就有巨人足迹的崇拜或传说。如《诗经·大雅·生民》中记录有关周之起源时云："厥初生民，时维姜嫄。生民如何，克禋克

祀，以弗无子。履帝武敏歆，攸介攸止，载震载夙，载生载育，时维后稷。"一般这样解释"履帝武敏歆"：履，践也；帝，高辛氏之帝也；武，迹；敏，疾也。从于帝而见于天，将事齐，敏也；歆，飨介，大也[26]。又据《史记》卷四《周本纪第四》记载："周后稷，名弃。其母有邰氏女，曰姜原。姜原为帝喾元妃。姜原出野，见巨人迹，心忻然说，欲践之。践之而身动如孕者。"[27]又如《汉书》卷二十七云："秦始皇帝二十六年，有大人长五丈，足履六尺，皆夷狄服，凡十二人见于临洮。"[28]又如《法苑珠林》卷五引《魏志》云："咸熙二年襄武县言：有大人现，长三丈余，迹长三尺二寸。白发，着黄单衣，黄巾挂杖。呼民王始语云：今当太平。"[29]

　　中国古代虽然有巨人迹的传说，但却没有将其雕刻或绘制成图像的习惯。相反，在古印度却存在雕刻佛足迹的习惯，特别是在佛像诞生之前，佛足迹等是重要的礼拜对象，即使在佛像诞生之后，这种习惯仍然继续着，如在印度公元前1世纪的桑奇第一塔栏楯之上所装饰的礼拜佛足迹图[30]。在巴基斯坦和印度还保存了大量佛足迹石，如巴基斯坦犍陀罗地区出土的2～3世纪的佛足迹石刻[31]、巴基斯坦斯瓦特提拉特（Tirat）村出土的3～4世纪的佛足迹石刻，其上铭文为"佛陀释迦牟尼的足迹"[32]，犍陀罗地区西科利（Sikri）出土的3世纪的佛足迹石刻[33]，以及印度南部的阿马拉瓦蒂（Amaravati）出土的萨达瓦哈那（Satavahana）王朝时期（2世纪）的佛足迹石刻[34]，安德拉邦纳加尔朱纳康达（Nagarjunakonda）佛寺遗址出土的3世纪的佛足迹石刻[35]等。古典文献中多将佛足迹称为"佛迹"，而目前所知的佛足迹实物以石刻者为主，所以，现在的研究者多将其称为"佛足迹石"。也有极个别的木版刻佛足迹存世。而在我国现存的一些明清碑刻上也有佛足迹图像，它们多以线刻为主，并题为"释迦如来双迹灵相图"。从现存的佛足迹来看，明代之时是佛足迹石被广泛雕刻的年代，国内现存的一些佛足迹石大多是明代之时重新雕刻而成的。

二、明代轩辕黄帝脚印石的诞生

东晋至唐代之时，西去印度并参拜过佛足迹的僧侣和使节，见于文献记载的有法显、智猛、宋云、惠生、玄奘、王玄策，他们在各自的著作中都有在印度瞻礼佛足迹石的记载。

1. 法显

法显在《法显传》中对自己所见到的佛足迹有简单的描述，现录文如下[36]：

"乌苌国"条云："传言佛至北天竺，即到此国已。佛遗足迹于此，迹或长或短，在人心念，至今犹尔。"

"摩竭提国巴连弗邑"条云："阿育王坏七塔，作八万四千塔。最初所作大塔在城南三里余。此塔前有佛脚迹，起精舍，户北向塔。"

"师子国·大塔"条云："佛至其国（师子国），欲化恶龙。以神足力，一足蹑王城北，一足蹑山顶，两迹相去十五由延。于王城北迹上起大塔，高四十丈，金银庄校，众宝合成。"

2. 智猛

后秦弘始六年（404 年），高僧智猛抵达迦毗罗卫国，"见佛发、佛牙及肉髻骨，佛影（佛）迹炳然具存"[37]。

3. 宋云与惠生

北魏时的宋云、惠生曾去印度。据《洛阳伽蓝记》卷五记载，乌场国"王城北八十里，有如来履石之迹，起塔笼之。履石之处，若践水泥，量之不定，或长或短。今立寺，可七十余僧。"宋云、惠生所记之"乌场国"佛足迹即《法显传》"乌苌国"条所云的佛足迹。乾陀罗国，"如来挑眼施人处，亦有塔寺，寺石上有迦叶佛迹"。"至瞿波罗窟，见佛影。入山窟，去十五步，西面向户遥望，则众相炳然；近看，则瞑然不见。以手摩之，唯有石壁。渐渐却行，始见其相。容颜挺特，世所希有。窟前有方石，石上有佛迹"[38]。

北魏时期，除宋云、惠生所记载者之外，还有其他记载。据《魏书·于阗国传》记载："（于阗国）城南五十里有赞摩寺，即昔罗汉比丘卢旃为其王造覆盆浮图之所，石上有辟支佛跌处，双迹犹存。"[39] 又据《北史·于阗国》记载："城南五十里有赞摩寺，即昔罗汉比丘卢旃为其王造覆盆浮图之所。石上有辟支佛跌处，双迹犹存。"[40] 但《水经注·河水注》云："（于阗国）城南一十五里，有利剎寺，中有石靴，石上有足迹。彼俗言是辟支佛迹，法显所不传，疑非佛迹也。"[41]

北魏来华的僧侣也带来了佛足迹的相关信息。据《魏书·释老志》云："太安初，有师子国胡沙门邪奢遗多、浮陀难提等五人，奉佛像三，到京都。皆云，备历西域诸国，见佛影迹及肉髻，外国诸王相承，咸遣工匠，摹写其容，莫能及难提所造者。去十余步，视之炳然，转近转微。又沙勒（即疏勒）胡沙门，赴京师致佛钵并画像迹。"[42] 文中提到了"佛影迹""画像迹"，其中的"佛影""画像"应该是指佛像而言，而"迹"则应该就是指佛足迹而言。日本奈良药师寺佛足迹石题记即云"释迦牟尼佛迹图"，可见文献中的所谓佛迹即佛足迹。

4. 玄奘

唐代高僧玄奘在其所著《大唐西域记》卷一、二、三、八、十中，对龟兹国、那揭罗曷国、乌仗那国、摩揭陀国、伊烂拿钵伐多国等国的佛足迹石有较为详细的记录，现录文如下[43]：

卷一"屈支国"云："东昭怙厘佛堂中有玉石，面广二尺余，色带黄白，状如海蛤。其上有佛足履之迹，长尺有八寸，广余六寸矣。或有斋日，照烛光明。"（页60）

卷二"那揭罗曷国"云："影窟门外有二方石，其一石上有如来足蹈之迹，轮相微现，光明时烛。"（页225）

卷三"乌仗那国"云："阿波逻罗龙泉西南三十余里，水北岸大磐石上有如来足所履迹，随人福力，量有短长。是如来伏此龙已，留迹而去，后人于上积石为室，遐迩相趋，花香供养。"（页277）关于此处之佛足迹石，前文所录《法显传》《洛阳伽蓝记》也曾记载，只是较为简约。该佛足迹石即是前文所云的巴基斯坦斯瓦特提拉特村发现的佛足迹石刻，长 110、宽 78、厚 38 厘米。它被斯坦因发现并确认，其上刻有佉卢文，意为"释迦牟尼足迹"[44]。

卷三"乌仗那国"云："摩诃伐那伽蓝西北，下山三四十里，至摩愉伽蓝。有窣堵波，高百余尺，其侧大方石上，有如来足蹈之迹。是佛昔蹈此石，放拘胝光明，照摩诃伐那伽蓝，为诸人天说本生事。"（页 281）

卷八"摩揭陀国"云："窣堵波侧不远，精舍中有大石，如来所履，双迹犹存，其长尺有八寸，广余六寸矣。两迹俱有轮相，十指皆带花文，鱼形映起，光明时照。昔者如来将取寂灭，北趣拘尸那城，南顾摩揭陀国，蹈此石上，告阿难曰：'吾今最后留此足迹，将入寂灭，顾摩揭陀也。百岁之后，有无忧王命世君临，建都此地，匡护三宝，役使百神。'及无忧王之嗣位也，迁都筑邑，掩周迹石，既近宫城，恒亲供养。后诸国王竞欲举归，石虽不大，众莫能转。近者设赏迦王毁坏佛法，遂即石所，欲灭圣迹，凿已还平，文彩如故。于是捐弃殑伽河流，寻复本处。"（页 633～634）《大唐慈恩寺三藏法师传》卷三有关摩揭陀国佛足迹的记载，基本照录《大唐西域记》卷八文字，云："次有精舍，中有如来所履石，石上有佛双迹，长一尺八寸，广六寸，两足下有千辐轮相，十指端有万字华纹及瓶鱼等，皎然明著，是如来将入涅槃，发吠舍厘至此，于河南岸大方石上立，顾谓阿难：'此是吾最后望金刚座及王舍城所留之迹也。'"[45]

卷十"伊烂拿钵伐多国"云："其山（小孤山）顶上有药叉故室。次北有佛足迹，长尺有八寸，广余六寸，深可半寸。其迹上有窣堵波。如来昔日降伏药叉，令不杀人食肉，敬爱佛戒，后得生天。"（页 784）

5. 王玄策

《法苑珠林》卷二十九引王玄策所著《西域记》云："（摩揭陀国华氏城）精舍中有大石，是佛欲涅槃，北趣拘尸，南顾摩揭。故蹈石上之双足迹，长尺八寸，广六寸，轮相华文，十指各异。近为恶王金耳毁坏佛迹，凿已还平，文采如故。乃捐殑伽河中，寻复本处。贞观二十三年有使图写迹来。"[46]

　　从上述文献来看，中国人对佛足迹的了解可以分为两个阶段：第一阶段为东晋南北朝时期，中国僧人或者使节对古印度的佛足迹崇拜有了初步了解。与此同时，外来僧侣在献佛像的同时，也将佛足迹图像带到中国，但尚未发现这一时期的相关实物资料。第二阶段为唐代，玄奘、王玄策等人将佛足迹图样带回中国，并开始雕刻或绘制佛足迹，如陕西铜川玉华宫遗址发现玄奘供养的佛足迹石（图四一）[47]，就是一个重要证据。

　　唐代以后，佛足迹图样不断被复制，至明代突然出现了一个雕刻高峰，而西安卧龙寺洪武十四年（1381年）镌刻的"释迦如来双迹灵相图"成为模仿的范本[48]。大约在这一时期，借鉴雕刻佛足迹石的做法，并结合中国古代传说中的巨人迹，雕刻出了轩辕黄帝脚印石，使之成为一个供人们礼拜的对象，并以之来表达对祖先的敬仰之情。

　　实际上这种借鉴和融合，在唐宋时期已经开始。如在一些唐宋文献中，往往将"巨人迹""圣人迹""神人迹"与"佛迹""佛足迹"并

图四一　陕西铜川玉华宫遗址出土佛足迹图像

用，或者前后互相解释。表面上看仅仅是词汇不同，但却代表着不同文化背景。"巨人迹""圣人迹""神人迹"代表中国传统文化，"佛迹""佛足迹"则代表外来文化。如果在同一篇文字中，作者用"巨人迹""圣人迹""神人迹"与"佛迹""佛足迹"互为解释，说明在其心目中，已将中国传统文化与外来文化有机地融合为一体了，所以，才会出现两者互见的现象。

据《朝野佥载》卷三云："则天好祯祥。拾遗朱前疑说梦，云则天发白更黑，齿落更生，即授都官郎中。司刑寺囚三百余人，秋分后无计可作，乃于圜狱外罗墙角边作圣人迹，长五尺。至夜半，三百人一时大叫。内侍推问，云：'昨夜有圣人见，身长三丈，面作金色，云：汝等并冤枉，不须怕惧。天子万年，即有恩赦放汝。'把火照之，见有巨迹，即大赦天下，改为大足元年。"[49]文中未交代"圣人"到底是什么人，具有一定的模糊性。北宋司马光则直接将其改成了"佛迹"，如《资治通鉴》卷二百七"唐纪二十三·则天长安元年（701年）"记载："春，正月，丁丑，以成州言佛迹见，改元大足"[50]。

又如苏轼被贬惠州时所作《记游白水岩》云："绍圣元年十二月十二日，与幼子过游白水山佛迹院。浴于汤池，热甚，其源殆可以熟物。循山而东，少北，有悬水百仞。山八九折，折处辄为潭。深者缒石五丈，不得其所止。雪溅雷怒，可喜可畏。水涯有巨人迹数十，所谓佛迹也。"[51]苏轼先云"巨人迹"，然后以"所谓佛迹也"来说明前者，这说明在苏轼的脑海里，已经将文献中的"巨人迹"与外来的"佛足迹"合二为一了。正是在思想文化首先融合的基础上，为明代借鉴佛足迹石镌刻轩辕黄帝脚印石奠定了基础。这也充分说明，自佛足迹石崇拜传入中国，最终被吸收借鉴，并用于纪念人文初祖轩辕黄帝，经历了一个从思想融合到艺术实践的过程。

黄帝陵保存的这件独具匠心的刻轩辕黄帝足迹的脚印石，不仅是人们顶礼膜拜的对象，也成了中华文明善于吸收和借鉴的一个实物见证。

注释

1. 敦煌研究院主编：《敦煌石窟艺术全集》3《本生因缘故事画》，同济大学出版社，2016年，第76～82页，图版54～59。

2. 敦煌研究院主编：《敦煌石窟艺术全集》3《本生因缘故事画》，同济大学出版社，2016年，第44～47页，图版24～28。

3. 张焯主编：《云冈石窟全集》8《第10窟》，青岛出版社，2017年，图版183。

4. 中国画像石全集编辑委员会编：《中国画像石全集》8《石刻线画》，河南美术出版社，2000年，图版五三、五四。

5. 新疆龟兹石窟研究所编：《中国新疆壁画·龟兹》，新疆摄影艺术出版社，2008年，第26页，图版二〇。

6. 敦煌研究院主编，卷主编樊锦诗：《敦煌石窟艺术全集》4《佛传故事画卷》，同济大学出版社，2016年，第192、193页，图版179。

7. ［日］肥塚隆、宫治昭：《世界美术大全集·東洋編》第13卷《インド（1）》，小学館，2000年，第32页，图版23。

8. ［日］奈良国立博物館：《仏教美術ハンドブック》2《美術にみる釈尊のあゆみ》，天理時報社，2010年，第29页。

9. ［日］田辺勝美、前田耕作：《世界美术大全集·東洋編》第15卷《中アジア》，小学館，1999年，第106页，图版132。

10. 笔者拍摄于巴基斯坦白沙瓦博物馆。

11. （汉）刘安编，何宁撰：《淮南子集释》上册，《新编诸子集成》第一辑，中华书局，1998年，第501、502页。

12. （唐）徐坚等：《初学记》上册，中华书局，2004年，第4页。

13. （清）严可均辑：《全上古三代秦汉三国六朝文》，中华书局，1955年，第776、777页。

14. 孔祥星、刘一曼：《中国铜镜图典》，文物出版社，1992年，第624～626页。

15. （宋）李昉等编：《太平广记》，中华书局，1961年，第24页。

16. 河南省文物考古研究所编：《三门峡市印染厂墓地》，中州古籍出版社，2017年，第219页。

17. 河南省文化局文物工作队：《邓县彩色画像砖墓》，文物出版社，1958年，第24、25页，图版二七、二八；［日］大広：《中国★美の十字路展》，大広，2005年，第64页，图版32-f。

18. 孔祥星、刘一曼：《中国铜镜图典》，文物出版社，1992年，第746页。

19. （晋）皇甫谧：《四库备要》第46册，《高士传》，中华书局、中国书店影印，

1989 年，第 6 页。

20. 杨伯峻撰:《列子集释》，中华书局，1979 年，第 22、23 页。

21. 孔祥星、刘一曼:《中国铜镜图典》，文物出版社，1992 年，第 637 页。

22. 孔祥星、刘一曼:《中国铜镜图典》，文物出版社，1992 年，第 636 页。

23. 中国历史博物馆编著:《中国历史博物馆——华夏文明史图鉴》(第三卷)，朝华出版社，2002 年，第 128 页，图版 127。

24. (宋) 郭若虚著，黄苗子点校:《图画见闻志》，人民美术出版社，1963 年，第 17 页。

25. 中共黄陵县委、黄陵县人民政府:《黄陵旅游画册》，2014 年，第 23 页。

26. (清) 阮元:《十三经注疏》，中华书局，1980 年，第 528 页。

27. (汉) 司马迁撰:《史记》，中华书局，1959 年，第 111 页。

28. (汉) 班固撰，(唐) 颜师古注:《汉书》，中华书局，1962 年，第 1472 页；(晋) 张华《博物志》卷二亦有记载:"秦始皇二十六年，有大人十二见于临洮，长五丈，足迹六尺。"参见 (晋) 张华撰，(宋) 周日用等注，王根林校点:《博物志》，《汉魏六朝笔记小说大观》，上海古籍出版社，1999 年，第 191 页。

29. (唐) 释道世撰，周叔迦、苏晋仁校注:《法苑珠林校注》，中华书局，2003 年，第 161、162 页。

30. ［日］上野照夫:《世界美术全集》19《インド》，角川书店，1960 年，图版 26。

31. ［日］MIHO MUSEUM:《MIHO MUSEUM 南館図録》，日本写真印刷株式会社，1997 年，图版 71。

32. ［日］東洋美術館、奈良国立博物館、名古屋市博物館、NHK:《ブッダ展——大きいなる旅路》，美術デザインセンター，1998 年，第 28 页，图版 3。

33. ［日］東京国立博物館、NHK、NHK プロモーション:《日本・パキスタン国交樹立 50 周年記念——パキスタン・ガンダーラ彫刻展》，NHK、NHK プロモーション，2002 年，图版 16。

34. ［日］京都国立博物館、東武美術館、朝日新聞社:《大英博物館蔵　インドの仏像とヒントの神々展図録》，朝日新聞社，1994 年，第 50 页，图版 9。

35. ［日］東京国立博物館、NHK、NHK プロモーション:《日本・インド国交樹立 50 周年記念——インド・マトウラー彫刻展》，NHK、NHK プロモーション，2002 年，图版 30。

36. 东晋沙门释法显撰，章巽校注:《法显传校注》，上海古籍出版社，1985 年，第 33、104、150 页。

37. (梁) 慧皎:《高僧传》，《大正藏》第 50 册，No.2059，第 343b 页。

38. (魏) 杨衒之撰，周祖谟校释:《洛阳伽蓝记校释》，中华书局，1963 年，第

203、213、223、224 页。

39.（北齐）魏收撰：《魏书》，中华书局，1974 年，第 2262、2263 页。

40.（唐）李延寿撰：《北史》，中华书局，1974 年，第 3209 页。

41.（北魏）郦道元撰，（民国）杨守敬、熊会贞疏，段熙仲点校，陈桥驿复校：《水经注疏》，江苏古籍出版社，1989 年，第 92、93 页。

42.（北齐）魏收撰：《魏书》，中华书局，1974 年，第 3036、3037 页。

43.（唐）玄奘、辩机原著，季羡林等校注：《大唐西域记校注》，中华书局，2000 年，此处以下所录文仅标出见于该书的页码，不再详细地注出。

44.［日］東洋美術館、奈良国立博物館、名古屋市博物館、NHK：《ブッダ展——大きいなる旅路》，美術デザインセンター，1998 年，第 28 页，图版 3。

45.（唐）慧立、彦悰著，孙毓棠、谢方点校：《大唐大慈恩寺三藏法师传》，中华书局，2000 年，第 64 页。

46.（唐）释道世撰，周叔迦、苏晋仁校注：《法苑珠林校注》，中华书局，2003 年，第 904 页。

47. 韩伟：《陕西的佛足造像》，《考古与文物》1980 年第 2 期。后该文收入韩伟著《磨砚书稿——韩伟考古文集》，科学出版社，2001 年，第 308～312 页。

48. 冉万里：《西安卧龙寺碑志及相关问题考释》，《陕西历史博物论丛》第 25 辑，三秦出版社，2018 年，第 131～146 页。

49.（唐）张鹜撰，恒鹤校点：《朝野佥载》，《唐五代笔记小说大观》上册，上海古籍出版社，2000 年，第 42 页。

50.（宋）司马光著，（元）胡三省音注：《资治通鉴》，中华书局，1956 年，第 6554 页。

51.（宋）苏轼：《苏轼文集》上册，岳麓书社，2000 年，第 268 页。

第六章　论中华文明崇尚理想

对中国古代都城布局形式的发展与演变，学术界多有探讨，虽然表述各异，但有一点是一致的，那就是大都认为《周礼》中所记载的都城形制是理想化的都城模式。据《冬官·考工记下》记载："匠人营国，方九里，旁三门。国中九经九纬，经涂九轨，左祖右社，面朝后市，市朝一夫。"[1] 历史地来看，中国古代都城就是向着这一理想模式不断发展的，就目前所知的古代都城布局形式来看，也只有隋大兴唐长安城的布局样式与《冬官·考工记下》所记载的都城样式最为接近，所以说隋大兴唐长安城最终实现了《周礼》中理想化的都城布局思想，这一理想的实现也是中华文明崇尚理想的典型事例。

第一节　都城设计思想的发展与演变

中国古代的都城发展到隋大兴唐长安城之时，其都城布局由三个基本元素构成：郭城、皇城与宫城。但这三元素的形成，不是一蹴而就的。在漫长的历史发展过程中，特别是隋唐以前的都城布局，尚不完全具备这三个元素，往往只有两个元素，即郭城与宫城。纵观中国古代都城布局形式的发展演变历程，实际上就是以上诸元素不断结合的过程。再具体一点来说，就是中国古代都城的发展经历了从二元对立到三位一体的发展过程。中原王朝的都城发展所表现的二元对立到三位一体，是一个渐变的过程，体现了中华文明形成与发展过程中的连续性和渐进性，也体现了布局形式在发展过程中对时代的适应性，更体现了随着社会的发展日趋将《考工记》的理想变成现实的一面。与此同时，辽、金都城前后布局的变化值得注意。如辽上京与辽中京（图四二、四三）[2]、金上京与金中都（图四四、四五）[3] 布局形式的变化，也经历了从二元对立到三位一体的发展过程，但其变化过程是通过突变实现的，不是渐变的结果，而促使其发生突变的外因，则是生产力水平和文明程度

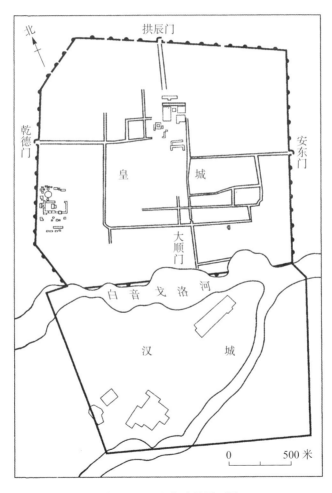

图四二　辽上京遗址平面图

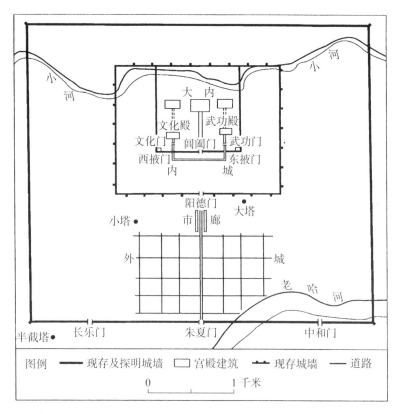

图四三　辽中京遗址平面图

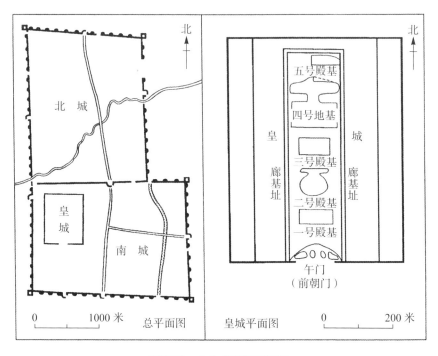

图四四　金上京遗址平面图

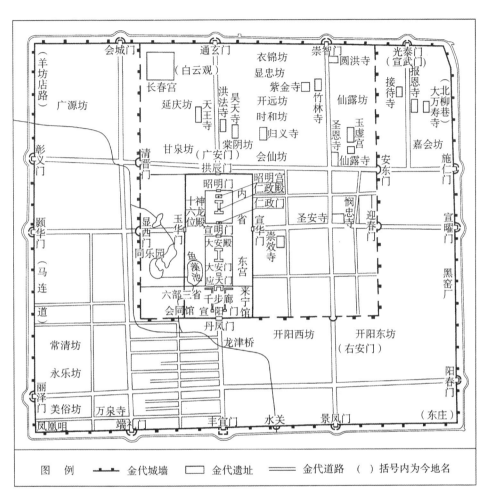

图四五 金中都遗址平面图

较高的中原王朝的都城布局形式,是向中原王朝学习的结果。

二元对立的都城布局形式,在商代、东周列国城中表现得尤其明显,其特征就是大小两城制。经过多年的考古调查与研究,学术界对于这一认识逐渐趋于一致。比较有代表性的商代、东周列国都城遗址有:偃师商城遗址(图四六)、临淄齐国故城遗址(图四七)、燕下都遗址等[4]。在陕西扶风周原遗址最新发现的商代晚期至西周晚期的城址布局

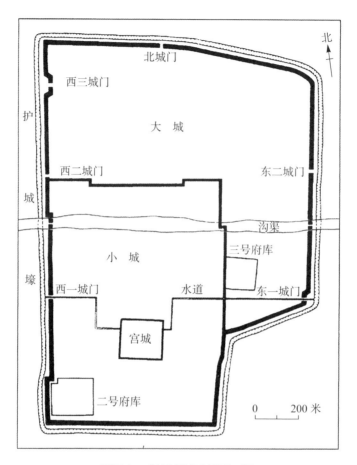

图四六　偃师商城遗址平面图

样式也是大小城制，小城位于大城西北。这种二元对立的城市布局形式，实际上就是《初学记》卷二十四引《吴越春秋》所云的"筑城以卫君，造郭以守民"[5]思想的反映，所谓的城（宫城，小城）和郭（郭城、大城），就是二元对立的大小城制。

　　就考古发现的实际情况来看，西汉都城长安首次将郭城与宫城纳于一体（图四八）[6]，结束了二元对立的都城布局形式，初步形成了"二元一体"的都城布局形式，而且在中国古代都城的郭城首次设置城

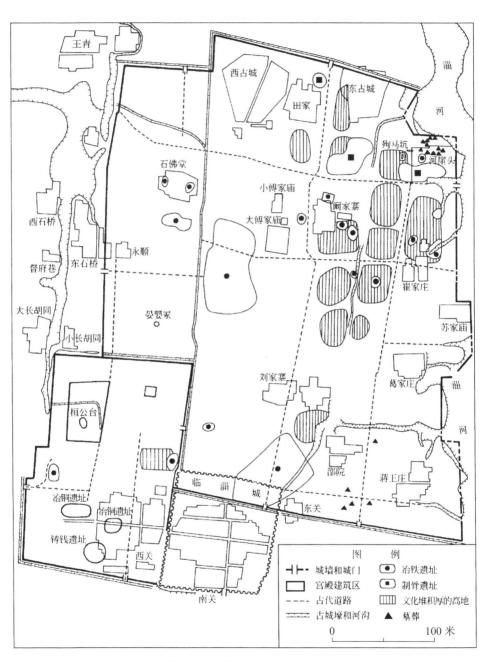

图四七　临淄齐故城遗址平面图

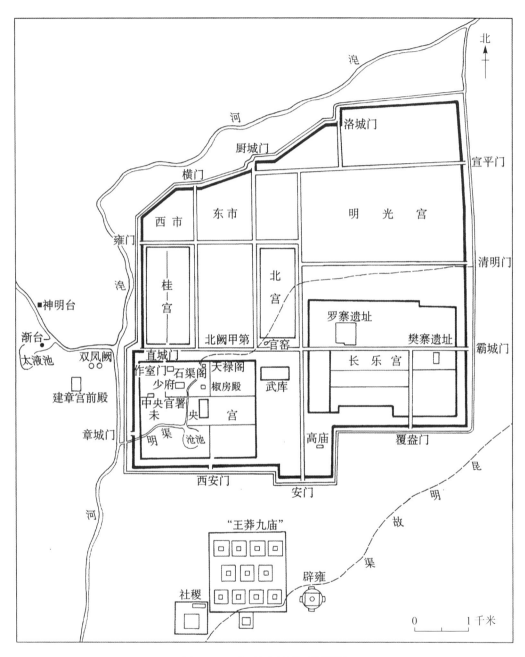

图四八　西汉长安城平面复原图

门十二座（每面三门）[7]，"披三条之广路，立十二之通门。内则街衢洞达，闾阎且千。九市开场，货别隧分。人不得顾，车不得旋。阗城溢郭，旁流百廛"[8]。这显然是向着《考工记》所记载的都城理想模式迈进了一大步。这也与中国古代历史进入到中央集权制的新的历史阶段相吻合。此后的东汉至魏晋南北朝时期，其都城布局形式在西汉长安城的基础上，不断地完善和规整化，但作为其核心的"二元一体"结构并没有大的改变。北魏洛阳城虽然于宣武帝景明二年（501 年）又开始在洛阳围绕东汉以来的旧城兴建郭城[9]，但其功能分区中尚未出现明确的皇城，只是扩大了的郭城，其核心布局仍然是"二元一体"的结构。

　　三位一体的都城布局形式首次出现在隋大兴唐长安城（图四九）[10]，这座都城不仅规模大，而且是一座经过规划的新城，它在布局形式上可以不受束缚，能够充分展示其设计思想，所以其布局样式与前代都城有所不同。但不可否认的是，隋大兴唐长安城的诸多元素都是继承和发展而来的。如其宫城居中居北和中轴线思想源于曹魏邺城；其在宫城南面加上皇城的思想源于北魏洛阳城，虽然北魏洛阳城未出现皇城，但其在中轴线铜驼街两侧布置了重要的官署衙门，隋唐长安城只是将同一位置上的官署衙门用三面墙体包围起来而已；四面带围墙的里坊的设计，则源于北魏都城平城和洛阳；城内满布佛教寺院与道观，这一方面是佛道两教发展的反映，另一方面则与北魏洛阳城满布寺院的做法如出一辙。以上诸多元素在历史上的都城设计中或隐或显地存在着，建筑大师宇文恺只是将其巧妙地融合在了一起，并最终实现了《考工记》所描绘的理想都城模式。都城布局样式从二元对立到二元一体，再到三位一体的发展过程，也是社会不断进步和发展的过程，是生产关系不断变化的过程，宫城逐渐居中居北，反映了皇权不断加强；宫城面积在城中的占比不断减小，留给普通人居住的区域不断扩大，这也是社会进步的表现。

　　尤其值得注意的是隋大兴唐长安城北城墙上的四座城门——光化门、景曜门、芳林门（隋曰华林门）、兴安门的位置及其前后变化[11]。由于隋大兴城宫城北墙系借用长安城北墙，所以宫城所在位置不再适合

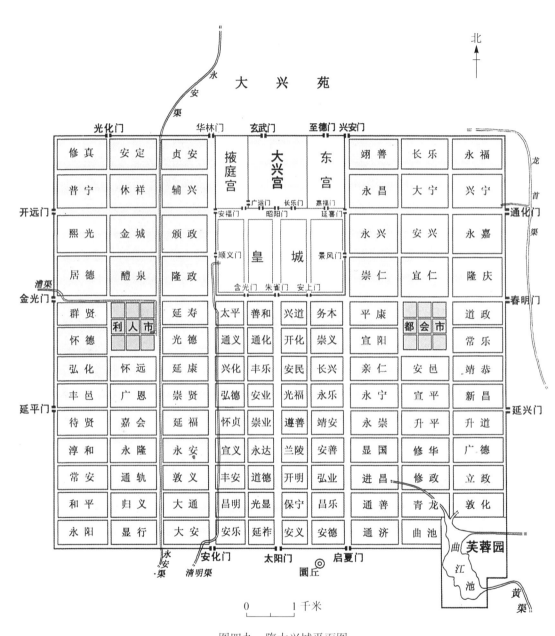

图四九　隋大兴城平面图

修建郭城城门，使得北城墙上的城门排列显得不够规整。隋大兴城修建之时，北城墙上的三座城门布局较后来相对规整一些，宫城两侧分别有东面的兴安门，与南城墙的启夏门相对；西面的华林门（唐为芳林门），与南城墙的安化门相对，仅光化门偏于北城墙之西，与南城墙无城门可以对应，这种城门的设置形式显然是为了满足每面三座城门而有意为之。在唐高宗时期大明宫修建之后，原来作为郭城城门之一的兴安门成为大明宫南面五门之一，这样一来北城墙便少了一座城门，为了解决这个问题，不得已而在北城墙的光化门和芳林门之间修建了景曜门。这三座城门与东南西三面的郭城城门相比较，不仅偏于北城墙西部，而且显得较为密集而拥挤，也仅保留了原来的芳林门与南城墙的安化门相对，其他两座城门则没有与南城墙上的城门相对应。这显然也是为了将"旁三门"的理念落到实处，使郭城城门达到十二座而不得不进行的改变，这一改变完全是为了满足形式的需要，这不仅是其实现理想都城模式的充分体现，也是中华文明崇尚并能实现理想的体现。

那么，在隋大兴唐长城的布局形式实现了理想的都城布局之后，是不是就停止了创新呢？答案显然是否定的。从隋大兴唐长安城的平面布局来看，可以分为前后三个阶段——郭城、皇城与宫城的修建是第一阶段，大明宫的修建是第二阶段，兴庆宫的修建是第三阶段，其设计思想与建筑布局也有一个不断变化的过程。最初是以朱雀大街为中轴线（也即明德门、朱雀门和承天门之间的连线），采用左右对称的布局样式，布局严谨，整齐划一。正如白居易的《登观音台望城》所云："百千家似围棋局，十二街如种菜畦。遥认微微入朝火，一条星宿五门西"[12]。但整个长安城的建筑设计思想并不是一成不变的，在唐高宗之时修建的大明宫，可以明显地看到其南半部呈东西向长方形，以丹凤门及三大殿（含元殿、宣政殿、紫宸殿）为中轴线，呈左右对称的布局样式。而其北半部本身平面就不规整，平面呈梯形，其建筑中心显然是太液池，麟德殿、三清殿、清思殿等围绕太液池呈散点式布局，明显具有园林化布局的特点（图五〇）[13]。到了唐玄宗之时修建兴

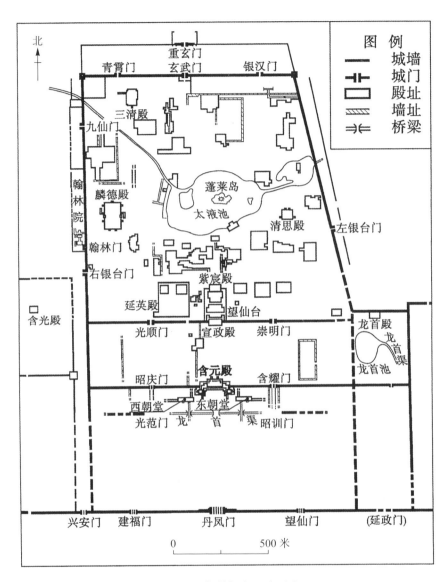

图五〇　大明宫遗址平面图

庆宫，则没有了中轴线，其宫城设计完全是园林化的非对称布局样式，南边是龙池，北边是建筑群，而且著名的花萼相辉楼和勤政务本楼也修建在龙池的西南方向，没有置于兴庆宫建筑的中心位置（图五一）[14]。

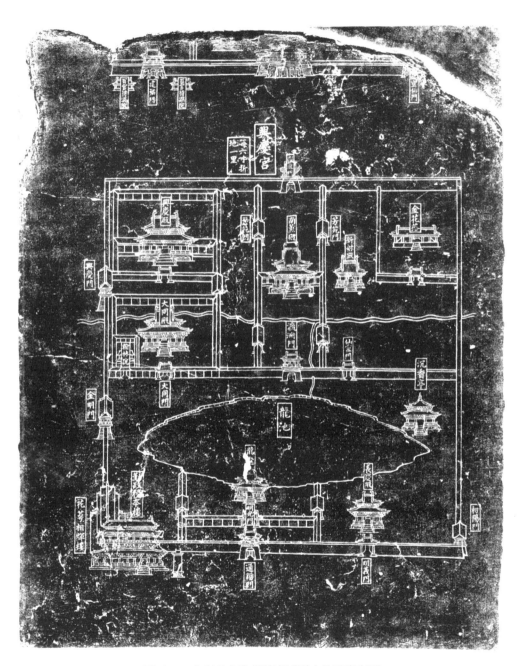

图五一 北宋吕大防刻长安城图中的兴庆宫图

由此可见，唐长安城的修建经历了中轴对称、中轴对称结合园林化布局、完全的园林化布局这三个发展过程，巧思不断，创新连连。而且继宇文恺之后，出现了擅长于园林化建筑的代表人物——房琯。

隋大兴城唐长安城布局样式发展变化的三个阶段，实际上对应的是三个不同的发展阶段。如果以花朵来象征唐文化的话，那么，未建大明宫之前的隋大兴唐长安城，代表着唐文化对隋代的继承阶段，这一阶段是唐文化这朵花朵的萌芽孕育期；唐高宗时期兴建大明宫时，则代表着唐文化的形成期，是唐文化这朵花朵孕育的花蕾期；唐玄宗兴建兴庆宫则代表着唐文化的兴盛期，是唐文化这朵花朵的盛开期。此后的唐长安城在布局样式上无大的变化，是唐代文化这朵花朵的衰落期。

第二节　一门三门道与一门五门道
——理想与创新之门

一、一门三门道——理想之门

一门三门道的源头可以上溯至甘肃庆阳南佐遗址，该遗址距今5200 年至 4600 年，现存 9 处大型夯土台基，北部的大型建筑一号基址为长方形，长 33.5、宽 18.8 米，三面有夯筑木骨墙，房址中央有东西向隔墙，将房址分为两部分，墙体开三个宽约 1.6 米的门道，通连前后[15]；河南偃师二里头遗址 1 号基址的南门，则是较为标准的一门三门道的殿门[16]。河南偃师商城宫殿遗址继承了二里头遗址的宫殿建筑布局样式，其南门也是一门三门道（图五二）[17]。至春秋时期，一门三门道的城门建制开始出现在郭城城墙之上，如楚国纪南城的西城墙北门即为一门三门道（图五三），其南城墙的西门为水门，也是一门三门道的建制[18]，但这种一门三门道的城门建制在当时的郭城尚未完全成为定制。郭城城门普遍采用一门三门道之制，最早形成于西汉长安城，成为此后都城城门的基本样式（图五四）[19]。这种一门三门道的结构样式，正是《周礼》所云"旁三门""九经九纬，经涂九轨"的理想

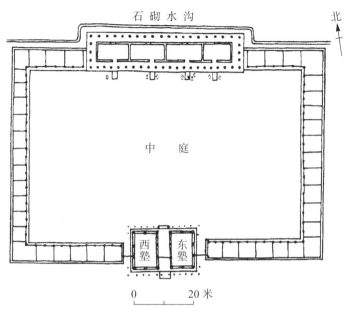

图五二　偃师商城 5 号殿址平面复原图

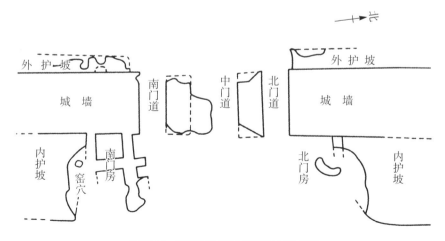

图五三　楚纪南城西城门遗址平面图

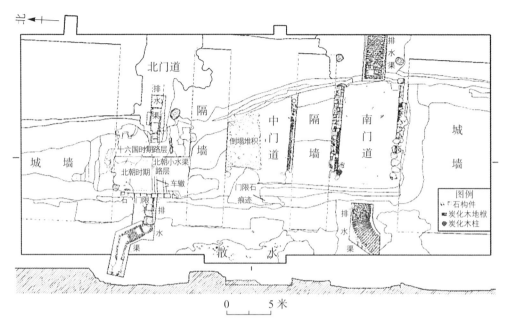

图五四　西汉长安城霸城门遗址平、剖面图

之门。所谓"旁三门""九经九纬，经涂九轨"说的就是每座城门有三个门道，每个门道与一条道路相对应，从而形成纵横（经纬）各九条道路（图五五）[20]，所以，汉长安城郭城门的一门三门道之制，就是对《周礼》所载理想的都城城门建制的践行，是理想之门。

二、一门五门道——创新之门

郭城的一门三门道之制在西汉确立之后，在隋唐之时则有更进一步的发展，其标志就是创立了一门五门道的明德门（图五六）[21]和后来修建的大明宫丹凤门（图五七）[22]。这种城门形制对后世也产生了重要影响，龚国强认为受唐代一门五门道最直接影响的是北宋汴梁宫城南门宣德楼[23]。但从文献和图像资料来看，北宋汴梁宫城南门宣德楼在继承隋唐时期一门五门道之制的同时，还在门外两侧加上了前出的双阙，这一点则来自汉魏洛阳城的北魏宫城城门阊阖门[24]、东魏北齐时期邺南城朱明门[25]、隋大兴唐长安城的宫城城门承

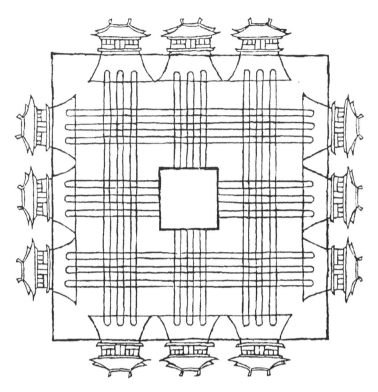

图五五　《三礼图》中的周王城图

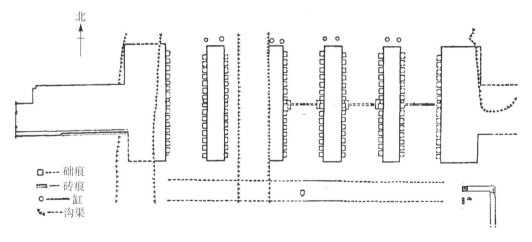

图五六　隋大兴唐长安城明德门遗址平面图

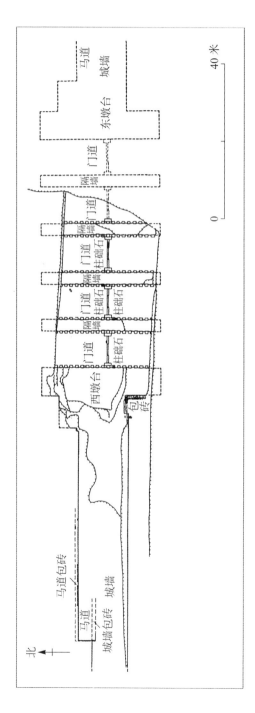

图五七　唐长安城大明宫丹凤门遗址平面图

天门²⁶等，应该是将两者结合的结果。这种将两者相结合的城门建制，也见于图像资料。如在敦煌莫高窟晚唐时期的第 138 窟北壁壁画中，就绘制有一门五门道两侧修建阙楼的城门图像²⁷，虽然壁画中的阙楼与隋唐洛阳城定鼎门两侧的阙楼相似而没有前出形成"凹"字形布局，但却与后世一门五门道两侧前出双阙的城门建制最为接近，这似乎说明将一门五门道与前出的阙楼相结合的设计理念在晚唐时期已经发生，并在北宋时期被继承，其中可以明显地看到其发展演变轨迹。据陆游《家世旧闻》卷下记载："宣德门本汴州鼓角门，至梁建都，谓之建国门。历五代，制度极庳陋，至祖宗时，始增大之，然亦不过三门而已。蔡京本无学术，辄曰：'天子五门，今三门，非古也。'天子五门，谓皋、库、雉、应、路，盖以重数，非横列五门。京徐亦知其误，而役已大兴，未知所出。其客或谓之曰：'李华赋云：'复道双回，凤门五开。'是唐亦为五门。'京大喜，因得以借口，穷极土木之工，改门名曰太极楼，或谓太极非美名，乃复为宣德门，而改宣德郎为宣教郎。门成，王履道草诏，曰：'阁道穹隆，两观骞翔于霄汉，阙庭神丽，十扉开辟于阴阳。'十扉，谓五门也。昔三门，惟乘舆自中门出入，若赐臣旌节，则亦启中门而出，盖异礼也。至是，中门之左右二门，亦常扃鐍。赐文臣旌节，则启左而出；赐武臣旌节，则启右而出。门虽极精丽，然气象乃更不及昔之宏壮也。"²⁸又据《东京梦华录》卷上记载："大内正门宣德楼列五门，门皆金钉朱漆，壁皆砖石间甃，镌镂龙凤飞云之状，莫非雕甍画栋，峻桷层榱，覆以琉璃瓦，曲尺朵楼，朱栏彩槛，下列两阙亭相对，悉用朱红权子。"²⁹

　　据目前的研究，北宋汴梁城宫城南门宣德楼在北宋相当长的时期内，采用的是门楼五开间，但门道部分为一门三门道的建制。宋徽宗大观年间，在蔡京的主持下对其进行了改建，将其改成了门楼五开间，五个门道，左右两侧有朵楼，前连双阙的建筑形式，其平面呈"凹"字形。宣德楼的形象见于辽宁博物馆藏北宋铸造的铁钟之上

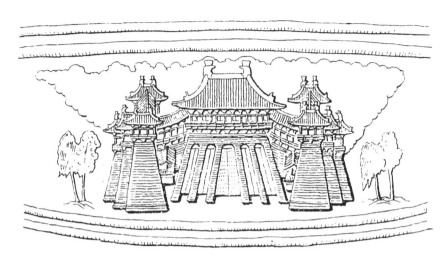

图五八　辽宁省博物馆藏北宋铁钟上的北宋汴梁城宣德楼形象

（图五八）[30]。这一新的建筑样式，明显继承了北魏洛阳宫城阊阖门、
东魏北齐邺南城郭城南门朱明门[31]、隋大兴唐长安城宫城承天门、隋
唐洛阳城宫城应天门[32]、唐长安城大明宫含元殿[33] 的建筑布局样式。
但宣德楼在改建的过程中，又吸收了长安城明德门、大明宫丹凤门的
五门道结构，从而创造出了一个新的城门建筑样式，而这一新的城门
建筑样式又为后来的金中都、元大都宫城、明清北京城天安门的建筑
样式所继承。这些都充分体现了继承与发展之间的密切关系。值得注
意的是，在对北宋汴梁宫城南门进行改建的过程中，主持工程的蔡京
虽然是个反面人物，甚至被讽刺为"不学无术"，但结合南北朝至隋
唐时期的考古发掘结果来看，经过改建的宣德门，确实融合了北魏至
唐代历代城门的诸多因素和特点，最终形成一个新的样式。

　　金中都的修建模仿了北宋都城汴梁，其宫城正门应天门的形制与
北宋汴梁城改建后的宣德门一致[34]。据《北行日录》记载："正门十一
间，下列五门，号应天门，左右有行楼，折而南，朵楼曲尺各三层四
垂。"[35] 又据《大金国志》卷三十三记载："通天门，后改名应天楼，观
高八丈，朱门五，饰以金钉""通天门即内城之正南门也，四角皆趄

楼，瓦皆琉璃，金钉朱户，五门列焉。"[36]《金史·地理志》亦云金中都宫城南门"承天门，其门五，双阙前引。东曰登闻检院，西曰登闻鼓院"[37]。

元大都宫城正南门崇天门也是下列五门，据《日下旧闻考》卷三十记载："正南曰崇天，十二间五门，……左右趯楼二，趯楼登门，两斜庑十，门阙上两观皆三趯楼，连趯楼东西庑各五间。"[38]崇天门的形制不仅见于文献记载，也见于绘画资料，如美国纳尔逊阿特金斯美术馆所藏元代《宦迹图》中，真实而形象地绘出了崇天门[39]。傅熹年先生也曾对元大都宫城正南门立面和平面进行过复原研究（图五九、六〇）[40]。从文献和图像资料来看，元大都宫城正南门崇天门为五门道，门前两侧设置楼观（阙楼）。

近年来，在唐长安城第七横街南侧、安仁坊一线北侧横穿朱雀大街的东西水渠上，发现了5座东西并列的砖砌桥基，皆为南北走向，等距离排列。其中中间桥梁恰位于隋唐长安城朱雀大街中轴线上，与明德门五门道的中门道南北相对。正如发掘者所言，五门道

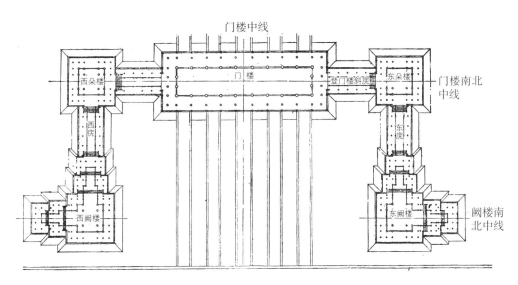

图五九　元大都宫城正南门平面复原图

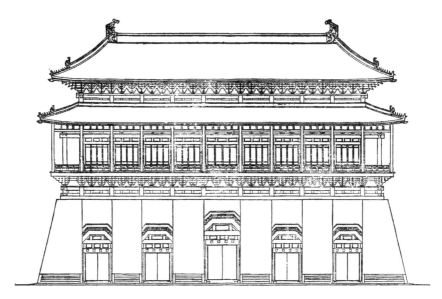

图六〇　元大都宫城正南门立面复原图

的明德门遗址和横穿朱雀大街的五座砖砌桥梁遗址的考古发现，是目前所知的我国古代最早在都城中轴线上设置五门道城门与五座桥梁的实例，开启了明清都城在中轴线上设置同类建筑的先河，更是中国古代都城建制的传承和发展的实物证据。刘庆柱先生认为，这种一门三门道或者五门道之制，其本质都是为了体现择中思想[41]。将一门三门道和十二座郭城城门结合起来看，可以看出中华文明的连绵不断、崇尚理想、善于创新等几个方面同时并存、交织融合在一起，这又说明中华文明的各个特征是融为一体的，需要整体观察而不能割裂。

注释

1. （汉）郑玄注，（唐）贾彦公疏：《周礼注疏》，北京大学出版社，2000年，第1344～1346页。

2. 王巍总主编：《中国考古学大辞典》，上海辞书出版社，2014 年，第 478 页。

3. 王巍总主编：《中国考古学大辞典》，上海辞书出版社，2014 年，第 479、480 页。

4. 王巍总主编：《中国考古学大辞典》，上海辞书出版社，2014 年，第 330、351、352 页。

5.（唐）徐坚等：《初学记》下册，中华书局，2004 年，第 565 页。

6. 王巍总主编：《中国考古学大辞典》，上海辞书出版社，2013 年，第 425 页。

7. 徐龙国：《汉长安城考古的收获、进展与思考》，《南方文物》2022 年第 2 期。

8.（汉）班孟坚：《西都赋》，（梁）萧统编，（唐）李善注《文选》（一），上海古籍出版社，1986 年，第 7 页。

9.（魏）杨衒之撰，周祖谟校释：《洛阳伽蓝记校释》，中华书局，2020 年，第 2 版，第 212 页。

10. 中国社会科学院考古研究所、西安市隋唐长安城遗址保护中心、西安市世界遗产监测管理中心编：《隋唐长安城遗址考古资料编》下册，文物出版社，2017 年，图版二、三。

11. 龚国强：《有关隋唐长安城城门的几个问题》，《华夏考古》2018 年第 6 期。

12.《全唐诗》卷四四八，上海古籍出版社，1982 年，第 1126 页。

13. 中国社会科学院考古研究所西安唐城队：《西安市唐长安城大明宫丹凤门遗址的发掘》，《考古》2006 年第 7 期。

14.［日］京都文化館：《大唐長安展——京都のはるかな源流をたずねる》，京都文化館，1994 年，第 27 页，图版 5。

15. 李小龙、杨林旭、张小宁、韩建业：《南佐遗址发现仰韶大型环壕聚落　出土遗物丰富显示较高社会发展水平》，《文博中国》2022 年 1 月 11 日；韩建业：《南佐"古国"：黄土高原上最早的国家》，《光明日报》2023 年 1 月 8 日 12 版。其中 1 号基址的三门道问题，曾请教于发掘者李小龙先生，在此谨表谢意。

16. 王巍总主编：《中国考古学大辞典》，上海辞书出版社，2014 年，第 306 页。

17. 王巍总主编：《中国考古学大辞典》，上海辞书出版社，2014 年，第 331 页。

18. 湖北省博物馆：《楚都纪南城的勘查与发掘（上）》，《考古学报》1982 年第 3 期；刘叙杰主编：《中国古代建筑史》第一卷《原始社会、夏、商、周、秦、汉建筑》，中国建筑工业出版社，2003 年，第 218、219 页。

19. 中国社会科学院考古研究所汉长安城工作队：《西安汉长安城直城门遗址 2008 年发掘简报》，《考古》2009 年第 5 期；刘庆柱著：《地下长安》，中华书局，2016 年，第 22～25 页。

20. 刘叙杰主编：《中国古代建筑史》第一卷《原始社会、夏、商、周、秦、汉建筑》，中国建筑工业出版社，2003年，第208页。

21. 中国科学院考古研究所西安工作队：《唐代长安城明德门遗址发掘简报》，《考古》1974年第1期。

22. 中国社会科学院考古研究所西安唐城队：《西安市唐长安城大明宫丹凤门遗址的发掘》，《考古》2006年第7期；考古杂志社编著：《新世纪中国考古新发现（2001～2010）》，中国社会科学出版社，2013年，第360～363页。

23. 龚国强：《有关隋唐长安城城门的几个问题》，《华夏考古》2018年第6期。

24. 中国社会科学院考古研究所洛阳汉魏故城队：《河南洛阳汉魏故城北魏宫城阊阖门遗址》，《考古》2003年第7期；钱国祥：《由阊阖门谈汉魏洛阳城宫城形制》，《考古》2003年第7期。

25. 中国社会科学院考古研究所、河北省文物研究所邺城考古工作队：《河北临漳县邺南城朱明门遗址的发掘》，《考古》1996年第1期。

26. 关于隋大兴唐长安城宫城正南门太阳门（承天门）前出双阙，傅熹年先生根据文献记载进行了复原，参见傅熹年主编《中国古代建筑史》第二卷《三国、两晋、南北朝、隋唐、五代建筑》，中国建筑工业出版社，2001年，第361～363页。

27. 敦煌研究院主编，卷主编孙儒僩、孙毅华：《敦煌石窟艺术全集》20《建筑画卷》，同济大学出版社，2016年，第219页，图版214。

28. （宋）陆游：《家世旧闻》，上海师范大学古籍整理研究所《全宋笔记》第五编（八），大象出版社，2012年，第258页。

29. （宋）孟元老撰，伊永文笺注：《东京梦华录笺注》，中华书局，2006年，第40页。

30. 郭黛姮主编：《中国古代建筑史》第三卷《宋、辽、金、西夏建筑》，中国建筑工业出版社，2003年，第103页。

31. 中国社会科学院考古研究所、河北省文物研究所邺城考古工作队：《河北临漳县邺南城朱明门遗址的发掘》，《考古》1996年第1期。

32. 中国社会科学院考古研究所编著：《隋唐洛阳城：1959～2001年考古发掘报告》第二册，文物出版社，2014年，第374～383页。

33. 杨鸿勋：《大明宫》，科学出版社，2013年，第193～271页。

34. 郭黛姮主编：《中国古代建筑史》第三卷《宋、辽、金、西夏建筑》，中国建筑工业出版社，2003年，第123页。

35. （宋）楼钥：《北行日录》，转引自郭黛姮主编：《中国古代建筑史》第三卷《宋、辽、金、西夏建筑》，中国建筑工业出版社，2003年，第103页。

36. 旧题（宋）宇文懋昭撰，崔文印校证：《大金国志校证》下册，中华书局，1986年，第470、471页。

37. （元）脱脱等撰：《金史》，中华书局，1975 年，第 587 页。

38. （清）于敏中等编纂：《日下旧闻考》，北京古籍出版社，2001 年，第 432 页。

39. 中国大运河博物馆编：《大都：元代北京城》，江苏凤凰文艺出版社，2023 年，第 72～77 页。

40. 傅熹年：《元大都大内宫殿的复原研究》，《考古学报》1993 年第 1 期。

41. 刘庆柱先生在西北大学文化遗产学院讲座时，具体讲授了择中思想与一门三门道的关系。又见刘庆柱：《不断裂的文明史：对中国国家认同的五千年考古学解读》，四川人民出版社，2020 年，第 170～174、200～202 页。

第七章　论中华文明包容开放

《论语·季氏将伐颛臾》云:"丘也闻有国有家者,不患寡而患不均,不患贫而患不安。盖均无贫,和无寡,安无倾。夫如是,故远人不服,则修文德以来之。既来之,则安之。"[1]这段话虽然简短,但实际上是儒家思想关于内政与对外交往核心理念的集中表达,强调了只有在自身"修文德"的前提下,才能使之来,来而使之安,是包容和开放思想的体现。关于这一点,历朝历代都以不同的方式来体现。考古学遗存中丰富多彩的各类外来宗教遗迹和器物,生动地阐释了这一儒家思想。在文化与宗教层面,先后传入中国的宗教有佛教、祆教、景教、摩尼教等,佛教之外的其他宗教,被学界称为"三夷教",对于它们的传播,唐王朝允许其在都城长安修建属于它们的寺院,流传至今的《大秦景教流行中国碑》就是一个明证。作为生活用品或者奢侈品的外来器物,有来自罗马的玻璃器和金币,来自西亚波斯的玻璃器和金银器、银币、釉陶,来自中亚的金银器等,这些外来器物的到来,不仅丰富了人们的生活,而且体现了中国古代的包容与开放。还有一些娱乐活动传入中国后,为人们所喜爱,比较典型的是传自波斯的打马毬运动,它不仅见于唐墓壁画(图六一)[2]、铜镜纹饰[3],而且唐墓随葬品中还有为数不少的打马毬陶俑[4]。由此可知,打马毬运动在当时非常流行。有关打马毬运动还有更为重要的考古发现,就是在唐长安城大明宫西侧含光殿遗址还发现了唐代皇家马毬场的奠基石,其上刻有"含光殿及毬场等大唐大和辛亥岁乙未月建"等字样(图六二)[5]。

图六一　唐嗣虢王李邕墓打马毬壁画全图

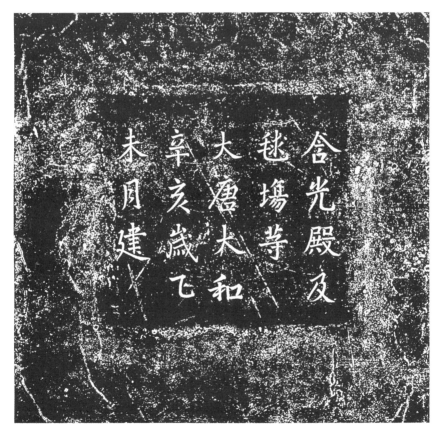

图六二　唐长安城大明宫西含光殿遗址出土石刻拓片

不仅儒家思想中有关于内外关系的表达，春秋时期的管仲也有与儒家类似的思想。《管子·形势解》云："明主内行其法度，外行其理义。故邻国亲之，与国信之。有患，则邻国忧之；有难，则邻国救之。乱主内失其百姓，外不信于邻国，故有患则莫之忧也，有难则莫之救也，外内皆失，孤特而无党，故国弱而主辱。""明主之使远者来而近者亲也，为之在心。所谓夜行者，心行也。能心行德者，则天下莫能与之争矣。"[6]

能够做到"内修文德以来之。既来之，则安之"的时代，在古代即被认为实现了儒家的治国理念，属于盛世。对于这种盛世的称赞，不论是历史学家，还是文人士大夫、画家，他们从来不吝笔墨，或以文字载入正史，或以诗歌咏唱，或以丹青描绘，如对开元盛世的记述就是如此。据《新唐书·食货一》云，唐玄宗之时，"海内富实，米斗之价钱十三，青、齐间斗才三钱，绢一匹钱二百。道路列肆，具酒食以待行人，店有驿驴，行千里不持尺兵"[7]。杜甫《忆昔》云："忆昔开元全盛日，小邑犹藏万家室。稻米流脂粟米白，公私仓廪俱丰实。九州道路无豺虎，远行不劳吉日出。齐纨鲁缟车班班，男耕女桑不相失。宫中圣人奏云门。天下朋友皆胶漆，百余年间未灾变。叔孙礼乐萧何律，岂闻一绢直万钱"[8]。诗人通过前后对比，对"安史之乱"以前的唐王朝，充满怀念之情，显然，他们都认为当时的社会是对儒家理想社会的具体践行。至于绘画作品，则自然以传世的《职贡图》为代表。

第一节 《职贡图》与儒家的治国理念

在古代流传下来的绘画中，有两幅《职贡图》最为著名，它们不仅能体现儒家的治国理念，也能生动形象地体现中华民族包容、开放的精神，一幅为南朝梁萧绎所绘，一幅为唐贞观时期的阎立本（一说是阎立德绘，阎立本参与）所绘。前者绘制的是与南朝梁有外交关系的各国使者，分别为滑国、波斯、百济、龟兹、倭国、狼牙修、邓至、周古柯、呵跋檀、胡蜜丹、白题、末国等国的使者，每个使者的图像旁有墨书榜题（图版二〇）[9]。后者则绘制的是使者们喜气洋洋、肩扛手提各种宝物及珍禽异兽争相前来的情景（图版二一）[10]。这两幅画都是为了彰显"怀远之德"，以体现儒家思想中的"既来之，则安之"的包容、开放思想，歌颂当时的帝王实现了儒家所提倡的这一治国理念。特别是唐太宗确实值得歌颂，他对内修文德——出现了贞观之治，对外万国来朝——阎立本绘制《职贡图》来体现，实现了儒家的治国理念，成为千古明君。在中国历史上，出现了许多善画外国来献、来朝的画家，他们的画作不仅仅是以图像记录历史，更重要的是这些画作能够形象地体现儒家的治国理念，所以历来备受重视。苏轼也以画赞的形式形象地对其象征意义进行了阐释，苏轼赞《阎立本职贡图》云："贞观之德来万邦，浩如沧海吞河江，音容伧狞服奇庞。横绝岭海逾涛泷，珍禽瑰产争牵扛，名王解辫却盖幢。粉本遗墨开明窗，我噲而作心未降，魏征封伦恨不双。"[11]

　　《职贡图》所要表达的思想是包容开放与统治者的怀远之德。梁元帝萧绎绘制《职贡图》的目的，从《职贡图》的序言可略见一斑。据《艺文类聚》卷五十五记载："梁元帝职贡图序曰：窃闻职方氏掌天下之图，四夷八蛮，七闽九貉，其所由来久矣。汉氏以来，南羌旅距，西域凭陵，创金城，开玉关，绝夜郎，讨日逐，睹犀申则建朱崖，闻蒲陶则通大宛，以德怀远，异乎是哉！皇帝君临天下之四十载，垂衣裳而赖兆民，坐岩廊而彰万国，梯山航海，交臂屈膝，占云望日，重译至焉。自塞以西，万八千里，路之峡者，尺有六寸，高山寻云，深谷绝景。雪无冬夏，与白云而共色；水无早晚，与素石而俱贞。逾空桑而历昆吾，度青丘而跨丹穴。灾风弱水，不革其心，身热头痛，不改其节。故以明珠翠羽之珍，细而弗有；龙文汗血之骥，却而不乘。尼丘乃圣，犹有图人之法；晋帝君临，寔闻乐贤之象。甘泉写阏氏之形，后宫玩单于之图。臣以不佞，推毂上游，夷歌成章，胡人遥集，款开蹶角，沿溯荆门，瞻其容貌，诉其风俗。如有来朝京辇，不涉汉南，别加采访，以广闻见，名为《职贡图》云尔。"[12] 又据《历代名画记》卷七记载，梁元帝萧绎"任荆州刺史日，画《番客入朝图》，帝（梁武帝）极称善。又画《职贡图》并序。善画外国来献之事"[13]。梁武帝为什么对萧绎所绘《番客入朝图》"极称善"？虽然梁武帝本人崇佛，但《番客入朝图》充分体现了儒家治国理念中的"修文德以来之。既来之，则安之"，所以，梁武帝才"极称善"，而不是单纯地称赞其绘画技法高超。

梁元帝萧绎之外，南朝梁的江僧宝也曾绘有《职贡图》。据《历代名画记》卷七记载："江僧宝，中品下。谢赫云：'斟酌袁、陆，亲渐朱、蓝，用笔骨梗，甚有师法。象人外，亡所长。在第三品戴逵下、吴暕上。'《临轩图》《御像》《职贡图》《小儿嬉戏鹅图》，并有陈朝年号，传于代"[14]。这些擅长绘制《职贡图》画家的出现，都是为了满足当时王朝的需要。

结合文献记载可知，唐太宗贞观时期绘制《职贡图》的目的很明确，一是为了表现唐太宗的圣德，二是为了表现万国来朝的景象，三是为了彰显"怀远之德"，以体现儒家思想中的"既来之，则安之"的思想，更是为了体现这一治国理念。据《太平广记》卷二百一十一"阎立德"条引《谭宾录》云："唐贞观三年，东蛮谢元深入朝，冠乌熊皮冠，以金络额，毛帔以裳，为行滕，着履。中书侍郎颜师古奏言：'昔周武王治致太平，远国归款，周史乃集其事为《王会》篇。今圣德所及，万国来朝，卉服鸟章，俱集蛮邸，实可图写贻于后，以彰怀远之德。'从之，乃命立德等画之"[15]。又据《资治通鉴》卷一百九十三记载："是时（唐太宗贞观三年，629 年），远方诸国来朝贡者甚众，服装诡异，中书侍郎颜师古请图写以示后，作《王会图》，从之"[16]。又据《唐朝名画录·神品下》记载，"阎立德《职贡图》异方人物诡怪之质，自梁、魏以来名手，不可过也。……（立本）惟《职贡》《卤簿》等图，与立德皆同制之"[17]。彰显"怀远之德"的艺术表现形式不仅有绘画，石刻艺术中也有表现，如唐高祖李渊献陵神道两侧所立圆雕石犀牛，其踏板上雕刻有"□（高）祖怀远之德"[18]，它完全可以视为另外一种艺术形式的《职贡图》。据《旧唐书·林邑传》记载："贞观初，遣使贡驯犀"[19]。由此可见，献陵前所立石犀牛，应该是根据林邑所献驯犀，由甄官署的琢石工匠雕刻而成。

金维诺先生对梁萧绎所绘《职贡图》曾有中肯评价，并对这种绘画题材的含义进行了深刻解读："《职贡图》这样一个作为封建时代、记录了各族和平交往关系的题材，尽管它有着极大的局限性，打上了明显的封建思想的烙印，但是它仍然在一定程度上表述和赞颂了各族人民间的经济文化的交流。表达了对国家富强、各族友好相处的要求。萧绎创始了这一题材，唐阎立本及其后的画家又进一步发展了这一题材，逐渐赋予了更多的思想内容，成为封建时代反映各族关系的重要艺术主题之一。"[20]

正是由于《职贡图》这一绘画题材能够反映治国理念和各国各民族之间的友好交往，所以，在唐五代之时能够得以继承和发展，出现了数位善画《职贡图》的画家。据《历代名画记》卷九记载："（唐贞观）时天下初定，异国来朝，诏立本画外国图。"[21] 在传世的绘画作品中，唐代画家周昉也曾绘制过《蛮夷执贡图》[22]。《图画见闻志》卷二记载，五代时画家王殷，"工画佛道士女等图，尤精外国人物"，有《职贡图》等传世[23]。据《宣和画谱》卷三记载，五代王商（即王殷）善绘外国人物，其作品藏于北宋宫廷者有《职贡图》二、《贡奉图》五、《拂林风俗图》一、《拂林士女图》一、《拂林妇女图》一[24]。

据上简约而言，绘制《职贡图》就是为了彰显帝王的怀远之德，记录当时中外交流的盛况，同时也是为了教化。正如陆机所云"丹青之兴，比《雅》《颂》之述作，美大业之馨香。宣物莫大于言，存形莫善于画"[25]。又如曹植所言："见三皇五帝，莫不仰戴；见三季异主，莫不悲恍；见篡臣贼嗣，莫不切齿；见高节妙士，莫不忘食；见忠节死难，莫不抗节；见放臣逐子，莫不叹息；见淫夫妒妇，莫不侧目；见令妃顺后，莫不嘉贵。是知存乎鉴戒者，图画也。"[26] 与以画作表现盛世相对应，诗人也未停下，他们以生花妙笔，运用对比手法，对既往之盛世发出咏叹。如元稹《和李校书新题乐府十二首·西凉伎》云："吾闻昔日西凉州，人烟扑地桑柘稠。蒲萄酒熟恣行乐，红艳青旗朱粉楼。楼下当垆称卓女，楼头伴客名莫愁。乡人不识离别苦，更卒多为沉滞游。哥舒开府设高宴，八珍九酝当前头。前头百戏竞撩乱，丸剑跳踯霜雪浮。狮子摇光毛彩竖，胡腾醉舞筋骨柔。大宛来献赤汗马，赞普亦奉翠茸裘。一朝燕贼乱中国，河湟没尽空遗丘。"[27]

虽然都是表现彰显帝王怀远之德的《职贡图》，但其绘画艺术和表现方式却各有特点。萧绎的《职贡图》采用以人代国，一人一国的形式来表现一个国家或者地区，同时配题记予以说明。国家或地区之间的差异，通过人物的服饰和容貌差异来表现。而阎立本的《职贡图》则以群像的形式来表现，群像中的人物服饰、面貌、所贡物品各不相同，也即群像中也有个体差异，而这种个体差异也形象地表现了贡献者来自不同的国家或地区。另一个不同则表现在，萧绎的《职贡图》是静态的，是以人物特写的形式来表现；而阎立本的《职贡图》是动态的，是对贡献过程的描绘，人物形象虽然诡异，但却个个欢天喜地，形象地表现出了"服"这个字的含义，也即通过绘画形象地表达了"远人已服"的情景，而"服"则是自内心到外在的形体流淌出的心悦诚服。至隋唐之时，历史上的曾经存在的国家或者地区，因时过境迁，有些地方成为中国的州县，有的则被别国所灭，有的则改为别名，有的则因不再有往来通好而未被记录。由于阎立本在绘《职贡图》时，历史已经前进到了一个新的时代，交好之国和地区的数量也已远非梁时所能比，所以，阎立本不再可能像萧绎那样按照国别逐一绘制，他所采用的宏大的场景式艺术表现手法，不仅更加符合唐王朝对外交往的情景，同时又通过表现欢天喜地的职贡过程，不仅视觉效果上有来往不断、不可胜数的效果，同时又是"万国来朝"真实情景生动形象的表现。

这种对盛世的描绘及赞颂，并没有为画家和诗人所独占，其思想甚至渗透到了百姓坊间。如河南博物院收藏的 1 件唐代红陶乐舞人物印模，长 5.5、宽 4.5 厘米（图版二二）[28]。其上有四个人物，均戴胡帽、着胡服，或呈舞蹈状，或手捧或肩扛物品。前方人物手捧一摩尼宝珠，上方人物肩扛一象牙状物，右侧和下方人物手舞足蹈，表现出其中人物对奉献供物之事欢喜无比的一面，可以视之为小型"职贡图"，在方寸之间将朝贡情景表现得淋漓尽致，与妙笔生花的画家所绘《职贡图》表达的思想有异曲同工之妙，充分反映了唐人对万国来朝的理解及其世界观。小印模的艺术价值虽然不能与萧绎、阎立本等的《职贡图》相比拟，但正是因为它是一件普通物品，却更能体现唐代社会对于包容与开放的态度，是对"九天阊阖开宫殿，万国衣冠拜冕旒"的一种民间理解，也是儒家"既来之，则安之"的治国理念已经成为当时社会普遍认识的体现。这件小小的红陶乐舞人物印模，正是中华文明包容与开放性特征深入民心的体现，更是儒家治国理念的"远人不服，则修文德以来之。既来之，则安之"的体现，也是另外一种形式的来自民间的盛世赞歌。

第二节 西汉长安槀街蛮夷邸、北魏洛阳四夷馆、隋唐长安四方馆和鸿胪客馆

对于来朝者，历代皆重视。西晋愍帝与大臣索琳的问答，形象地反映了汉代对待来朝者的态度。据《晋书·索琳传》记载，西晋愍帝曾问索琳："汉陵中物，何乃多邪？"索琳回答说："天子即位一年而为陵，天下贡赋三分之，一供宗庙，一供宾客，一充山陵。"[29]由此可见，西汉贡赋的三分之一供给了所谓的"宾客"，也即来朝的使节等。与《职贡图》有异曲同工之妙者，是汉代以来在槀街设置蛮夷邸，北魏和隋唐时期设置四夷馆、四方馆和鸿胪客馆。这些也能够反映中国包容开放的治国理念。

据《汉书·陈汤传》记载，陈汤斩杀郅支后，曾上疏"县（悬）头槀街蛮夷邸间，以示万里，明犯强汉者，虽远必诛"，颜师古注云："槀街，街名，蛮夷邸在此街也。邸，若今鸿胪客馆也。"[30]《三辅黄

图》"长安八街九陌"条亦云："陈汤斩郅支王首悬藁街。"[31]

北魏迁都洛阳后，在洛阳设立了供周诸国及南朝归附者的馆舍，同时还在洛阳城规划了专门供归附者居住的四个里，以此来体现四夷乐中国风土而款附，实际上是儒家治国理念的具体执行。据《洛阳伽蓝记》卷三记载："永桥以南，圜丘以北，伊洛之间，夹御道，东有四夷馆，一曰金陵，二曰燕然，三曰扶桑，四曰崦嵫。道西有四夷里，一曰归正，二曰归德，三曰慕化，四曰慕义。吴人投国者，处金陵馆。三年已后，赐宅归正里。""北夷来附者处燕然馆，三年已后，赐宅归德里。""东夷来附者，处扶桑馆，赐宅慕化里。西夷来附者，处崦嵫馆，赐宅慕义里。自葱岭已西，至于大秦，百国千城，莫不款附。商胡贩客，日奔塞下。所谓尽天地之区已。乐中国土风因而宅者，不可胜数。是以附化之民，万有余家。门巷修整，阊阖填列。青槐荫陌，绿柳垂庭。天下难得之货，咸悉在焉。"[32]

隋唐之时则设四方馆、鸿胪馆，专门接待四方使者并管理互市之事。据《唐六典》卷十八"典客署"条记载："（隋炀帝）于建国门置四方馆，以待四方使客，各掌其方国及互市事。皇朝以四方馆隶中书，改典蕃署为典客署。"[33]据《长安志》卷七记载，唐长安城皇城西南部设置有"鸿胪客馆。如汉之藁街，四夷慕化及朝献者所居焉"[34]。

第三节　如何看待隋唐墓葬中的胡人俑？

在隋唐时期墓葬尤其是唐代墓葬中，以胡人俑作为随葬品，成为一种普遍现象，那么，如何看待这些胡人俑？则成为一个需要不断斟酌的重要问题。毫无疑问，在隋唐时期，随着丝绸之路的繁荣，使节、商人、僧侣等纷至沓来，他们或为国家交好，或为贸易逐利，或为传播文化，不一而足。墓葬中的胡俑形象，多以之为模特制作而成。学者们以往的研究，多以胡俑作为中外文化交流的实证之物。这一出发点当然是正确的，但需要换个角度对其进行思考。

　　首先，在隋唐时期的长安城东西市都设置有凶肆，凶指丧事，肆指用以陈货鬻之物，两者相合即为贩卖与丧事有关物品的店铺，而与丧事相关的物品主要为随葬明器。那么，隋唐墓葬中随葬的各类俑等，则表现出了双重属性，一是它们属于随葬品，二是它们属于商品。其次，从制作工艺来看，隋唐时期的陶俑多采用合模制作，可以根据需要而大量烧制。第三，如果将胡人俑与同时随葬的其他象征等级身份的音声童仆俑相比较，往往仅数件，占比极低。这说明胡人俑作为一种现象而存在，更多的是一种象征意义。事死如生的观念决定了地下世界是对地上世界的模拟，胡人俑所有表达的含义本质上而言，是为了表现地下世界与地上世界一样，仍然是一派使节、商人等熙来攘往的繁荣情景，所以，胡人多呈执胡瓶背行囊的形象，或者与装满行囊的骆驼相搭配。如果将墓葬中所随葬的陶俑等综合起来观察，明显可以看到这样一种情景，表现凶礼的音声童仆俑等数量巨大，同时象征日常生活的日常用品、家畜家禽数量也不少，数量较多已经表明音声童仆俑、日常用品、家畜家禽等显然是主体。同时，还应该注意到，随葬品还包含了一些美好的愿望在内，也即有些随葬品所模拟的物品等墓主人生前可能并未使用或者享受，甚至无丝毫关系，但将其作为随葬品葬入墓葬是为了让墓主人在地下世界可以得以享用。随葬品之所以能够表达这一愿望，是明器的自身特点及其商品性质所决定的，自身特点就是可以模拟，需要的成本并不高，而商品性质就是根据需要可以购买。那么，胡人俑出现在隋唐时期的墓葬之中，其实与墓主人并无关系，只是作为一种商品和明器而存在，是当时"万国来朝""万国商旅云集"的社会现象影响的结果。也就是说，这些胡人俑出现在墓葬之中，不仅栩栩如生地表现了隋唐时期文化的开放性和包容性，而且某种程度上而言，是另外一种表现形式的《职贡图》。胡人俑在墓葬中的出现，还具有强烈的时代性，而其强烈的时代性特征实际上就是以俑的形式再现了"九天阊阖开宫殿，万国衣冠拜冕旒"的盛况。

第四节　安居乐业、娶妻生子、买田宅的
外来移民墓葬的发现

　　北周至隋唐时期外来移民墓葬的大量发现，对于探讨北周至隋唐时期的对外文化交流，以及中国在当时世界的地位有重要价值。它们的发现，可以充分证明北周至隋唐时期社会的包容性和开放性。正如葛承雍先生探讨唐王朝的世界性时总结的那样，唐代之时实行的策略是：允许外国人入境居住、允许外国人参政为官、重用蕃将统军、对于外来移民法律地位平等、保护贸易通商、允许通婚联姻，所以，才出现了文化开放繁荣、衣食住行混杂、留学人员云集的繁荣景象[35]。

　　北周时期外来移民的墓葬主要为昭武九姓粟特人及其后裔的墓葬，有粟特人安伽墓[36]、史君墓[37]、康业墓[38]，以及罽宾人李诞墓，其中罽宾人李诞墓是目前所知的第一座身份确切的婆罗门种罽宾国人墓葬[39]。隋唐时期发现的外来移民及其后裔的墓葬，主要有：甘肃天水隋唐时期的粟特人墓葬[40]、山西太原鱼国人虞弘墓[41]、宁夏固原[42]和盐池[43]的粟特人墓地、洛阳安菩墓[44]、唐太宗昭陵陪葬之一的安元寿墓[45]、波斯人后裔苏凉妻马氏墓[46]等。

　　从这些外来移民的墓葬来看，其葬制和葬俗既有华化的一面，也有保留其本民族特色的一面，是两者相结合的产物：墓葬形制多采用关中地区北周至隋唐时期的墓葬形制；随葬品与同时期墓葬中所习见的陶俑、陶瓷器及墓志基本一致，这些随葬品的葬入是其华化的重要标志之一；其葬具有屏风石榻、石椁等，其上所雕刻内容的题材也多为反映其生活习惯和宗教信仰，这一点则是其保存其本民族宗教信仰的证据。石质葬具上均线刻与祆教信仰有关的图像，说明他们在宗教上仍然信仰祆教，反映了宗教信仰的华化较其他因素要缓慢得多。关于其华化的程度，早在20世纪60年代时学者们就已充分认识到了，并

生动地指出："如果没有墓志出土，单从墓葬形制和随葬器物上来看，简直找不出他们和汉人贵族墓的区别。"[47] 关于唐代外来移民在唐都长安安居乐业的情形，《资治通鉴》卷二百三十二中的一段话可以说明问题："自天宝以来，安西、北庭奏事及西域使人在长安者，归路既绝，人马皆仰给于鸿胪，礼宾委府、县供之……胡客留长安久者，或四十余年，皆有妻子，买田宅，举质取利，安居不欲归。"至唐德宗贞元三年（787 年），唐王朝将这些天宝末年以来滞留京师的酋长、王子、使者等，凡不愿归国者约四千人，编入左右神策军，酋长为牙将，王子、使者为散兵马使或押牙，其余皆为卒[48]。从这一点也可以看出，唐王朝将儒家的"既来之，则安之"的治国理念发挥到了极致的程度，外来移民墓葬的发现就是对其生动的诠释。

第五节　大唐威仪与地下客使图

乾陵陪葬墓之一的章怀太子（李贤）墓壁画中的两幅"客使图"，是引人注目的壁画（图版二三）[49]。其中的人物形象包括唐王朝鸿胪寺或者典客署的官员以及罗马、高丽或新罗等国的使臣。而头部装饰羽毛帽的人物形象，曾一度被认为是日本使节[50]，但已经被学术界否定，认为应该是高丽或新罗使节[51]。章怀太子墓中所绘制的两幅"客使图"，如果从事死如生的丧葬观念去理解，它们应该是对地上世界万国来朝景象的模拟，也是人们希望在另外一个世界之中，唐王朝仍然能够雄踞世界东方国祚绵长。章怀太子在唐中宗神龙二年（706 年）以雍王身份埋葬，在唐睿宗景云年（711 年）又以章怀太子身份埋葬，而鸿胪寺或者典客署官员在接待完需要拜冕旒（皇帝），将客使图绘制于章怀太子墓中，使人能够感觉到唐睿宗对这位曾经召集官员注《后汉书》的兄长敬重有加，虽然李贤被追赠的身份是章怀太子，但将反映万国来朝景象的《客使图》绘制于章怀太子墓内，却隐约暗示了章怀太子拥有帝王的待遇。

　　当然，历史上也有反面的例子，那就是隋炀帝为了彰显自己的"怀远之德"而采取的一种错误做法，这也为历史学家所关注。据《资治通鉴》卷一百八十一《隋纪五》"隋炀帝大业六年（610 年）"记载："（隋炀）帝以诸蕃酋长毕集洛阳，丁丑（正月十五），于端门街盛陈百戏。戏场周围五千步，执丝竹者万八千人，声闻数十里，自昏至旦，灯火光烛天地，终月而罢，所费巨万。自是岁以为常。诸蕃请入丰都市交易，帝许之。先命整饰店肆，檐宇如一，盛设帷帐，珍货充积，人物华盛，卖菜者亦借以龙须席。胡客或过酒食店，悉令邀延就坐，醉饱而散，不取其直，给之曰：'中国丰饶，酒食例不取直。'胡客皆惊叹。其黠者颇觉之，见以缯帛缠树，曰：'中国亦有贫者，衣不盖形，何如以此物与之，缠树何为？'市人惭不能答。"[52] 在儒家思想之中，怀远是设定了前提的，那就是先要内修文德，然后才能既来之则安之。隋炀帝的错误做法在于仅仅注重了形式，而忽略了前提，所以，表面上的既来之则安之自然无法长久，也只能是昙花一现。虽然隋炀帝在历史上以反面的形象出场，但就是这样一个反面皇帝，也极力想要表现出自己治下既来之则安之的万国来朝的局面，足见不论从哪个角度而言，中华民族包容、开放的自信精神都能得以体现。包容、开放已经成为一种文化基因，不会受到时代不同或者某个人物是正面还是反面的限制，它都会以正确的或者不正确的方式表现出来。

　　值得注意的是，自汉代以来的中国古代尽管在对待外来文化时，其态度是包容和开放的，但却始终没有动摇维护社会稳定的根本思想——儒家思想，因为这一根本思想如果动摇，其危害是巨大的。对于此，可以"安史之乱"为例进行说明。在以往，人们在认识"安史之乱"的危害时，更多地强调其对生产生活的破坏，也就是对生产力的破坏。但笔者以为，"安史之乱"最大的危害则是对生产关系的破坏，破坏了唐王朝统一的局面和以忠孝为核心的儒家思想维护的社会秩序。统一局面和社会秩序遭到破坏，使得唐王朝失去了安定的内部环境，这一安定的内部环境的丧失，必然导致生产的破坏。同时，"安史之乱"使得在人们

看来至高无上的神圣皇权变成了众人竞相追逐之鹿，让手握兵权的节度
使们几乎人人都蠢蠢欲动，冒出了与朝廷一较高低甚至当皇帝的想法，
形成了藩镇割据，动摇了社会根基，混乱了以忠孝为核心的思想。同时
节度使之间也不断地杀伐，以求扩大地盘，最终也是企图达到皇权加身
的目的，并对社会生产不断地造成破坏。这种在思想层面对社会的破坏
烈度远远超出了对生产和生活的破坏。因为生产和生活的破坏，相对而
言是容易医治的，而思想层面造成的破坏则难以刹车。以至于到了宋
代，为了防止再次出现"黄袍"加身，出现了削弱兵权强化文人统治的
局面，形成了文强将弱的一个特殊历史时期。由此可见，思想层面的混
乱才是最可怕的，其影响也最为深远。可以借用《魏武故事》中曹操的
一句话："设使国家无有孤，不知当几人称帝，几人称王。"[53] 曹操强调
的虽然是其个人在历史上的作用，但客观上而言他实际上是维护了中原
北方地区社会的统一和思想的统一，而这两个统一客观上又促进了中原
北方地区的生产，为下一步西晋的统一奠定了基础。从中可以看出，对
思想层面的破坏和动摇，容易导致其对生产力产生反作用即破坏性，而
这一反作用的影响往往是深远的，而且破坏的烈度是剧烈的，对一个社
会而言其破坏烈度相当于"八级地震"。

注释

1. 程树德撰，程俊英、蒋见元点校：《论语集释》，中华书局，1990 年，第
   1137 页。

2. 陕西省考古研究院编著：《唐嗣虢王李邕墓发掘报告》，科学出版社，2012
   年，第 67 页，图版一九。

3. 许文、金晓春：《安徽怀宁县发现唐人马球图铜镜》，《文物》1985 年第 3 期；
   吴炜：《扬州出土的唐代马球铜镜》，《文物天地》1991 年第 4 期；傅大卣：
   《马上打球铜镜》，《文物天地》1991 年第 4 期；孔祥星、刘一曼：《中国铜镜
   图典》，文物出版社，1992 年，第 639 页。

4. 新疆维吾尔自治区博物馆编：《中国博物馆丛书》第 9 卷《新疆维吾尔自治
   区博物馆》，文物出版社、株式会社讲谈社，1991 年，图版 130，说明文字

参见第 215 页。

5. 中国科学院考古研究所编著：《唐长安大明宫》，科学出版社，1959 年，第 51、52 页。

6. 黎翔凤撰，梁运华整理：《管子校注》，中华书局，2004 年，第 1175、1188 页。

7.（宋）欧阳修、宋祁撰：《新唐书》，中华书局，1975 年，第 1346 页。

8.《全唐诗》卷二二〇，上海古籍出版社，1986 年，第 526 页。

9. 中国历史博物馆编著：《中国历史博物馆——华夏文明史图鉴》（第二卷），朝华出版社，2002 年，第 286、287 页，图版 329。

10. 金维诺总主编：《中国美术全集·卷轴画（一）》，黄山书社，2010 年，第 36、37 页；［日］曾布川宽、冈田健：《世界美術大全集·東洋编》第 3 卷《三国·南北朝》，小学馆，2000 年，第 102、103 页，图版 80。

11. 张志烈、马德富、周裕锴主编：《苏轼全集校注·苏轼诗集校注》卷三十四，河北人民出版社，2010 年，第 3875 页。

12.（唐）欧阳询撰，王绍楹校：《艺文类聚》上册，上海古籍出版社，1999 年，第 2 版，第 996、997 页。

13.（唐）张彦远撰，秦仲文、黄苗子点校：《历代名画记》，人民美术出版社，1963 年，第 145 页。

14.（唐）张彦远著，秦仲文、黄苗子点校：《历代名画记》，人民美术出版社，1963 年，第 152 页。

15.（宋）李昉等编：《太平广记》，中华书局，1961 年，第 1616、1617 页。

16.（宋）司马光编著，（元）胡三省音注：《资治通鉴》，中华书局，1956 年，第 6068 页。

17.（唐）朱景玄撰，温肇桐注：《唐朝名画录》，四川美术出版社，1985 年，第 8、9 页。

18. 李域铮编著：《陕西当代石刻艺术》，三秦出版社，1995 年，第 65 页；西安碑林博物馆编：《西安碑林博物馆》，陕西人民出版社，2000 年，第 92 页。

19.（后晋）刘昫等撰：《旧唐书》，中华书局，1975 年，第 5270 页。

20. 金维诺：《"职贡图"的时代与作者——读画札记》，《文物》1960 年第 7 期。

21.（唐）张彦远撰，秦仲文、黄苗子点校：《历代名画记》，人民美术出版社，1963 年，第 169 页。

22. 中国美术全集编辑委员会：《中国美术全集·绘画编 2·隋唐五代绘画》，人民美术出版社，1984 年，第 9 页，图一。

23.（宋）郭若虚撰，黄苗子点校：《图画见闻志》，人民美术出版社，1963 年，第 38 页。

24.（宋）佚名撰，林宗毛点校，曹旭审定：《宣和画谱》，上海书画出版社，2023

年，第 220 页。

25. （唐）张彦远撰，秦仲文、黄苗子点校：《历代名画记》，人民美术出版社，1963 年，第 3 页。

26. （唐）张彦远撰，《历代名画记》，浙江人民美术出版社，2019 年，第 3 页。

27. 《全唐诗》卷四一九，上海古籍出版社，1986 年，第 1025 页。

28. 孙英民主编：《汉唐中原：河南文物精品》，科学出版社，2015 年，第 161 页。

29. （唐）房玄龄等撰：《晋书》，中华书局，1974 年，第 1651 页。

30. （汉）班固撰，（唐）颜师古注：《汉书》，中华书局，2013 年，第 3015 页。

31. 陈直校证：《三辅黄图校证》，陕西人民出版社，1980 年，第 31 页。

32. （魏）杨衒之撰，周祖谟校释：《洛阳伽蓝记校释》，中华书局，2010 年，第 2 版，第 114～117 页。

33. （唐）李林甫等撰，陈仲夫点校：《唐六典》，中华书局，1992 年，第 506、507 页。

34. （宋）宋敏求、（元）李好文撰，辛德勇、郎杰点校：《长安志校注》，三秦出版社，2013 年，第 253、254 页。

35. 葛承雍：《论唐王朝的世界性》，《唐韵胡音与外来文明》，中华书局，2006 年，第 12～25 页。

36. 陕西省考古研究所编著：《西安北周安伽墓》，科学出版社，2003 年。

37. 西安市文物保护考古所：《西安北周凉州萨宝史君墓发掘简报》，《文物》2005 年第 3 期；西安市文物保护考古研究院：《北周史君墓》，文物出版社，2014 年。

38. 西安市文物保护考古所：《西安北周康业墓发掘简报》，《文物》2008 年第 6 期。

39. 国家文物局主编：《2005 中国主要考古发现》，文物出版社，2006 年，第 123～128 页。

40. 天水市博物馆：《天水市发现隋唐屏风石棺床墓》，《考古》1992 年第 1 期。

41. 山西省考古研究所等：《太原隋虞弘墓》，文物出版社，2005 年。

42. 宁夏回族自治区固原博物馆 罗丰编著：《固原南郊隋唐墓地》，文物出版社，1996 年。

43. 宁夏回族自治区博物馆：《宁夏盐池唐墓发掘简报》，《文物》1988 年第 2 期。

44. 宁夏回族自治区固原博物馆 罗丰编著：《固原南郊隋唐墓地》，文物出版社，1996 年。

45. 昭陵博物馆：《唐安元寿夫妇墓发掘简报》，《文物》1988 年第 12 期。

46. 陕西省文物管理委员会：《西安发现晚唐袄教徒的汉、婆罗钵又合璧墓志——唐苏谅妻马氏墓志》，《考古》1964 年第 9 期；作铭（夏鼐）：《唐苏谅妻马氏墓志跋》，《考古》1964 年第 9 期。

47. 中国科学院考古研究所:《新中国的考古收获》,文物出版社,1961 年,第 99 页。

48. (宋)司马光编著,(元)胡三省音注:《资治通鉴》,中华书局,1956 年,第 7492、7493 页;(宋)欧阳修、宋祁撰:《新唐书》,中华书局,1975 年,第 5169 页。

49. 陕西省博物馆、乾县文教局唐墓发掘组:《唐章怀太子墓发掘简报》,《文物》1972 年第 7 期;赵荣主编:《长安丝路东西风》,三秦出版社,2018 年,第 100 页,图版七。

50. 王仁波:《从考古发现看唐代中日文化交流》,《考古与文物》1984 年第 3 期。

51. 云翔:《唐章怀太子墓壁画客使图中"日本使节"质疑》,《考古》1984 年第 12 期。

52. (宋)司马光编著,(元)胡三省音注:《资治通鉴》,中华书局,1956 年,第 5649 页。

53. (晋)陈寿撰,(宋)裴松之注:《三国志》,中华书局,1959 年,第 33 页。

第八章　论中华民族不畏艰险的探索精神

鲁迅先生曾经在《中国人失掉自信力了吗》一文中说："我们从古以来，就有埋头苦干的人，有拼命硬干的人，有为民请命的人，有舍身求法的人……虽是等于为帝王将相作家谱的所谓'正史'，也往往掩不住他们的光耀，这就是中国的脊梁。"[1] 笔者在讲授丝绸之路考古的课堂上和考古学研究中，不仅关注文化交流本身，也强调中国古代人不畏艰险的探索精神和民族气节。而凿空的张骞，持节的苏武，出使印度的王玄策，西行求法的法显、玄奘、义净等，正如鲁迅先生所言，就是中国古人不畏艰险的探索精神的代表，是中华民族的脊梁。

第一节　凿空的张骞，持节的苏武

张骞（约前 164 年～前 114 年），字子文，汉中郡成固县（今陕西城固）人，汉代卓越的探险家、旅行家与外交家，对丝绸之路的开拓有重大的贡献。他开拓了汉王朝通往西域的南北道路，并从西域诸国引进了葡萄、苜蓿、石榴、胡麻等。其事迹主要见于《史记·大宛列传》《汉书·张骞传》《汉书·西域传》。在甘肃敦煌莫高窟第 323 窟壁画中，有一幅张骞出使西域图[2]，这是后人对张骞丰功伟绩的纪念，僧侣们也想借助这一事件来证明佛教传入中国之久远。

建元二年（公元前 139 年），张骞由堂邑县人胡奴甘父即堂邑父作向导，率领一百多人，从陇西出发前往大月氏，中途在祁连山被匈奴俘虏，并把他们送至单于处看管，还让张骞娶了匈奴女人为妻并生子。根据近年来的考古发掘，在蒙古国首都乌兰巴托以西470千米的杭爱省额勒济特县发现了龙城遗址。该遗址出土了"天子单于""与天无极""千秋万岁"等巨型文字瓦当，其中的"天子单于"瓦当似乎证明这里就是匈奴的单于庭（龙城）。张骞被滞留的龙城，可能就在这一带。张骞虽被滞留，但他并没有忘记自己的使节身份，随时等待机会逃脱去完成汉武帝交付的使命。

汉元光六年（公元前129年），被匈奴扣留约十余年后，随着匈奴管制的松懈，张骞和随从堂邑父两人摆脱了匈奴的控制，取道车师（今新疆吐鲁番盆地），进入焉耆，接着沿天山南麓西行，经龟兹（今新疆库车）、疏勒（今新疆喀什）等地，翻越葱岭，到达大宛（Ferghana，今费尔干纳盆地），受到了大宛国王的欢迎，并派人为之做向导，帮助张骞等人到达了月氏人所在地——妫水流域（乌浒水Oxus，今阿姆河Amdaria）的康居（今巴尔喀什湖和咸海之间）。这里土地肥沃，民众生活安乐，月氏人已经无意联合汉朝来对付宿敌匈奴。张骞在大夏国时看到了"邛竹杖""蜀布"（中国四川特产），当地人称这些来自"身毒"（印度）。这一信息表明，在西汉之前，我国的西南地区已经与身毒、大夏之间有交通往来。为了打通这一通道，张骞后来还曾使滇，但最终没有像他出使西域那样获得成功。

在大月氏留住一年多后，张骞于汉元朔元年（公元前128年）启程回国，此时他已经了解到包括大宛、大夏（巴克特里亚）、康居（索格狄亚那）等的信息。这些信息为后来司马迁写作《史记·大宛列传》提供了翔实的资料。张骞返回时，为避免再度被匈奴俘虏，绕远路从葱岭、沿昆仑山北麓而行，经莎车、于阗（今新疆和田）、鄯善（今新疆若羌）返回。但不幸的是，他在返回途中又被匈奴擒获。

被匈奴再次扣留一年多后，即汉元朔三年（公元前126年），匈奴因单于死去而发生大乱，张骞乘机带着匈奴妻子及堂邑父逃脱，回到汉朝境内。出使时使团有一百多人，但生还者仅两人，汉武帝封张骞为太中大夫，堂邑父为奉使君。张骞返回时开拓的这一条路线，也就是今日的丝绸之路南线，即塔克拉玛干沙漠南缘。汉元朔六年时，张骞曾以校尉身份随大将军卫青出击匈奴，因其"知水草处，军得以不乏，乃封骞为博望侯"。汉元狩元年（公元前122年），张骞以卫尉随李广出击匈奴，遗憾的是他"后期当斩，赎为庶人"。

汉元狩四年（公元前119年），汉武帝以张骞为中郎将，再度出使西域，准备联合乌孙以"断匈奴右臂"。当时，随同张骞出使的人员三百人，马两匹，牛羊以万计，随行携带的金币、丝绸价值千万。张骞抵达伊犁盆地的乌孙国，受到乌孙王昆莫欢迎，并收下其丰厚的礼物，但此时乌孙国已经分裂，而且对汉朝还不够了解，所以张骞并没有得到满意的答复。但张骞并未放弃，而是派遣副使，在乌孙周边的大宛、康居、大月氏、大夏、安息、身毒、于阗、扞弥（今新疆于田克里雅河东）等进行外交活动。

汉元鼎二年（公元前115年），张骞启程返汉，并带着数十位来汉朝探路的乌孙使者，以及数十匹乌孙良马。张骞被封为"大行"，位列九卿。第二年（公元前114年），张骞去世，葬于今陕西城固饶家营。张骞墓因发现了"博望□造（或铭）"的封泥[3]，为证明张骞墓的所在地提供了重要证据。司马迁对张骞给予了较高的评价，据《史记·大宛列传》云："然骞凿空，其后使往者皆称博望侯，以为质于外国，外国由此信之。……自博望侯开外国道以尊贵，其后从吏卒皆争上书言外国奇怪利害，求使。"[4]因而将日后派往西域的使节都称为"博望侯"，可见张骞出使西域的意义。

西汉王朝至汉武帝时达到强盛，此时开通西域，击败匈奴，设置河西四郡，一改之前面对匈奴时表现出的软弱。《汉书·西域传》客观地描述了这一段历史，其中中肯而客观地记录了张骞的功绩："汉兴至于孝武，事征四夷，广威德，而张骞始开西域之迹。其后骠骑将军击破匈奴右地，降浑邪、休屠王，遂空其地，始筑令居以西，初置酒泉郡，后稍发徙民充实之，分置武威、张掖、敦煌，列四郡，据两关焉。自贰师将军伐大宛之后，西域震惧，多遣使来贡献。汉使西域者益得职。于是自敦煌西至盐泽，往往起亭，而轮台、渠犁皆有田卒数百人，置使者校尉领护，以给使外国者。"[5]

在汉代，与张骞不畏艰险的凿空精神相映生辉者，还有一位彪炳史册的人物，那就是同样名垂青史的苏武，后者是在艰难困苦中仍能保持民族气节的代表，其事迹见于《汉书·苏健传》。苏武于汉武帝天汉元年（公元前100年）出使匈奴，被匈奴滞留并让其去冰天雪地的北海"牧羝（公羊），羝乳乃得归"，前后被困19年之久。在这样的境况之下，苏武风餐露宿食冰卧雪，但仍持汉节牧羊，节旄落尽也不放弃。汉昭帝始元六年（公元前81年）苏武持着旄已脱尽的汉节而至京师长安，从此他成为面对任何艰难困苦都能够保持民族气节的代表。唐代诗人李白在《苏武》诗中赞叹道："苏武在匈奴，十年持汉节。白雁上林飞，空传一书札。牧羊边地苦，落日归心绝。渴饮月窟冰，饥餐天上雪。东还沙塞远，北怆河梁别。泣把李陵衣，相看泪成血。"[6]

第二节　出使印度的王玄策

王玄策是唐代中外文化交流史上的重要人物，甚至带有传奇色彩。虽然历史上没有他的完整传记，但学界根据散见于文献的王玄策事迹，大体勾勒出了他一生的主要活动。王玄策原籍洛阳，曾任融州黄水县（今广西罗城西北）县令。唐太宗贞观十七年（643年）二月，随李义表送摩揭陀国使者还印度，经泥婆罗，十二月抵其国，留印度两年。贞观二十一年，又以右卫率府长史衔出使中印度，中途因摩揭陀国戒日王死，国中大乱，使团被帝那伏帝国阿罗那顺劫掠，王玄策遂借吐蕃及泥婆罗等国之兵大破之，擒阿罗那顺归长安。贞观二十二年五月献俘阙下，拜朝散大夫。在唐太宗昭陵所立十四尊蕃酋像中，就有"帝那伏帝国王阿罗那顺"[7]。显庆二年（657年）又第三次出使印度，送佛袈裟到印度，经泥婆罗。显庆四年曾到过婆栗阇国，又到过迦毕试国（今阿富汗贝格拉姆）。显庆五年离开印度，最后曾经到罽宾国（今阿富汗喀布尔河中游），并于龙朔元年（661年）春初返回长安。后官

至左（一作右）骁卫长史。《旧唐书》《新唐书》无其专传，其事迹散
见于《旧唐书》《新唐书》《法苑珠林》卷二十四及卷三十八、《释迦方
志·遗迹篇第四》《诸经集要》《通典·边防典第六·西戎三》《唐会要》
《册府元龟》《太平寰宇记》等古籍中。王玄策著有《中天竺国行记》十
卷，图三卷，今仅存片段文字，散见于前述的一些著作中。与此同时，
也有一些与王玄策相关的遗迹被发现。

　　洛阳龙门石窟宾阳南洞西壁左下角曾发现一方王玄策造像题记，其
内容为："王玄策□□□□□□□下及法界（众生）敬造（弥勒）像一
铺麟德二年九月十五日"（图六三）[8]。王玄策还对两京地区的塑像做出
了重要贡献，据《历代名画记》卷三记载："（洛阳）敬爱寺。佛殿内

图六三　河南洛阳龙门石窟王玄策造像题记摹本

菩提树下弥勒菩萨塑像，麟德二年（665 年）自内出，王玄策取到西域所图菩萨像为样。巧儿、张寿、宋朝塑，王玄策指挥，李安贴金。"[9]

西藏自治区吉隆县阿瓦呷英山口摩崖上发现的唐显庆三年（658年）《大唐天竺使之铭》阴刻楷书 24 行，残存 220 字左右，记载唐使王玄策率刘嘉宾、贺守一等出使天竺，历尽险阻，经"小杨同"过吉隆时的勒石记事[10]。这是王玄策第二次出使天竺时所刻。这块碑刻证明了王玄策两次出使天竺皆取道青藏高原，经尼泊尔至印度即泥婆罗道，是西南方的中外交通路线考古的重要发现。泥婆罗道极为艰险，要经过"十三飞梯""十九栈道"，而且要像猴子一样"缘葛攀藤，野行四十余日"[11]。这些艰难险阻并未阻挡作为唐王朝使节的王玄策，他不辱使命，出色地完成了出使任务。

能够彪炳史册的使节只是这个群体中的一部分，还有很多并未青史留名，但一些重要的考古发现却让其重新为人们所认识。如在巴基斯坦洪札河畔岩石上发现的一则汉文题记就显得尤其珍贵，题记内容为："大魏使谷巍龙今向迷密使去"（图六四），据马雍先生考证，此条汉文题记的年代在北魏时期，"迷密"即《魏书》《北史》中所云的西域国家"迷密"，隋唐时期称为米国。迷密遣使北魏仅一次，时间在正平元年（451 年）正月，谷巍龙出使迷密当在此前后不久，大约在正平元年至兴安二年（453 年）之间[12]。这条题记的发现，不仅使得北魏出使迷密的使者谷巍龙重新登上历史舞台，而且也证明了北魏时期经于阗至中亚、南亚一带的丝绸之路是畅通无阻的，如《洛阳伽蓝记》卷五云，宋

图六四　巴基斯坦洪札河畔岩石上发现的汉文题记

云西行途中，经过于阗东境的捍麽（即扞弥城），在其城南十五里的大寺中，"悬彩幡盖，亦有万计，魏国之幡过半矣。幡上隶书，多云太和十九年（495年）、景明二年（501年）、延昌二年（513年），唯有一幡，观其年号是姚兴时幡"[13]。

第三节　舍身求法的高僧

也曾远赴印度求法的唐代高僧义净，对于历史上不畏艰险，西行求法的法显、玄奘等高僧给予了很高的评价："观夫自古神州之地，轻生徇法之宾，显法师则创开荒途，奘法师乃中开王路。"[14]

一、开辟荒途的法显

东晋高僧法显，因感中国经律残缺，于后秦弘始元年即东晋隆安三年（399年）自长安西行求法，途经流沙、鄯善、焉耆、于阗等地，越葱岭，遍历北、西、中、东天竺，后赴狮子国（今斯里兰卡）。东晋义熙八年（412年）取海道返回，曾在苏门答腊或者爪哇短暂停留。返回途中遇大风暴，船漂至青州长广郡牢山（今山东青岛崂山），前后历时十四年，游历三十余国。后至建康（今江苏南京）道场寺，与天竺禅师佛驮跋陀罗共译所得佛经，共译经律论六部六十三卷，主要有《大般泥洹经》《方等泥洹经》《摩诃僧祇律》等。同时著有《法显传》（又名《佛游天竺记》《佛国记》等），是研究5世纪初中亚、南亚及东亚各国古代地理、文化交流、宗教、文化、物产、风俗，乃至社会发展、经济制度等方面的重要资料。法显在西行求佛法过程中，旅途极其艰险，甚至要冒生命危险，而且他的几个同伴都于求法途中病亡。他在其所著《法显传》中，记录了自敦煌以西至鄯善之间的险恶环境："沙河中多有恶鬼、热风，遇则皆死，无一全者。上无飞鸟，下无走兽。遍望极目，欲求度处，则莫知所拟，唯以死人枯骨为标识耳"[15]。对于法显西行求法的精神，《法显传》跋云："感叹斯人，以为古今罕有。自大教东流，未有忘身求法如显之比"[16]。

二、中开王路的玄奘

唐代高僧玄奘（600～664 年），俗姓陈，名祎，唐洛州缑氏人（今河南偃师陈河村附近），是佛教唯心主义理论家，不畏艰险的旅行者，卓越的翻译大师，舍身求法的典型人物，中印友好的化身，也是中外文化交流的代表人物。鲁迅先生在《中国人失掉自信力了吗》一文中所说的"有舍身求法的人"，就是指以法显、玄奘、义净等为代表的西行求法的高僧们。

玄奘给后人不仅留下了他翻译的佛教经典，更留下了《大唐西域记》。全书十二卷，又称《西域记》，由玄奘口述，辩机撰写。玄奘于贞观元年（627 年）西行印度求法，贞观十九年（645 年）回国。次年，奉唐太宗敕命，撰写《大唐西域记》，记录西域见闻。全书记载了玄奘出国游学所见所闻的 138 个国家、城邦的自然地理状况、政治、经济、宗教、文化及风土人情，是研究古代中亚、南亚诸国和中西交通的珍贵资料。印度历史上著名的那烂陀寺、王舍城等遗址的发现，都得益

图六五　敦煌莫高窟藏经洞发现的写本《大唐西域记》第二卷写本（部分）

于《大唐西域记》的详细记载。敦煌莫高窟藏经洞中发现的唐写本是现存的最早版本（图六五），共存卷一、卷二、卷三各残卷，分别保存在伦敦大英博物馆和法国巴黎国家图书馆[17]。

1977 年，在陕西铜川玉华宫遗址出土了有玄奘题名的石造像座，高 36 厘米，上部直径 49.5 厘米。造像座侧面刻有"大唐龙朔二年三藏法师玄奘敬造释迦佛像供养"，共 20 字[18]。玉华宫是唐代初年修建的离宫之一，始建于唐武德七年（624 年），唐太宗时扩建，唐高宗永徽二年（651 年）舍宫为寺，改名玉华寺。显庆四年（659 年），为专心翻译佛经，玄奘由长安移居玉华寺。石佛座及其上部的造像，就是玄奘在玉华寺时雕琢的。不仅如此，玄奘还在玉华寺开凿石窟，并以自印度带回的佛足迹像蓝本镌刻了佛足迹石。

关于玄奘的图像，在日本东京国立博物馆收藏有一幅镰仓时代（14世纪）的绢本玄奘画像，纵长 135.5、宽 90 厘米[19]。1933 年，以之为底本进行了摹刻，现收藏于西安碑林博物馆，并命名为《玄奘负笈像》[20]。这两幅有关玄奘的画像，以瞬间定格的构图方式，形象地反映了玄奘西去印度的场景。除过行走的《玄奘负笈像》之外，在日本奈良国立博物馆收藏的镰仓时代（14 世纪）《玄奘三藏像》与前者不同，属于另一种类。在这幅画像中，玄奘坐于禅床之上，左手持梵箧，身旁为双膝跪着的红发卷曲的胡人侍者[21]。在日本宝岩寺收藏的一幅室町时代绘制的玄奘像，纵长 94.9、宽 36.4 厘米，该画像与前者相似，主要的不同表现在身旁侍者呈站立状[22]。北宋时期已出现以玄奘西去印度取经为题材的故事，如浙江东阳南寺塔发现的北宋建隆二年（961 年）浮雕石经函，现藏浙江省博物馆，长 37、宽 23.4、高 23 厘米，四周侧面浮雕三僧一马取经途中的不同场景[23]。甘肃瓜州榆林窟第 3 窟西壁南侧西夏时期壁画普贤变中，绘制有唐僧取经的图像，应该是以玄奘取经为题材绘制而成的，其身后满脸长毛者被认为是后世《西游记》中孙悟空的原型[24]。

三、渡海西行，旨在纠弊的义净

义净是继玄奘之后又一位西行求法的高僧。他于 671 年至 695 年在印度和南海（今东南亚地区）等地求法游历。写有《大唐西域求法高僧传》，记载了义净所闻所见的初唐时期去印度求法的 60 位中国僧人的事迹，并附有义净本人的自传。唐初，由于朝廷的提倡和支持，佛教在中国得到了很大发展，但戒律松弛，佛寺中藏污纳垢，丑闻不断。因此，义净在印度等地特别注意学习佛教戒律方面的规定和僧伽制度。他在归国之前，于室利佛逝（今印度尼西亚苏门答腊）撰写了《内法传》，先行寄回国内，故名《南海寄归内法传》。书中详细记载了印度佛教在戒律方面的制度和规定，旨在纠正当时中国佛教存在的弊端[25]。

四、双目失明不堕其志，弘扬文化与佛法的鉴真

鉴真（687～763 年）是唐代律宗高僧。唐玄宗天宝元年（742年），鉴真受日本僧人荣睿、普照的礼请，东渡日本传授律宗。至天宝七年（748 年），他前后五次东渡，均告失败，并且双目失明。天宝十二年（753 年），鉴真第六次东渡，终于到达日本平城京（今日本奈良市）。鉴真在日本传授律宗，被尊为日本佛教律宗的祖师。他把唐代先进的建筑、雕塑、壁画等技术传到日本，主持建造了奈良唐招提寺。鉴真的医道很高，他把自己的医药学知识传播给日本，被奉为日本医药始祖。日本的豆腐业、饮食业、酿造业等也认为其行业技术为鉴真所授。763 年 5 月，鉴真圆寂于唐招提寺，弟子们为了纪念这位高僧，为其修建了影堂，并制作了高 80.4 厘米的夹纻像[26]。

获得 2018 年全国十大考古新发现的黄泗浦遗址，与鉴真和尚第六次东渡的地点有关。该遗址位于江苏张家港杨舍镇庆安村与塘桥镇滩里村交界处，现北距长江约 14 千米，是唐宋时期长江下游一处重要的港口集镇遗址。经过十多年的考古工作，发掘了唐宋时期的河道，河道内发现大量砖瓦瓷片堆积以及木桥遗迹，说明黄泗浦作为港口曾有的繁华及在江南地区重要的历史地位，是目前长江下游港口型遗址的重要发现，为中外文化交流、海陆交通路线及海岸线变迁等研究提供了新资料[27]。

"黄泗浦"最早见于日本真人元开撰写于 779 年的《唐大和上东征

传》，其中详细记载了唐天宝十二载（753 年）鉴真和尚第六次从"黄泗浦"东渡日本的过程："和上于天宝十二载十月十九日戌时，从龙兴寺出，至江头乘船。下时，有二十四沙弥悲泣赶来，白和上言：'大和上今向海东，重觐无由我，今者最后请予结缘。'乃于江边为二十四沙弥授戒。讫，乘船下至苏州黄泗浦"[28]。考古发掘佐证了"黄泗浦"在唐代即为出海港口。该遗址诸多唐代遗迹的揭露和大量遗物的出土，为鉴真从黄泗浦东渡启航提供了可靠的考古学资料。

注释

1. 鲁迅：《鲁迅全集》，人民文学出版社，2005 年，第 122 页。

2. 敦煌研究院主编，卷主编孙修身：《敦煌石窟艺术全集》12《佛教东传故事画卷》，同济大学出版社，2016 年，第 126 页，图版 105。

3. 国家文物局编：《丝绸之路》，文物出版社，2014 年，第 115 页。

4. （汉）司马迁撰：《史记》，中华书局，1959 年，第 3169、3171 页。

5. （汉）班固撰，（唐）颜师古注：《汉书》，中华书局，2013 年，第 3873 页。

6. 《全唐诗》卷一八一，上海古籍出版社，1986 年，第 422 页。

7. （宋）王溥撰：《唐会要》，上海古籍出版社，1991 年，上册，第 457、458 页。

8. 李玉昆：《龙门石窟新发现王玄策造像题记》，《文物》1976 年第 11 期。

9. （唐）张彦远著，秦仲文、黄苗子点校：《历代名画记》，人民美术出版社，1963 年，第 67 页。

10. 西藏自治区文管会：《西藏吉隆县发现唐显庆三年〈大唐天竺使出铭〉》，《考古》1994 年第 7 期；霍巍：《〈大唐天竺使出铭〉相关问题再探》，《中国藏学》2001 年第 1 期；郭声波：《〈大唐天竺使之铭〉之文献学研识》，《中国藏学》2004 年第 3 期。原来认为是"大唐天竺使出铭"，经过辨认，今被认为是"大唐天竺使之铭"。

11. （唐）道宣撰，范祥雍点校：《释迦方志》，中华书局，2000 年，第 14、15 页。

12. 马雍：《巴基斯坦北部所见"大魏"使者的岩刻题记》，《南亚研究》1984 年第 4 期。

13. （魏）杨衒之撰，周祖谟校释：《洛阳伽蓝记校释》，中华书局，2010 年，第 2 版，第 172、173 页。

14. （唐）义净著，王邦维校注：《大唐西域求法高僧传校注》，中华书局，1988

年，第 1 页。

15.（东晋）沙门释法显撰，章巽校注:《法显传校注》，中华书局，2008 年，第 6 页。

16.（东晋）沙门释法显撰，章巽校注:《法显传校注》，中华书局，2008 年，第 179 页。

17. 中国历史博物馆编著:《中国历史博物馆——华夏文明史图鉴》（第三卷），朝华出版社，2002 年，第 154 页，图版 157。

18. 卢建国:《陕西铜川唐玉华宫遗址调查》，《考古》1978 年第 6 期；中国历史博物馆编著:《中国历史博物馆——华夏文明史图鉴》（第三卷），朝华出版社，2002 年，第 154 页，图版 158。

19.［日］東京都美術館、朝日新聞、テレビ朝日:《西遊記のシルクロード——三蔵法師の道》，朝日新聞社，1999 年，第 44 页，图版 1。

20.《盛唐气象》编辑委员会编:《盛唐气象——恢宏灿烂的华美乐章》，浙江人民美术出版社，1999 年。

21.［日］奈良国立博物館:《平城遷都一三〇〇年記念——大遣唐使展》，大日本印刷，2010 年，第 106、314 页；［日］京都文化博物館:《平安建都 1300 年——京都府·陕西省友好提携 10 周年記念——大唐長安展》，1994 年，第 172 页，图版 152。

22.［日］京都文化博物館:《平安建都 1300 年——京都府·陕西省友好提携 10 周年記念——大唐長安展》，1994 年，第 172 页，图版 153。

23. 国家文物局主编:《中国文物精华大辞典·金银玉石卷》，上海辞书出版社、商务印书馆（香港），2005 年，第 344 页。

24. 敦煌研究院编:《中国石窟·安西榆林窟》，文物出版社、株式会社平凡社，1997 年，图版 160。

25.（唐）义净著，王邦维校注:《南海寄归内法传校注》，中华书局，1995 年，第 149～153 页。

26. 周一良:《鉴真的东渡与中日文化交流》，《文物》1963 年第 9 期，彩色图版；中国历史博物馆编著:《中国历史博物馆——华夏文明史图鉴》第三卷，朝华出版社，2002 年，第 155 页。

27. 国家文物局主编:《2011 中国重要考古发现》，文物出版社，2012 年，第 144～149 页。

28.［日］真人元开著，王向荣校注:《唐大和上东征传》，中华书局，2000 年，第 85 页。

第九章　论中华文明的多元一体

　　不论是文献资料还是考古学遗存，都已经充分证明，中华文明不仅连绵不断，而且通过不断地融合而强大，表现出多民族融合、文化认同感强烈、多元一体的特征。具体的实例文献记载颇多，反映这一特征的考古学遗存也不少。

第一节　封闭式里坊制都城布局的出现
——鲜卑族的继承、创新与贡献

　　民族、文化融合比较典型的例子，就是中国古代都城形制的发展过程中封闭式里坊制的出现。里是井田制的产物，本意是指以道路等相连、间隔形成的区域，在这个区域内居住者形成一个里。为了管理，设置里长。在城市的设计上，"城内居民区自战国至唐均实行间里制（亦称里坊制）。里坊为矩形，四周有坊墙，每面设一坊门，实行宵禁"[1]。从现有的考古资料来看，最早的里坊遗迹见于西汉帝陵陵邑。在对西汉帝陵陵邑的勘探中，发现了被纵横交叉的道路隔成的里，尤其是西汉昭帝平陵邑的里有 26 个，其中 21 个布局规整，边长约 600 米，而且很多开始构筑围墙[2]，可以视为后来四周筑围墙的里坊的雏形。北魏时期的都城平城布局在这一基础上，根据自身游牧民族的习惯，创造性地在都城修建了封闭式里坊制的外郭城，使中国古代的城市建设出现了新样式。

　　自嘎仙洞南下经过呼伦贝尔草原的鲜卑族，在不断南下的过程中学习、吸收和融合汉文化和其他民族的文化，力量不断强大，最后在汉平城县址（今山西大同）建都，号平城[3]。在平城的建设过程中，鲜卑民族为了便于管理，在模拟曹魏邺城、魏晋洛阳、西汉长安的基础上，于泰常七年（422年）秋九月辛亥，"筑平城外郭，周回三十二里"[4]，"郭城绕宫城南，悉筑为坊，坊开巷。坊大者容四五百家，小者六七十家。每南（闭）坊搜检，以备奸巧"[5]。从此，"里"从居住地的管理单元及组织机构变成了都城中的一个封闭的建筑单元——里坊。这些里坊之所以"大者容四五百家，小者六七十家"，显然是为了适应鲜卑族是由大小不同的部族组成这一特点，是为了更好地管理与拓跋氏同属于一个大氏族的帝室十姓的贵族，以及同属一个联盟的兄弟氏族，具有鲜明的民族个性。孝文帝迁都洛阳后不久，宣武帝景明二年（501年）又开始在洛阳围绕东汉以来的旧城兴建郭城，郭城内修筑220个里坊[6]，每个里坊边长三百步，周长合计一千二百步，里坊开四门，设置里正等进行管理，使得洛阳城在前代基础上发展成为封闭式的里坊制都城（图六六）[7]。宿白先生认为："里坊的划分，是中原城乡旧制，但这样大面积整齐统一的部署和对里坊这样严格的管理，则为以前所未见。"[8]这种封闭式的里坊，为后来的隋大兴唐长安城和隋唐洛阳城所继承，成为中国古代都城发展史上独特的城市布局形式，在传统的《周礼·考工记》的都城设计思想中融入了鲜卑族的文化，丰富了都城的设计思想，使中国古代都城进入到一个新的发展阶段，而且前后沿用了将近五百余年。而这一新的城市布局形式的创造者，从考古学遗存来看是融合到中华民族中的鲜卑族。一直到宋代汴梁城之时，随着小商品生产的发达，都城布局形式从封闭式的里坊制变成开放式的街巷制。

　　在筑里坊的同时，北魏王朝也向南朝广建寺院学习。众所周知，"南朝四百八十寺，多少楼台烟雨中"，而北魏迁都洛阳以后，先后在洛阳修建了一千三百六十七所寺院，即使在东魏迁都邺城后，洛阳尚有寺院四百二十一所[9]。这种在都城广建寺院的做法，也为后来的东魏北

1.津阳门 2.宣阳门 3.平昌门 4.开阳门 5.青阳门 6.东阳门 7.建春门 8.广莫门 9.大夏门 10.承明门
11.阊阖门 12.西阳门 13.西明门 14.司空府 15.左卫府 16.司徒府 17.国子学 18.宗正寺 19.景乐寺
20.太庙 21.护军府 22.右卫府 23.太尉府 24.将作曹 25.九级府 26.太社 27.胡统寺 28.昭玄寺
29.永宁寺 30.御史台 31.武库 32.金墉城 33.二小城(北周至隋代修建) 34.太仓署、导官署 35.太仓

图六六 北魏洛阳城平面复原图

齐时期的邺南城、隋大兴唐长安城所继承，甚至影响到了日本平城京与平安京的设计和布局。同时，还值得特别注意的是，不断南下的鲜卑族在自身的发展历程中，经历了孝文帝变法，而这个变法的核心问题就是汉化（民族融合）和文化融合的问题。而其中的关键和重要意义则是，孝文帝变法明显是主动地与汉民族融合，吸收和学习汉文化，从而使其成为中华民族和中华文明的一个重要组成部分。但孝文帝变法与民族、文化融合不是偶然发生的，在平城之时已经开始孕育了。

第二节　永固陵与永固堂的修建
——文化认同的典型事例

北魏王朝自 398 年由拓跋珪迁都平城之后，文明太皇太后在平城附近的方山修建永固陵之前，其历代帝后薨亡之后都要归葬金陵（今内蒙古和林格尔一带）。但自文明太皇太后开始，不再归葬金陵。从文献记载来看，文明太皇太后不再归葬金陵，是受了舜与二妃未葬一处的影响。她明确地说："舜葬苍梧，二妃不从。岂必远附山陵，然后为贵哉！"[10] 与此同时，她开始学习秦汉王朝预筑寿陵，不仅修建了永固陵，同时还为孝文帝预筑了寿陵万年堂，在二陵之南还模仿祠堂样式，修建了永固堂。关于秦汉时期预筑寿陵，文献有明确记载，据《史记·秦始皇本纪》记载："始皇初即位，穿治郦山，及并天下，天下徒送诣七十余万人，穿三泉，下铜而致椁，宫观百官奇器珍怪徙臧满之。令匠作机弩矢，有所穿近者辄射之。以水银为百川江河大海，机相灌输，上具天文，下具地理。以人鱼膏为烛，度不灭者久之。"[11] 又据《晋书·索琳传》记载："帝问綝曰：'汉陵中物何乃多邪？'綝对曰：'汉天子即位一年而为陵，天下贡赋三分之，一供宗庙，一供宾客，一充山陵。汉武帝飨年久长，比崩而茂陵不复容物，其树皆已可拱。'"[12] 对于北魏执政者的文明太皇太后和孝文帝而言，预筑寿陵之事他们应该是耳熟能详的。还有一点不可忽视，就是文明太皇太后的汉族血统，使其受到了较多的汉文化熏陶，同时也受鲜卑文化影响，从而融两者于一身，而这些对孝文帝改革都有重要的影响和推动作用，甚至起了至关重要的奠基作用。据《魏书》卷十三记载："文成文明皇后冯氏，长乐信都（今河北冀州）人也。父郎，秦、雍二州刺史、西城郡公，母乐浪王氏。后生于长安，有神光之异。"[13]

关于永固陵、永固堂和万年堂，《水经注·漯水》有较为详细的记载："羊水又东注于如浑水，乱流迳方山西，岭上有文明太皇太后陵，陵之东北有高祖陵。二陵之南有永固堂，堂之四隅雉列榭、阶、栏、槛，及扉、户、梁、壁、椽、瓦，悉文石也。檐前四柱，采洛阳之八风谷黑石为之，雕镂隐起，以金银间云矩，有若锦焉。堂之内外四侧，结两石跌，张青石屏风，以文石为缘，并隐起忠孝之容，题刻贞顺之名。庙前镌石为碑、兽，碑石至佳。左右列柏，四周，迷禽暗日。院外西侧有思远灵图，图之西有斋堂，南门表二石阙，阙下斩山累结御路，下望灵泉宫池，皎若圆镜矣。"[14]永固堂内外四侧列置青石屏风，其上浮雕忠臣孝子、贞节列女，并有题记，其内容、做法与北魏太和八年（484年）司马金龙墓出土的漆画屏风上绘制帝王、将相、孝子、列女、高士、隐逸等极为相似（图版二四）[15]，这充分反映了以东晋南朝代表的汉文化，对远在平城的北魏王朝有深刻的影响，自然也成为其学习、参考的对象。这一学习、参考的过程，实际上就是北魏王朝的建立者鲜卑族不断认同汉文化，并与汉文化相融合的过程，并为后来孝文帝变法奠定了基础。正是由于北魏统治者对汉文化特别是孝道思想的推崇，才出现了将忠臣孝子图像雕刻于永固堂这一现象，这也正是民族融合、文化认同的典型表现。这一做法也明显具有范式意义，正是在其影响下才在北魏时期的木棺、石棺椁等不同载体上出现了或画或雕刻的孝子故事。即使在迁洛之后，北魏王朝仍然不断地推广儒家提倡的孝道，据《隋书·经籍志》记载："魏氏迁洛，未达华语，孝文帝命侯伏侯可悉陵，以夷言译《孝经》之旨，教于国人，谓之《国语孝经》。"[16]北魏孝文帝在永固陵旁预筑自己的寿陵，也被认为是其孝行的表现。如《魏书》卷十三记载："初，高祖孝于太后，乃于永固陵东北里余，豫营寿宫，有终焉瞻望之志。及迁洛阳，乃自表瀍西以为山园之所，而方山虚宫至今犹存，号曰'万年堂'云。"[17] 孝文帝虽然后来葬在了洛阳附近，但其最初的设想，却充分体现了汉文化的核心孝道在当时已经深入人心。

第三节　考古遗物反映的鲜卑族对汉文化的认同

鲜卑族认同汉文化的证据，可以见于诸多的文献记载，而且资料非常丰富。考古发掘的资料中，也有一些生动鲜活的例子，这里选取几个例子进行深入分析和解读。

一、文字瓦当反映的鲜卑族对汉文化的认同

在山西大同北魏平城遗址和云冈石窟山顶佛教寺院遗址中发现了大量的文字瓦当[18]，这些瓦当上的文字内容主要为吉祥用语，与汉代瓦当上的"长乐未央""长生无极"等吉语瓦当文字的文脉相一致[19]，显然是对汉文化认同并加以仿制的结果。从考古发现的北魏吉语瓦当文字来看，大体可以分为两类：

第一类是祈求大代或北魏王朝万代相传的文字，主要有"大代万岁""皇魏万岁""传祚无穷"等，而"传祚无穷"瓦当的数量较多，在云冈石窟山顶佛教寺院遗址的发掘中发现了107件之多（图六七）[20]，可见北魏王朝在云冈石窟山顶修建这些佛教寺院的目的，就是为北魏王朝祈福，通过祈福使其能够"传祚无穷"。这种希望一个王朝能够世代相传的思想或者美好愿望，在秦始皇时已经表现得淋漓尽致，他曾说："朕闻太古有号毋谥，中古有号，死而以行为谥。如此，则子议父，臣议君也，甚无谓，朕弗取焉。自今已来，除谥法。朕为始皇帝。后世以计数，二世三世至于万世，传之无穷。"[21] 在汉代瓦当上，也常见这种祈求国祚无穷的文字，如"长乐万世""与天无极""维天降灵延元万年天下康宁""千秋万岁与天无极千金"等，这种祈求国祚无穷的文字，如空气一样弥漫在汉代大江南北的瓦当之上，是一个时代的

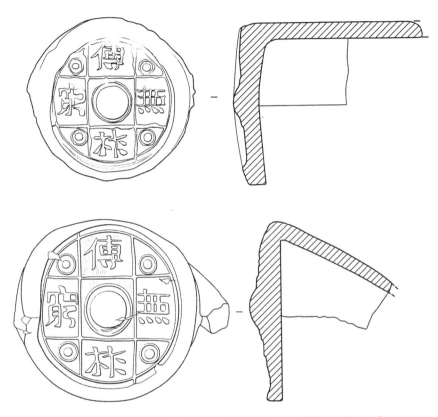

图六七 云冈石窟山顶佛教寺院遗址出土北魏"传祚无穷"瓦当

精神风貌的折射，而这种精神风貌又为北魏王朝所认同并继承下来，直至莲花纹瓦当成为瓦当的主题纹饰。

第二类是个人层面祈求富贵、长寿的文字，这些文字内容出现在不同等级的建筑上，则所祈祝的对象自然有所不同，自然包括上自皇帝下至贵族官僚乃至于平民等都在内，主要有"寿贵""万岁富贵""永保长寿""忠贤永贵""皇帝万岁"等。秦汉以来，神仙思想流行，人们纷纷追求长生不老，以至于秦始皇、汉武帝这样雄才大略的帝王也是如此，汉代瓦当上也有"万岁""千秋万岁""延年益寿""长生未央""延寿万岁常与天久长"等文字。北魏瓦当文字上出现的"长寿"

二字，显然是对这一思想的继承，并通过瓦当文字直接表现出来。

特别值得注意的是第二类瓦当文字中的"忠贤永贵"，汉代瓦当也有类似的文字，如"万岁富贵宜子孙""千金宜富贵""安乐富贵""富贵宜昌""富贵万岁"等。北魏瓦当文字与汉代的相同点表现在，继承了汉代对于富贵直白的表达，这主要体现在"万岁富贵"瓦当文字上。而另一方面，北魏的瓦当文字也有自身较为独特的表现，如"忠贤永贵"。很显然，北魏的"忠贤永贵"瓦当文字在其中预设了前提，与汉代的瓦当文字直白地表达对富贵的追求有所不同。两相比较可以看出，北魏的瓦当文字不仅对汉代有所继承，同时还出现了比汉代之时更接近于儒家思想的表达方式。众所周知，儒家对于"忠"与"贤"皆有明确的认定，如孔子在论述君臣关系时认为："君使臣以礼，臣事君以忠"，又如子夏在论"贤"时云："贤贤易色；事父母，能竭其力；事君，能致其身；与朋友交，言而有信。虽曰未学，吾必谓之学矣。"[22]对于富贵，孔子则云："富与贵，是人之所欲也；不以其道得之，不处也。贫与贱，是人之所恶也；不以其道得之，不去也。君子去仁，恶乎成名？君子无终食之间违仁，造次必于是，颠沛必于是。"[23]孔子甚至认为"饭疏食饮水，曲肱而枕之，乐亦在其中矣。不义而富且贵，于我如浮云。"[24]在儒家看来，追求富贵虽然是人之常情，但必须取之有道，否则就是不义且犹如浮云。北魏瓦当文字中的"忠贤永贵"，从逻辑上看，将"忠贤"置于"贵"之前，也即"忠贤"成了"贵"的前提，这也正是儒家所倡导的追求富贵要取之有道思想的体现。儒家思想在西汉被确立为正统思想，其影响之深远，可从北魏瓦当文字上得以体现，这同时也是北魏对汉文化认同的重要证据。

二、鲜卑族对外来器物的改造上表现出的汉文化认同

在山西大同和宁夏固原北魏时期的墓葬和窖藏中，发现了一些外来的输入品，它们是当时中外文化交流的实物证据。但从这些外来器物的保存状况来看，绝大多数都保持着原来的形制而未加以改变，但有些器物则明显有二次加工改造的痕迹。如山西大同小站村花圪坨塔台

北魏封和突墓出土了萨珊朝波
斯狩猎纹银盘、银高足杯和银
耳杯（图六八）[25]；宁夏固原
东郊乡雷祖庙村北魏墓出土了
1 件残缺的银耳杯[26]。类似的
银耳杯在山西太原北齐韩祖念
墓也出土了 1 件，伴出的还有

图六八　山西大同北魏封和突墓出土银耳杯

1 件萨珊朝波斯的磨花玻璃高足杯[27]。封和突墓出土的银盘和银高足杯
虽已残，但其形制未发生改变，而其中的耳杯与固原雷祖庙村北魏墓
出土的银耳杯，则似乎被加工过[28]。这两件银耳杯的两端均上翘，撇
开其双耳来观察，其形制颇似西亚等地流行的舟形长杯。它们最初的
形制似乎均为不带双耳的舟形长杯，输入之后被加上了双耳及圈足，
其形制也就成了汉式耳杯，但与汉式耳杯的双耳与口沿平齐不同的是，
其双耳位于杯体两侧口沿略微偏下的位置，与此同时，还刻意在其双
耳及圈足边缘装饰联珠状纹饰。这种改变需要的工艺并不复杂，但却
反映了一个较为深刻的问题，即鲜卑族在接受外来文化的同时，也对
汉文化充满着向往，受这一思想影响，表现在器物的制作之上，就是
在力所能及和可能的情况下，将形制较为简单的舟形长杯改造成了汉
式耳杯。而且这种情况并非孤例，如在云冈石窟的开凿过程中，在表
现来自佛教的须弥山时，就融合了汉代山岳尤其是汉代博山炉、樽等
器物盖上的山岳表现形式。比较典型的就是云冈石窟第 10 窟前室北壁
门拱上部浮雕的须弥山（图版二五）[29]，山腰部双龙缠绕，山体两侧分
别为三头四臂和五头六臂手托日月的阿修罗形象，以之象征佛经中所
云的大海，其山岳的表现形式及特征与汉代流行的博山炉、樽等盖上
的山岳样式惊人一致，雕出或飞或奔或行走的飞禽走兽，俨然祥和静
谧的神仙世界。与之相似的同时期作品还有辽宁义县万佛堂西区北魏
时期第 1 窟中心柱四角开凿的须弥山（图版二六）[30]、河南洛阳龙门石
窟古阳洞第 288 龛龛楣上雕刻的须弥山[31] 等。不仅山岳的样式，包括

双龙缠绕须弥山山腰部位的表现形式也受到汉代博山炉等设计意匠的
启发。与此同时，其束腰高耸的山岳表现样式，也与东汉至十六国时
期的画像石、壁画等表现神仙世界的东王公、西王母一致。他们坐于
束腰高耸的昆仑山上的样式也是须弥山样式的源头之一，关于这一点
在下一章论述。

　　关于汉代的博山炉，在当时主要用以熏香。据《西京杂记》卷一
"巧工丁缓"记载："作九层博山香炉，镂为奇禽怪兽，穷诸灵异，皆
自然运动。"[32] 在考古发掘中，汉代博山炉十分常见，博山炉的盖上一
般呈连绵起伏的山岳状，故名博山，其上同时装饰羽人、走兽、树木
等。熏香之时，香雾自镂孔中飘出缭绕山岳，犹如仙山上飘起云雾，
使得博山炉看起来犹如神秘的仙境一般，这种器物造型充分地体现了
秦汉时期的成仙思想。西汉时期比较典型的博山炉，如河北满城汉墓
出土的错金博山香炉（图六九），其整体造型呈豆形，底座柄部采用透
雕技法，雕刻成三龙腾出波涛翻滚的水面以头托炉盘状态，炉盘侧面

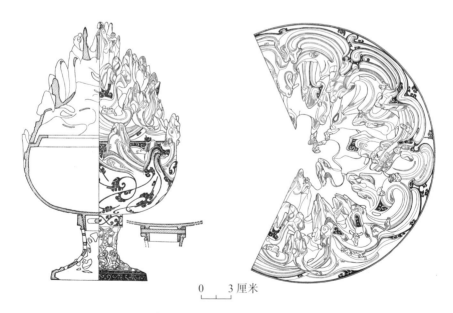

0　　　3厘米

图六九　河北满城汉墓出土错金博山炉

错金座流云纹，线条流畅活泼。炉盘上部和炉盖铸出高低起伏、挺拔俊俏的多层山峦。炉盖因山势镂空。山峦间神兽出没，虎豹奔走，小猴蹲踞在高层峦峰或骑在兽身上，猎人扛弓弩巡猎山间或正在追逐逃窜的野猪，二三小树点缀其间，刻画了一幅秀丽的自然山景和生动的狩猎场景[33]。又如陕西兴平茂陵一号无名陪葬墓的从葬坑中出土的鎏金银竹节博山炉[34]，底座上铸造出两条盘龙，高竹节柄上端铸出三条龙，呈以龙头托炉盘状。炉体中部鎏银带饰部分铸出四条蟠龙。盖呈博山形，云雾缭绕。从这些典型器物来看，由于汉代博山炉的形制能够将佛教经典中记载的须弥山、海水、龙的关系完美体现出来，所以，在北魏时期创造中国式的须弥山样式时，其表现形式明显借鉴和吸收了汉代博山炉的设计意匠。某种程度上而言，这是外来的佛教文化与秦汉以来成仙思想的完美结合，正是在这种完美的融合之下，才有了中国式的须弥山样式。在创造中国式须弥山样式的过程中，工匠们又根据佛经记载，对汉代博山炉的某些要素进行了整合改变，如将博山炉上用以支撑和装饰的龙，从三条或七条等减少为两条，并让两条龙缠绕山腰部位。北魏时期的须弥山样式，从其侧面看起来就犹如一个巨大的或者说放大了的博山炉。山岳上装饰的动物、人物、树木等，也与汉代博山炉炉盖上的山岳形状惊人地相似。但南朝的须弥山样式与北魏的须弥山样式之间略有差异，如四川成都南朝造像正面雕刻的须弥山（图七〇）[35]，其上雕刻五座楼阁、人物，其中居中的一座楼阁象征忉利天宫，其余四座山岳位于四方，象征东西南北天王之所在。在须弥山腰部两侧，分别雕刻出摩羯头部、龙、飞鸟，以之象征大海。山腰部缠绕一条五头龙，其整体形象虽然是汉代以来龙的样式，但其五头的表现方式则来自印度。这种表现更接近佛经记载的须弥山样式。而北魏时期的须弥山上部山岳则更多地表现出动物形象，其表现形式则更接近汉代博山炉的炉盖，这充分反映了北魏时期的鲜卑人对于汉文化的向往和崇尚。

　　还有一个有趣的现象，即云冈石窟第6窟南壁中层中部佛龛中的

图七〇　四川成都南朝造像正面雕刻的须弥山

维摩诘像[36]，维摩诘头戴尖顶帽，这种尖顶帽与鲜卑的风帽等帽子的顶部呈弧形完全不同，应该属于"胡帽"，结合其着衣的叠压关系来看，当为左衽胡服。但迁洛之后的维摩诘形象即发生了变化，与之形成了鲜明对比，着衣变成褒衣博带样式，这种替换充分反映了鲜卑族对汉文化的认同，所以，最终以南朝褒衣博带的维摩诘样式替代了身着胡服的维摩诘形象。

　　上述这些鲜活的事例说明，建立北魏王朝的鲜卑族，在吸收外来文化的同时，又不断地与汉文化融合。北魏封和突墓和固原雷祖庙北魏墓出土的银耳杯，器物虽小，但却成了鲜卑族不断融入汉民族的典型器物、鲜活例证。

第四节　十六国时期丧葬习俗的变化反映的民族、文化不断融合和发展

在中国历史上，西晋是个国祚短促的统一王朝。西晋灭亡后，中原北方地区大乱，进入到十六国时期。这一时期的社会特点是匈奴、鲜卑、羯、氐、羌先后建立了不同的王朝，而且王朝更替频仍，战乱不断，直至北魏于439年统一中原北方地区才结束了这一战乱局面。在历史上，这一时期的社会特点不仅仅是战乱频仍，同时也是民族大融合的时期，前者历史多有记载，后者则可以通过考古发掘的资料显示出来。

十六国时期的民族融合问题，实际上首先要面对的是汉化的问题，而不是匈奴、鲜卑、羯、氐、羌等坚持本民族传统的问题，这一点在鲜卑族表现得最为明显，其他民族也无不如此，但由于其所建立的王朝国祚短促，没有时间去完成文化认同这一历史任务，最终通过鲜卑族而得以实现。十六国时期的墓葬近些年来有不少重大发现，这些墓葬无论在墓葬形制和随葬品上，还是在随葬品的组合上，无不体现出现汉化的一面——对汉文化的认同过程，但其随葬品表现出的拙朴造型和工艺水准，反映了这一过程的不易和艰难。其主要原因是经过动乱，衣冠南下，其中当然包括大量的技术工匠等。这些技术人才的缺失，使得对一些汉文化传统的恢复表现出一定的艰难性，其具体的表现就是造型艺术上的拙劣性，但不能因其工艺拙劣就不承认其认同汉文化而重新建立起来的框架制度。当然了，在这一框架之下，自然地融入一些本民族（王朝建立者的民族）的文化内涵也是毫无疑问的，但在组合上（作为一个整体而言），那些只能算作是文化因素，而不能视之为对一种制度的颠覆和改变。

随葬品中仪仗＋模型明器（粮仓、车马、六畜、各类生活用具）的组合形式，特别是其中日常生活用具和设施中的灶、粮食加工工具

（磨、践碓）、水井等，是汉墓中常见的模型明器，它们同时也是定居而且从事农业生产所必需的基本生活用品和设施，但出现在十六国时期的墓葬之中，说明十六国时期的上层统治者对汉文化的认同或者向往，而这种认同或者向往恰恰又成为其不断汉化和融合的动力。同时，出于对定居并从事农业的人群进行统治的需要，也需要十六国时期所建立的王朝不断地向汉文化学习并融入其中。如十六国墓随葬品中的连枝灯，其形制已经从汉代的华丽造型变得拙朴而简单[37]（图版二七、二八）。尽管如此，但其仍然在制作并将其作为重要的随葬品，这看起来似乎是对汉代连枝灯的恢复，但实际上应当是对汉文化认同的结果，不能简单地视为汉文化的延续。在十六国墓葬中，有些陶灶看起来极为笨拙，有的甚至是砖雕而成，但其正反映了十六国时期汉民族以外的其他民族在生活方式上的转变，这一变化也可以视为一种融合。

融合的同时，十六国墓葬还出现了一些新因素，如在墓葬的过洞之上土雕仿木建筑的门楼（图版二九），并且在门楼上施红色彩绘，在墓室绘制仿木建筑壁画。这些土雕的仿木建筑门楼和仿木建筑壁画，它们都以仿木建筑结构的形式出现，这显然是将墓葬视为"宅第"并对其模拟的结果，充分说明当时的丧葬制度遵守了事死如生思想，而这一思想的实物体现则是仿木建筑结构。将事死如生思想表现在墓葬建筑上，显然是民族融合过程中不断汉化的结果。十六国时期不仅土雕仿木建筑的门楼，而且开始出现以壁画形式表现木构门楼，如西安中兆 M100 在土雕木构门楼的同时，还在第二过洞入口上部也即第二天井后壁就绘制仿木建筑的门楼[38]，虽然未将其绘制在墓葬北壁上部即第一过洞入口处上部，但可以视为后世在墓道北壁上部即第一过洞入口处上部以壁画形式表现木构门楼的开始。大约自北朝时期开始，十六国时期流行的土雕木构门楼的做法就消失了，代之而起的是以壁画形式表现木构门楼。从考古发现的实物来看，在北周墓葬中已经出现在墓道北壁以壁画形式来表现木构门楼，如宁夏固原北周李贤墓墓道北壁绘制的门楼图[39]，在山西忻州九原岗北朝墓葬中更出现

了绘制精美的门楼图（图版三〇）[40]，这种在墓道北壁绘制门楼图的
做法为隋唐墓葬所继承（图七一、七二）[41]，而且成为高等级墓葬的
标志之一。这种将墓葬中的木构门楼从土雕变成壁画的做法，又从另
外一个角度反映了文化的一脉相承性。宋代之时，这种以壁画形式表
现的影作门楼，又变成了以砖砌筑的仿木建筑形式，而且与墓室雕砖
建筑、壁画等一起构成一种新的墓葬形式，即考古学上所云的"仿木
建筑雕砖壁画墓"。土雕门楼这一做法被后世以不同的形式继承下来，
这说明其最终与传统的丧葬制度融合到了一起，是民族融合在丧葬礼
仪上的体现。

　　从关中地区十六国时期墓葬的一些因素，还可以清晰地看到这一时
期民族文化的融合过程，这种融合过程主要表现在墓葬轴线建筑样式

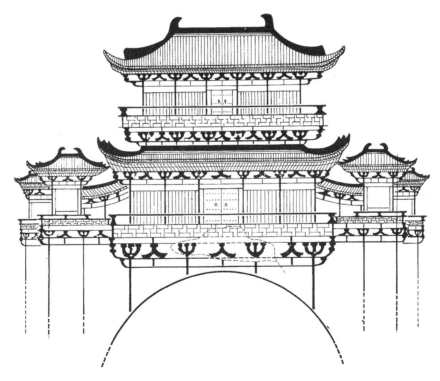

图七一　唐淮安王李寿墓墓道北壁门楼图

图七二　唐懿德太子墓墓道北壁门楼图

的变化。墓葬既然是一种建筑形式，自然有轴线，建筑也有主次之分，
而作为墓葬轴线上的主体建筑的变化应该是在特定的历史背景下实现
的，有非常重要的探讨价值。在关中地区十六国时期的墓葬中，象征游
牧生活的毡帐这一建筑样式从墓葬轴线上的主要部分（墓室）逐渐向
两侧附属建筑（壁龛）过渡，直至最后消失，能够充分反映十六国时
期民族文化融合的发展历程。例如，西安洪庆原十六国梁猛墓是一座
具有前后室的墓葬（图七三）[42]，其后室顶部呈较为低矮而略弧的穹窿
顶，四角之上浮雕较细的帐脊，正中交会至顶，顶部高浮雕宝珠，显然
是毡帐的象征。虽然梁猛墓被认为是十六国五胡政权下汉人世家大族
的墓葬，但其墓葬形制、随葬品与关中地区其他十六国墓葬并无差异，
说明这种墓葬建筑样式为这一时期所常见，表现出胡汉交融的一面，

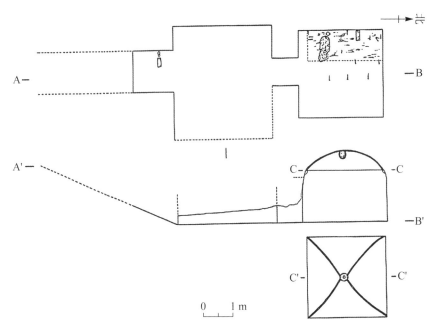

图七三　西安洪庆原十六国时期梁猛墓平、剖面图

即使是汉人墓葬，其墓室顶部也表现出毡帐的样式。而西安焦村 M25、M26 及中兆 M100 三座十六国墓规模较大，特征明显，却是另外一种情形——两种建筑样式并存，但主次分明。首先，在墓葬轴线建筑中的过洞上方土雕仿木建筑结构的门楼；其次，在中兆 M100 在第一天井北壁和两侧壁绘制出了木构建筑。也就是说，西安焦村 M25、M26 及中兆 M100 这几座墓葬中的轴线建筑样式已经初步完成了汉化，但作为附属建筑的壁龛顶部却仍然保留着弧形顶样式，而且同样在弧形顶四角绘制出交会于顶部的帐脊，这一点在中兆 M100 的第二天井下东西两壁壁龛顶部也有清晰表现[43]。在墓葬轴线建筑和两侧附属建筑中，仿木建筑结构与低矮的穹隆状毡帐样式并存，反映了其融合过程的过渡性特征，但汉族传统的木构建筑样式占了主体，而与游牧民族生活相关的毡帐样式虽然仍然存在，但已经退居次要地位，位于轴线两侧壁龛。与之形成鲜明对比的是最近在陕西西咸新区空港新城北城村发现的十六国

时期墓葬（M452），该墓为长斜坡墓道前后室土洞墓，在前室的北侧还有一个长方形侧室，墓葬前后室顶部坍塌，在前室四角可见土雕立柱，立柱下方还雕刻出方形柱础，前室雕刻出斗拱及梁架结构，顶部呈四面坡式；后室南、北壁上部刻画出两面坡顶及梁架结构，其上还土雕数道瓦楞；该墓的侧室顶部土雕出顶部及瓦楞，呈两面坡式的仿木建筑样式[44]。这说明，在这座十六国时期的墓葬所代表的时间段，不论轴线建筑还是两侧附属建筑都完成了汉化，最终实现了民族和文化融合。如此一来，梁猛墓——西安焦村 M25、M26 及中兆 M100——陕西西咸新区空港新城北城村十六国时期墓葬（M452）分别代表了三个发展阶段。在这三个发展阶段，墓葬的轴线建筑样式和两侧附属建筑样式不断变化，清晰地勾勒出了十六国时期民族文化融合的历程，而且这一过程是清晰和直观的。

第五节　"归义"印章的颁赐反映的民族融合、多元一体

在两汉、三国、西晋时期，由朝廷颁赐给少数民族首领的印章，不仅能直接、生动地反映民族融合问题，而且也是中华民族不断融合、多元一体的重要证据。在两汉、三国至西晋时期，匈奴、鲜卑、羯、氐、羌、賨等少数民族多内附，对于这些归附者的首领，封官进爵，颁赐金、铜印章，以示安抚，从朝廷的角度认可其成为中华民族大家庭的一员。这些印章生动诠释了中华民族多元一体的历史进程（表二）[45]。尽管这些内附的少数民族进入中原后，在后来发生了十六国时期的混乱，在一定程度上延缓了历史进程，但最终都融为一体，成为中华民族的一员。这些印章或经考古发掘出土，或为偶然发现，或为传世之物，数量不少。其共同特征是以骆驼纽为主，仅个别为羊纽，印面呈方形。最有意思的是这些印章以骆驼或羊为纽，但不论是驼纽还是羊纽，均与这些内附少数民族的生业方式主要为游牧相吻合。由于这些印章的印文多含"归义"二字，为了论述方便，这里将其统称为"归义"印章。如果将

其与北魏洛阳城所设置的"归正""归德""慕化""慕义"等里的名称
联系起来看，就会发现不论是里的名称还是印文中的"归义"，都表达
了同一个思想，那就是民族融合、多元一体。

表二　汉晋时期的"归义"印章一览表

序号	印名	时代、质地与纽	出土或收藏地点	资料出处	备注
1	汉归义賨邑侯	西汉，金，驼纽	国家博物馆藏	《大辞典》414页，图版13	
2	汉匈奴栗借温禺鞮	东汉，铜，驼纽	内蒙古博物馆藏	《大辞典》420页，图版39	
3	汉匈奴归义亲汉长	东汉，铜，驼纽	青海大通上孙家	《大辞典》421页，图版40	
4	汉归义羌长	东汉，铜，羊纽	新疆新和乌什喀特古城	《西美》169页	
5	汉归义羌长	东汉，铜，羊纽	新疆沙雅于什格提	《大辞典》174页，图版207	
6	汉鲜卑率众长	东汉，铜，驼纽	旅顺博物馆藏	《旅博》43页	
7	魏归义氐侯	曹魏，金，驼纽	甘肃西河	《甘博》169页	
8	魏率善胡仟长	曹魏，铜，驼纽	故宫博物院藏	《大辞典》422页，图版46	
9	魏率善羌仟长	曹魏，铜，驼纽	河南博物院藏	《河南博物院》150页，图版137	
10	魏率善佄邑长	曹魏，铜，驼纽	西安博物院	《精华》11页，图版27	
11	魏率善胡邑长	曹魏，铜，驼纽	陕西历史博物馆	《壁画与拓片》31页	

续　表

序号	印名	时代、质地与纽	出土或收藏地点	资料出处	备注
12	魏率善氐仟长	曹魏，铜，驼纽	天水博物馆	《天水》101 页	
13	晋归义氐王	西晋，金，羊纽	甘肃西河	《甘博》169 页；《大辞典》423 页，图版 49	
14	晋归义氐王	西晋，金，驼纽	上海博物馆藏	《大辞典》424 页，图版 50	
15	晋归义胡王	西晋，金，驼纽	河南洛阳孟津区	《洛粹》60～61 页，图版 4	图版三一
16	晋率善氐邑长	西晋，铜，驼纽	陕西宝鸡市博物馆	《大辞典》425 页，图版 57	
17	晋率善氐佰长	西晋，铜，驼纽	西安博物院	《精华》12 页，图版 30	
18	晋率善氐仟长	西晋，铜，驼纽	西安博物院	《精华》12 页，图版 31	
19	晋归义羌王	西晋，金，驼纽	陕西历史博物馆	《陕历博》160～161 页，图版 84	
20	亲晋羌王	西晋，铜，驼纽	陕西历史博物馆	《壁画与拓片》31 页	
21	晋归义羌侯	西晋，金，驼纽	甘肃西河	《甘博》169 页；《大辞典》424 页，图版 51	
22	晋率善羌邑长	西晋，铜，羊纽	陕西沔阳	《大辞典》425 页，图版 55	
23	晋率善羌邑长	西晋，铜，驼纽	陕西西安咸阳空港二期（M125）	陕西省考古研究院刘呆运先生见告	

续　表

序号	印名	时代、质地与纽	出土或收藏地点	资料出处	备注
24	晋率善羌邑长	西晋，铜，驼纽	河南省博物馆藏	《大辞典》425页，图版56	
25	晋率善羌邑长	西晋，铜，驼纽	西安咸阳机场晋墓出土	刘呆运先生见告	
26	晋率善羌佰长	西晋，铜	天水市博物馆	《天水》101页	
27	晋鲜卑归义侯	西晋，金，驼纽	内蒙古凉城小坝子滩	《文物》	
28	晋鲜卑率善中郎将	西晋，银，驼纽	内蒙古凉城小坝子滩	《文物》	
29	晋乌丸归义侯	西晋，金，驼纽	内蒙古凉城小坝子滩	《文物》	
30	晋率善叟仟长	西晋，铜，驼纽	西安博物院	《精华》11页，图版29	

　　与"归义"印章表现的民族融合、多元一体异曲同工的是闻一多先生的关于龙形成过程的著名论断，他认为，作为中华民族象征的龙，是以蛇为主体，"接受了兽类的四脚，马的毛，鹿的脚，鬣的尾，狗的爪，鱼的鳞和须……于是便成为我们现在所知道的龙了"[46]。龙的形象通过不断添加各种元素而发生的过程，可能意味着以蛇为图腾为主的远古华夏氏族、部落，在不断战胜并融合其他氏族的过程中，也即蛇图腾通过不断融合其他图腾逐渐演变成后来的"龙"，而图腾形象不断融合的过程也即蛇图腾为代表的氏族与其他图腾为代表的氏族不断融合为一体的过程。尽管对于图腾这一概念的认识，人们的意见并不一致，但闻一多先生对龙的发展演变过程及其的论述，能够反映中华文明和中华民族是不断融合、多元一体的特征。

注释

1. 中国大百科全书总编辑委员会《考古学》编辑委员会、中国大百科全书出版社编辑部编：《中国大百科全书·考古学》，中国大百科全书出版社，1986年，第665页。

2. 焦南峰：《西汉陵邑相关问题初探》，《宿白纪念文集》，文物出版社，2022年，第207～223页。

3. 宿白：《东北、内蒙古地区的鲜卑遗迹——鲜卑遗迹辑录之一》，《文物》1977年第5期；《盛乐、平城一带的拓跋鲜卑-北魏遗迹——鲜卑遗迹辑录之二》，《文物》1977年第11期；《北魏洛阳城和北邙陵墓——鲜卑遗迹辑录之三》，《文物》1978年第7期。

4. （北齐）魏收撰：《魏书》，中华书局，1974年，第62页。

5. （梁）萧子显撰：《南齐书》（修订版），中华书局，2017年，第1091页。

6. （魏）杨衒之撰，周祖谟校释：《洛阳伽蓝记校释》，中华书局，2020年，第2版，第212页。也有320、323个里坊之说。如《魏书》卷八《宣武帝纪》云：宣武帝景明二年（501年），"发畿内夫五万人筑京师三百二十三坊，四旬而罢"（第194页）。同书《广阳王传附元嘉传》则云"（元）嘉表请于京四面筑坊三百二十，各周一千二百步"（第428页）。

7. 傅熹年主编：《中国古代建筑史》第二卷《三国、两晋、南北朝、隋唐、五代建筑》，中国建筑工业出版社，2001年，第85页，图2-1-4，文中插图根据此图制作而成。

8. 宿白：《北魏洛阳城和北邙陵墓——鲜卑遗迹辑录三》，《文物》1978年第7期。

9. （魏）杨衒之撰，周祖谟校释：《洛阳伽蓝记校释》，中华书局，2010年，第2版，第212页。

10. （北齐）魏收撰：《魏书》，中华书局，1974年，第328页。

11. （汉）司马迁撰：《史记》，中华书局，1959年，第265页。

12. （唐）房玄龄等撰：《晋书》，中华书局，1974年，第1651页。

13. （北齐）魏收撰：《魏书》，中华书局，1974年，第328页。

14. （北魏）郦道元注，（民国）杨守敬、熊会贞梳：《水经注疏》，江苏古籍出版社，1989年，第1138、1139页。

15. 山西省大同市博物馆、山西省文物工作委员会：《山西大同石家寨北魏司马金龙墓》，《文物》1972年第3期；［日］曾布川宽、冈田健：《世界美术大全集·東洋编》第3卷《三国·南北朝》，小学馆，2000年，第96页，图版75；

深圳博物馆编：《平城·晋阳：山西出土北朝文物精品》，文物出版社，2024年，第 56～67 页。

16. （唐）魏征、令狐德棻撰：《隋书》，中华书局，1973 年，第 935 页。

17. （北齐）魏收撰：《魏书》，中华书局，1974 年，第 330 页。

18. 云冈研究院、山西省考古研究院、大同市考古研究所编著：《云冈石窟——山顶佛教寺院遗址发掘报告》，文物出版社，2021 年；王银田：《瓦当与瓦文》，《回望桑干——北朝、辽金考古研究》，上海古籍出版社，2022 年，第 97～118 页。

19. 关于汉代瓦当，可以参考申云艳著：《中国古代瓦当研究》，文物出版社，2006 年，第 69～160 页；赵力光编：《中国古代瓦当图典》，文物出版社，1998 年，第 114～754 页等著作及瓦当图录。

20. 云冈研究院、山西省考古研究院、大同市考古研究所：《云冈石窟——山顶佛教寺院遗址发掘报告》，文物出版社，2021 年，第 146～149 页。

21. （汉）司马迁撰：《史记》，中华书局，1959 年，第 236 页。

22. 程树德撰，程树英、蒋见元点校：《论语集释》，中华书局，1990 年，第 32、197 页。

23. 程树德撰，程树英、蒋见元点校：《论语集释》，中华书局，1990 年，第 232～235 页。

24. 程树德撰，程树英、蒋见元点校：《论语集释》，中华书局，1990 年，第 465 页。

25. 大同市博物馆　马玉基：《大同市小站村花圪塔台北魏墓清理简报》，《文物》1983 年第 8 期。

26. 宁夏回族自治区固原博物馆、中日原州联合考古队编：《原州古墓集成》，文物出版社，1999 年，第 16 页，图版 26。

27. 太原市文物考古研究所编著，周富年、彭娟英、龙真主编：《太原北齐韩祖念墓》，科学出版社，2020 年，第 56、57 页，图版七一之 1～4、图版七十二之 3～5。

28. 宁夏回族自治区固原博物馆、中日原州联合考古队编：《原州古墓集成》，文物出版社，1999 年，第 16 页。

29. 张焯主编：《中国石窟艺术·云冈》，江苏美术出版社，2011 年，第 122 页，图版 91。

30. 中国石窟雕塑全集编辑委员会编：《中国石窟雕塑全集》6《北方六省》，重庆出版社，2001 年，第 214 页，图版二一一。

31. 刘景龙编著：《古阳洞：龙门石窟第 1433 窟》（第一册），科学出版社，2001年，第 64 页，图版 89。

32. （晋）葛洪撰，周天游校注：《西京杂记校注》，中华书局，2020 年，第 58 页。

33. 中国社会科学院考古研究所、河北省文物管理处编：《满城汉墓发掘报告》上册，文物出版社，1980年，第63～65页。

34. 咸阳地区文管会、茂陵博物馆：《陕西茂陵一号无名冢一号从葬坑的发掘》，《文物》1982年第9期。

35. 四川博物院、成都文物考古研究所、四川大学博物馆编著：《四川出土南朝佛教造像》，中华书局，2013年，第110～114页。

36. 云冈石窟文物保管所编著：《中国石窟・云冈石窟（一）》，文物出版社、株式会社平凡社，1991年，图版111。

37. 王绣主编：《洛阳文物精粹》，河南美术出版社，2001年，第140、141页，图版10；咸阳市文物考古研究所编著：《咸阳十六国墓》，文物出版社，2006年，第89、90页，彩版102。

38. 与西安中兆M100以及下文将提到的西安焦村M25、M26的相关资料，系西安市文物保护考古研究院辛龙和宁琰先生提供。

39. 金维诺总主编：《中国美术全集・墓室壁画（一）》，黄山书社，2010年，第266页。

40. 国家文物局主编：《2014中国重要考古发现》，文物出版社，2015年，第91页；深圳博物馆编：《平城・晋阳：山西出土文物精品》，文物出版社，2024年，第140页。

41. 陕西省考古研究院编著：《潼关税村隋代壁画墓》，文物出版社，2013年，第101页；傅熹年主编：《中国古代建筑史》第二卷《三国、两晋、南北朝、隋唐、五代建筑》，中国建筑工业出版社，2001年，第358、430页；陕西省考古研究院、昭陵博物馆编著：《唐昭陵韦贵妃墓发掘报告》，科学出版社，2017年，第98页。

42. 西安市文物保护考古研究院：《陕西西安洪庆原十六国梁猛墓发掘简报》，《考古与文物》2018年第4期。

43. 西安市文物保护考古研究院考古发掘资料，具体细节宁琰、辛龙先生见告。

44. 西安市文物保护考古研究院考古发掘资料，具体细节柴怡女士见告。

45. 为省篇幅，表中资料出处用简称。西安市文物保护考古所编著，孙福喜主编：《西安文物精华・印章》，世界图书出版公司，2011年（简称《精华》；中国历史博物馆编著：《中国历史博物馆——华夏文明史图鉴》第二卷，朝华出版社，2002年（简称《图鉴》；国家文物局主编：《中国文物精华大辞典・金银玉石器卷》，上海辞书出版社、商务印书馆（香港），1996年（简称《大辞典》）；甘肃博物馆编，俄军主编：《甘肃省博物馆文物精品图集》，三秦出版社，2006年（简称《甘博》）；旅顺博物馆编：《旅顺博物馆》，文物出版社，2004年（简称《旅博》）；冀东山主编：《神韵与辉煌：陕西历史博物馆国宝鉴赏·玉杂器卷》，三秦出版社，2006 年（简称《陕历博》）；孙大卫主编：《西域美术全集》4《工艺美术》，天津人民美术出版社，2106 年（简称《西美》）；王绣主编：《洛阳文物精粹》，河南美术出版社，2001 年（简称《洛粹》）；张景明：《内蒙古凉城县小坝子滩金银器窖藏》，《文物》2002 年第 8 期（简称《文物》）；［日］朝日新聞社：《日本の書と絵画の源流：中華人民共和国西安古代金石拓本と壁画展図録》，朝日新聞社，1980 年（简称《壁画与拓片》）；天水市博物馆编：《历史的记忆——天水市博物馆历史文物陈列》，中国艺术出版社，2011 年（简称《天水》）。

46. 闻一多：《神话与诗》，天津古籍出版社，2008 年，第 1～49 页。

第十章　论中华文明对待外来文化的态度

　　佛教造像艺术的中国化问题，实际上是对待外来文化的态度问题，其中涉及价值观、伦理道德观、审美观、生存环境及生活习惯等诸多方面。正是因为涉及方方面面，佛教造像艺术的中国化不可能在一个特定的时间段内完成，从而使得佛教造像的中国化成为一个渐变的过程。这一过程又因王朝的更替等原因，同时也出现一定的曲折，但这些都不妨碍其不断中国化这一总的发展趋势。对于佛教造像艺术中国化的问题，学界从不同角度对其进行了探索，如李泽厚先生在《美的历程》中精彩地论述道："印度佛教艺术从传入起，便不断被中国化，那种种接吻、扭腰、乳部突出、性的刺激，过大的动作姿态等等，被完全排除。连雕塑、壁画的外形式（结构、色、线、装饰、图案等）也都中国化了。"[1]但对于什么是佛教造像艺术的中国化？则比较模糊不够明确，理解各有不同，角度、出发点及用词也不尽相同，所以首先而且必须对其进行解释。毛泽东在《中国共产党在民族战争中的地位》中论述到："使马克思主义的中国具体化，使之在其每一表现中带着必须有的中国的特性，即是说，按照中国的特点去应用它，成为全党亟待了解并亟须解决的问题。洋八股必须废止，空洞抽象的调头必须少唱，教条主义必须休息，而代之以新鲜活泼的、为中国老百姓所喜闻乐见的中国作风和中国气派。"[2]文中生动鲜活地论述了什么是马克思主义中国化和怎样中国化的问题，对于探讨外来文化中国化问题具有理论指导意义。这里就借用这一指导思想和观点，解释一下什么是佛教造像艺术的中国化问题。

所谓佛教造像艺术的中国化，就是使之在每一表现中带着必须有的中国的特性，即是说，按照中国的特点去表现它。反过来可以这样说，凡是按照中国特点表现的佛教造像艺术，就是中国化了的佛教造像艺术。而中国化的佛教造像艺术中的中国特性的表现方式，则可以是多样的和丰富的，如取舍、添加、替换、过滤、淘汰与边缘化等，这些都可以视之为为了表现出中国的特性而采用的手段和方式，其最终目的则是以中国的特点来表现来自印度的佛教造像艺术，从而使之中国化。

纵观中国古代的佛教造像，并将其与犍陀罗、马图拉以及笈多时期的佛教造像进行对比，可以发现许多延绵不断的因素，也有一些经过改造的相似而不同的因素，更有一些仅见于中国佛教造像的因素，后者显然是中国的工匠和艺术家们根据需要进行的改变或者创造，而这种形式上的改变或者创造，恰恰就是为了适合自身的各种观念而进行的艺术行为，是对各种观念上的冲突而在艺术表现形式上的调和，在调和的过程中自然而然会出现取舍、添加甚至过滤等艺术行为，但这种行为不是为了中国化而中国化，其根本目的还是佛教能够在中国得到更广泛的传播。当然了，这种调和是在包容（简单地说，就是容许其到来，容许其存在，容许其传播）的前提下才能进行。下面要谈的就是几个调和了各种观念上的冲突，而实现了佛教造像艺术中国化的典型事例，它们表现出了为什么需要这样做？并以什么样的手段和方式将佛教造像艺术中国化？

第一节　曹衣出水
——取与舍

宋郭若虚《图画见闻志·论曹吴体法》记载："曹吴二体，学者所宗……北齐曹仲达者，本曹国人，最推工画梵像，是为曹。谓唐吴道子曰吴。吴之笔，其势圆转，而衣服飘举。曹之笔，其体稠叠，而衣服紧窄。故后辈称之曰：'吴带当风，曹衣出水'。"[3]关于"曹衣出水"，学界普遍认为是曹仲达对笈多时期马图拉佛教造像艺术学习和模仿的结果[4]。但曹仲达在创造新样式之时，对来自印度笈多时期的造像样式有明显的改变，采取了吸收、融合与舍弃的方法，或者说弱化了某些因素，突出地表现为取与舍，这一点在北齐时期的佛教造像中表现得尤其明显而直观。

从目前所知的马图拉造像以及笈多时期马图拉、萨尔那特造像来看，在表现佛像及菩萨像时，都有夸张地表现出第一性征外轮廓的一面[5]，甚至在受其影响的尼泊尔佛教造像中还有所加强[6]。而这一点，在所谓的曹衣出水样式的北齐佛教造像艺术中是看不到的，只是表现出了其贴体的衣纹，完全略去了马图拉造像以及笈多时期马图拉、萨尔那特造像对第一性征的突出表现，其取舍意图表现得极其明显（图版三二、三三）[7]。但这个取舍绝对不是简单的改变，而是充分地反映了儒家伦理道德观念的制约。要搞清楚这个问题，还得历史地看问题，我们以一些陶俑的形象为切入点。

中国古代作为随葬品的陶俑，同时也是陶塑艺术的杰出代表。秦汉以来的各类俑已经明确展示出了当时人们的审美观和伦理道德观，不论是男性还是女性，第一和第二性征都是不表现的，主要是通过服饰和头饰加以区别（图版三四）[8]，特别突出的是士大夫们的褒衣博带，宽大的服装将第一和第二性征完全遮盖。即使在鲜卑人统治的黄河流域，俑类和各类雕像的服饰虽然为窄袖和衣裤，但性别的表现仍然主要是以头饰和服装的样式来展示，而不是以性征来表现[9]。所以，曹衣出水仅仅吸取了笈多时期萨尔那特造像艺术的着衣方式和衣纹表现方式，而舍弃或者弱化了其突出的性征表现，这也是当时的人们在传统的儒家伦理道德观念制约下的艺术行为。尽管北齐胡化较甚，但佛教造像服饰上表现出的弱化第一和第二性征的这一特点，说明其对于汉族传统的伦理道德观和审美还是严格遵守的。北齐的所谓胡化，也只是日常的生活方式和某些器用的胡化，而不是思想艺术、伦理道德层面的胡化，或者说是一部分人（上层社会）的生活胡化而已，所以，北齐时期的"曹衣出水"并没有采取完全模仿马图拉造像及笈多时期印度造像的做法，而是对其不适合中国传统伦理道德的部分进行了改造、舍弃或弱化。

这一细节上的取舍表现，表明北齐时期所认同的文化仍然是以儒家为核心的传统文化，而不是胡化，这也与陈寅恪先生所云"全部北朝史中凡关于胡汉之问题，实一胡化汉化之问题，而非胡种汉种之问题，当时之所谓胡人汉人，大抵以胡化汉化而不以胡种汉种为分别，即文化之关系较重而种族之关系较轻，所谓有教无类是也"[10]有相似之处。创立曹衣出水造像样式的曹仲达虽为胡人（粟特人），但其在文化上却遵从儒家的伦理道德观、价值观，这显然不能简单地看作是曹仲达的个人行为，而是一种礼仪制度层面的需要和制约，这也充分证明了整个北朝时期的文化认同大于种族认同。

回过头来细审北齐的所谓胡化，不过是一些细枝末节的崇尚而已，如果将其略归类可说是历朝历代都有的佞幸、宠物和娱乐、游戏而已，而这些似乎不能作为判断一个时代某某化的标准，因为那是封建王朝的通病，其不同仅是花样有所差异而已。如《北齐书·恩幸列传》记载："西域丑胡，龟兹杂伎，封王者接武，开府者比肩，非直独守弄臣，且复多干朝政。""犹以波斯狗为仪同、郡君，分其干禄……又有何海及子洪珍，皆为王，尤为亲要。洪珍侮弄权势，鬻狱卖官。又有史丑多之徒胡小儿等数十，咸能舞工歌，亦至仪同开府，封王……胡小儿等眼鼻深崄，一无可用，非理爱好，排突朝贵，尤为人士之所疾恶"[11]。如果拉长历史视野来观察，诸多王朝中都会有此类现象，如果某个王朝重用太监的话，那么是否要说某个时代太监化了呢？这个反问，是提醒我们要看这种现象是否涉及了社会的根本。从造像样式可以明确看出，北齐的所谓胡化仅是其表象而已，深层次的伦理道德并没有被撼动，甚至最高统治者对于南朝礼乐制度的向往都没有任何改变，正如《北齐书·杜弼传》中高欢所云："天下浊乱，习俗已久，今督将家属多在关西，黑獭常相招诱，人情去留未定；江东复有一吴儿老翁萧衍者，专事衣冠礼乐，中原士大夫望之，以为正朔所在。我若急作法网，不相饶借，恐督将尽投黑獭，士子悉奔萧衍，则人物流散，何以为国。"[12] 这也充分说明，北齐对汉文化的礼乐制度充满向往，并以之为正统，而没有在这个层面去向往所谓的"胡"。同样，北齐时期在佛教造像艺术的表现形式上也深受儒家伦理道德的制约，显然，其文化认同大于族属认同，所谓改姓、重用胡人或者说以之为佞幸，凡此种种，仅是表象而已，而不能作为胡化的标准来看待。

作为取与舍的补充，就是龙门石窟昙花一现的优填王像。在河南洛阳龙门石窟中有百余尊优填王像，主要修造在唐高宗时期，最早有纪年者在唐高宗永徽六年（655 年），最晚者在调露二年（680 年），集中分布于龙门石窟宾阳洞区和敬善寺区[13]。河南巩县石窟寺唐代佛龛中也雕刻有优填王像，与千佛像雕刻在一起[14]。这些佛像多善跏趺坐，身着通肩袈裟，通体无衣纹，具有明显的印度笈多时期萨尔那特式造像风格。龙门石窟及巩县石窟寺雕刻大量的优填王像，与玄奘、王玄策等人出使印度有密切关系。玄奘于唐太宗贞观十九年（645 年）自印度返回时，携带的佛像中就包括"刻檀佛像一躯，通光座高尺有五寸，拟憍赏弥国出爱王思慕如来刻檀写真像"[15]。这些 7 世纪的优填王像之所以仅仅流行于唐高宗时期，而且前后不足三十年，这正是儒家伦理道德所决定的。尽管汤用彤先生曾说"笮融以后，造像供养成为风气。立塔则称道阿育，画像必本诸优填"[16]，但从审美角度而言，这些优填王像具有浓郁的笈多时期萨尔那特造像的特点，其视觉效果看起来犹如赤身裸体一般，这自然不符合传统的伦理道德观和审美情趣，即使是玄奘所带回，也逃脱不了其昙花一现、最终退出艺术行列的命运。另外，玄奘等带回的优填王像，可以看作是笈多时期造像的第二波传入，而在北齐时期，已据其创造出了"曹衣出水"，对其改造已无必要，这也是退出历史舞台在技术层面的原因。

偶见的羊车通学也可以作为取与舍的例子。羊车通学或骑羊通学是犍陀罗造像中重要的佛传题材，但在中国却较为罕见。在北朝时期的佛传题材中，目前所知者仅在陕西安塞大佛寺石窟第 4 窟北魏晚期至西魏时期造像中发现一幅。究其原因主要两个：一是在石窟寺和造像大量雕造的十六国南北朝至隋唐时期，牛车是日常生活中的重要运载工具，墓葬壁画及随葬陶俑往往以牛车为中心而展开，而且牛车有等级之分，人的等级不同所乘坐的牛车也不相同。牛车的等级主要以大小、装饰、颜色等而定，特别是以车棚之上覆盖的帷幕即文献中"幰"的内外颜色、安置样式等来表现。如《隋书·礼仪志五》记载，南朝梁时，"二千石四品已上及列侯，皆给轺车，驾牛"。"诸王三公有勋德者，皆特加皂轮车，驾牛，形如犊车"；北魏时，"正从第一品执事官、散官及仪同三司、诸公主，得乘油色朱络网车，车牛饰得用金涂及纯银。二品、三品得乘卷通幰车，车牛饰用金涂。四品已下，七品已上，得乘偏幰车，车牛饰用铜"[17]。在这样一个背景之下，就不可能出现以羊车作为释迦牟尼的骑乘工具，这实际上也是一种舍弃。另外一个重要原因，则可能与晋武帝司马炎的"羊车望幸"有关。关于羊车望幸的典故，据《晋书》卷三十一记载："时帝（晋武帝）多内宠，平吴之后复纳孙皓宫人数千，自此掖庭殆将万人。而并宠者甚众，帝莫知所适，常乘羊车，恣其所之，至便宴寝。宫人乃取竹叶插户，以盐汁洒地，而引帝车。"[18]晋武帝司马炎坐羊车巡游后宫，是为了满足个人的私欲，为西晋的迅速灭亡埋下了种子，后人以"羊车望幸"对其进行辛辣的讽刺，坐羊车成为一种反面形象，而中国大规模开凿石窟约在西晋灭亡后的十六国至南北朝时期，在这样一个历史背景之下，工匠或艺术家为了避免误解，自然也不会大张旗鼓地雕造羊车通学的画面。虽然古代也有一种车被称为"羊车"，但它却不是以羊为牵引，而是指以人或果下马所拉之车。据《晋书·舆服志》记载："羊车，一名辇车，其上如轺，伏兔箱，漆画轮辂。武帝时，护军羊琇辄乘羊车，司隶刘毅纠劾其罪。"[19]《隋书·礼仪志五》记载："羊车，一名辇，其上如轺，小儿青衣裤褶，五辫髻，数人引之。时名羊车小史。汉氏或以人牵，或驾果下马。梁贵贱通得乘之，名曰牵子。"[20]正是基于上述原因，羊车通学虽然偶见，但却如昙花一现，最终因被舍弃而未大量地雕造或绘制。

第二节　诞生、沐浴太子、七步莲花等
图像中的太子着衣
——美化与添加

在犍陀罗佛教造像中，对于刚刚诞生的太子、二龙浴太子的形象多采用全身祖裸来表现[21]，到了 8 世纪的尼泊尔佛教造像仍然如此[22]。但这种形象到了中国之后，在延续其基本元素的同时，还给诞生的太子穿上了短裤，使其形象不再以完全祖裸的形象出现（图七四）[23]。当然了，也不是全都加上了短裤，还有一些仍旧保留着犍陀罗造像中的原始状态。表面上看，诞生的太子像从完全祖裸到不露出下半身，仅仅是添加了一件衣服，但实际上这一行为是在伦理道德的制约下的主动行为，使得对其进行审美时能够与传统相吻合，体现的是中国传统的伦理道德观念中的不祖露身躯的习惯。在中国的传统习惯中，即使祖露身体的一部分都有其特殊含义，如"肉祖负荆"——表示请罪，所以，这种因添加某些因素而产生的改变，应该从伦理道德层面去理解。

两汉之际佛教传入中国之时，儒家的伦理道德观已经成为当时社会的伦理道德观的核心。从考古发现的汉代各类陶俑和画像石中的图像资料看，未见在表现人物时将其表现为裸体的形

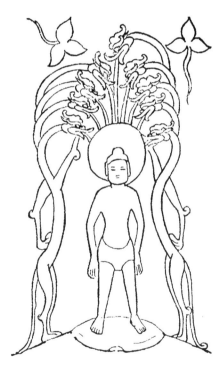

图七四　河南荥阳大海寺孝昌元年（525 年）造像碑上的九龙浴太子

象，而且不论是成人还是小孩，都是"衣冠楚楚"的样子。这得从中国古代人对衣冠的态度去理解这一问题。诞生时的佛陀形象虽然是孩童，但毕竟其是佛陀的孩童形象，它不仅是表现佛传故事的重要题材之一，而且也是被崇拜的偶像。同时，佛是觉悟了的被神圣化的人物，是可感觉而又超感觉的人，所以也称为"大圣"，由于其身份的特殊性和特定性，所以，添加短裤以示庄严神圣。与之形成鲜明对比的是一些莲花化生童子和童子嬉戏的形象，则完全采用中国传统的童装样式，有的下半身裸露，这在敦煌莫高窟唐代壁画及绢画中多有绘制[24]。虽然同为童子，人们对佛的诞生形象则可以添加衣服，而对待普通的孩提形象则采用写实的表现，充分说明了这一添加衣服的行为是在儒家伦理道德的制约下，出现的对于作为神圣的佛崇拜的结果，也是儒家思想中"为尊者讳"的另外一种表现方式。对于佛教徒裸露身体的非难，在早期佛教传入中国的过程中就已经存在了，著名的《难袒服论》就对其进行了批判，这一批判也仅仅是因为僧侣袒露上半身的肩膀部位，就被视为不符合伦理道德，更何况露出作为第一性征的生殖器官？所以其美化与添加是必然的。

据佛经记载，释迦牟尼诞生时，二龙浴太子。玄奘在其《大唐西域记》卷六中也云"二龙踊出，住虚空中而各吐水，一冷一煖（古同'暖'，音读为暖），以浴太子"[25]。仅西晋竺法护《普曜经》记载为九龙浴太子，从其唯一性来看，在佛经翻译时可能就对其内容进行了篡改。在中国的沐浴太子图像中，更多的是以九龙沐浴太子来表现，佛经中常见的二龙沐浴太子的形象反而极为罕见，这与中国古代文化对龙的崇拜和对"中"及"九"的崇尚有着密切关系。

第三节　涅槃图像中的外道——丑化与添加

在犍陀罗佛教造像中，特别是在表现涅槃题材的佛教造像中出现裸体的人物形象[26]，学界通常将其看作是外道的形象。根据相关资料，可以确认造像中的裸体者属于耆那教中的天衣派。这种外道的艺术形象在中国的佛教造像中也是存在的，只是其形象却发生了较大变化。犍陀罗造像在表现外道形象时，虽然是裸体形象，面相却仍然不失清秀，看起来较为美观，没有对其进行丑化。但中国同类题材中的外道形象发生了巨大变化。首先，外道不再以裸体形象出现，大多身着短裤，但仍旧袒露上半身，其原因显然与上述对诞生太子和九龙沐浴太子图像中的太子形象添加衣服是一致的（图版三五）[27]。由此可见，外道的身份仍然是外道，而不是有些学者所认为的其身份变成了婆罗门。可以这样说，外道的身份并没有改变，只是穿上了衣服，遮盖住了下半身，但穿上衣服的外道仍然是外道，而不会成为另外一种身份。同时，根据玄奘的记载："外道服饰，纷杂异制，或衣孔雀羽尾，或饰髑髅璎珞，或无服露形，或草板掩体，或拔发断髭，或蓬鬓椎髻，裳衣无定，赤白不恒。"[28]单就耆那教本身来看，也分为两派，着衣的白衣派与不着衣的天衣派（露形外道）。也就是说，涅槃图像中的外道不论着衣与否，其身份都是外道。为什么这样说呢？因为佛教经典对外道的描述本身是不可能改变的，而这种不能改变，决定了中国工匠及艺术家们不可能在艺术表现时塑造出另外一种身份的人，要改变也只能改变其艺术形象。那么怎么改变？既然他们——外道是佛教排斥的对象，而且佛教经典如《须摩提女因缘》中也明确记载其丑陋无礼，既然如此，那就将其丑化，这种丑化其实是对佛教经典忠实的艺术实践，只是在中国传统的伦理道德制约下进行的——添加衣服。那么，添加衣服的目的是什么呢？显然是为了符合中国传统的伦理道德观和审美观。但值得注意的是，同样是添加衣服，给诞生的太子添加的衣服，在艺术表现上显得合体、平顺而规整，但给外道添加的衣服，则恰恰相反，越发显示出了其丑陋的一面。

第四节　佛教造像中树木等形象变化
——以熟悉替换不熟悉，以固有替换外来

　　佛教造像所表现的树木主要有无忧树、菩提树、娑罗树，它们分别与释迦牟尼诞生、悟道成佛、涅槃等题材相对应。它们虽然频繁地见于佛教经典的记载，但毕竟属于生长于南亚热带地区的树木，对生活在黄河流域中原北方地区的人们而言，对其名称的熟悉远远超过对其形象本身的熟悉。到过印度本土的僧侣虽然见过此类树木，但其重点可能在于对佛经本身的学习。在目前所见的佛教造像中，能够准确雕刻或者绘制出无忧树、菩提树、娑罗树者，数量较少，而且多集中于菩提树。不同时代的造像上出现的这类树木形象，还表现出了时代特点，例如北魏和北齐时代流行以银杏树作为菩提树等的替换对象（图版三六）[29]，宋元时期则出现了松树、枯树等替换娑罗树，甚至创造出了现实中不存在的满树装饰宝物的所谓宝树替换真实的娑罗树。虽然无忧树、菩提树、娑罗树被替换成了人们熟悉的树种，但其宗教属性并没有改变，人们从情感和审美意识上仍然赋予其无忧树、菩提树、娑罗树的性质。更由于人们对替换者的形象更加熟悉，所以显得更加亲切，反而拉近了人们与佛教的距离，对于佛教的传播应该隐性地起到了促进作用。

　　在佛教造像艺术中还有一个以熟悉替换不熟悉，以固有替换外来的典型案例——就是龙的形象的表现形式。众所周知，印度佛教造像中龙的形象与中国龙的形象差异较大。印度的龙往往以多头（五头为主）的眼镜蛇形象来表现龙[30]，或者以人形头顶五个眼镜蛇头的形象来表现龙[31]，这与其所处的自然环境为热带有着密切的关系，眼镜蛇是其熟悉的动物。而在河南濮阳西水坡仰韶文化墓地第45号墓葬中已经出现了蚌塑龙虎图形（图七五）[32]；在红山文化也出现大量以玉制作的猪龙形象；在河南偃师二里头遗址宫殿区贵族墓葬中，发现了由2 000多片细

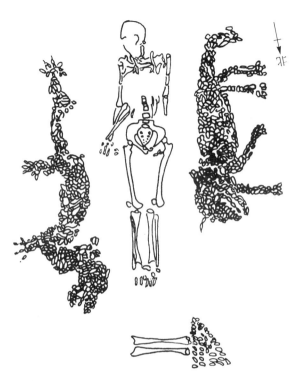

图七五　河南濮阳西水坡仰韶文化墓地第 45 号墓发现的蚌塑龙虎图形

小的绿松石片组成的龙形器，其身躯长达 64.5 厘米[33]等。这些龙的形象已经与后来的龙非常接近。经过漫长的发展，到汉代之时，龙的形象已经基本定型，与龙相关的文化内涵也已经明确化——是方位（青龙、白虎、朱雀、玄武）和皇权的象征，并且大量出现在各类载体上——壁画[34]、画像石（图七六）[35]、瓦当（图版三七）[36]等。中国龙的形象在唐代则更进一步定型化[37]。佛教在两汉之际传入中国，佛教中龙作为护法的概念自然也传了进来，那么，在石窟寺造像、金铜造像、壁画等载体中，以什么样的形象来表现佛教中所云的龙呢？显然成为一个问题。就考古学遗存来看，在新疆古龟兹石窟壁画中，可以看到印度蛇形龙的样式，在山西大同云冈石窟中期的九龙浴太子中也可以看到蛇形龙，但它们都呈头部较小的蛇形而不是眼镜蛇形，说明印度龙的形象也曾

图七六　四川郫县石棺上的衔璧龙纹

随着佛教造像样式传入中国并且有所改变。但这种蛇形龙的数量较少，而且并非主体，反而是中国龙的形象作为主体而较为常见。这充分说明，中国古代的工匠和艺术家以中国传统的龙的形象替换了传自印度的龙的形象，是以固有的自身熟悉的传统文化元素替换外来文化元素，使其形象符合中国古代人对龙的印象和审美要求，从而达到佛教传播的目的。元代之时，虽然在浙江杭州飞来峰出现了类似眼镜蛇形的印度龙形象，但其出现的区域是局部的流行的时间也是短暂的，其他地区龙的形象仍然以中国传统的龙的形象为主。

　　须弥山是古印度传说中的高山，意为"妙高山"。古印度人认为，须弥山是世界的中心，日月环绕此山回旋出没，三界诸天也依之层层建立，四方有东胜神、南赡部、西牛贺、北俱卢四洲。佛教也采用此说，以须弥山为题材，进行造像和绘画，表现天上景观。在佛教造像艺术中，当时的工匠或艺术家是如何表现须弥山形状的呢？如前述的树木形象一样，也采用了以熟悉替代不熟悉，以传统替代外来的方法，受到汉代博山炉等器物造型的启发，雕刻或绘出了栩栩如生且符合传统审美情趣的须弥山样式。与此同时，又将东汉至魏晋十六国时期画像石、壁画中表现神仙世界的西王母、东王公坐于束腰高耸的昆仑山上的样式也吸收了进来（图七七）[38]，以传统而且熟悉的昆仑山表现须弥山，是以传统和熟悉替代外来的典型例子，因为它不仅是艺术表现形式的问题，更是佛教文化与中国秦汉以来的神仙思想相结合的反映。

图七七　山东嘉祥东汉晚期画像石中的西王母图像

　　无忧树下诞生，是佛教造像艺术的重要题材，多以雕塑、绘画等来表现这一题材。据《过去现在因果经》卷一云："（摩耶）夫人见彼园（蓝毗尼园）中，有一大树，名曰无忧，花色香鲜，枝叶分布，极为茂盛。即举右手，欲牵摘之，菩萨渐渐从右胁出。于时树下，亦生七宝七茎莲花，大如车轮，菩萨即便堕莲花上，无扶侍者，自行七步。举其右手而师子吼：我于一切天人之中最尊最胜，无量生死，于今尽矣，此生利益一切人天。"[39]在犍陀罗等地区的造像中，无忧树下诞生图像十分常见，而且画面宏大，人物众多，包括接生的帝释天、以金色氎衣捧太子的四大天王等，人物形象受希腊化的影响，具有希腊式的人物特点[40]。我国石窟寺造像中的诞生图像的布局形式，显然受到了犍陀罗影响，但其中的树木样式、人物服装和人物形象，无不按照当时工匠或艺术家所熟悉者对其进行了替换。如山西大同云冈石窟第 6 窟浮雕的无忧树下诞生图，画面宏大，摩耶夫人手攀树枝，太子自其右腋下诞生，不过摩耶夫人的形象为鲜卑人形象，服饰则为窄袖的鲜卑服饰[41]；陕西安塞大佛寺石窟北魏晚期至西魏时期的第 4 窟中浮雕的无忧树下诞生图（图版三八）[42]，画面简单，人物较少，但所雕刻的线条及人物的表现，堪称同类造像中的上乘之作。其中摩耶夫人的着衣为褒衣博带式，已经完全汉化了；陕西铜川耀州区药王山西魏时期释迦多宝对坐的造像碑上，线刻无忧树下诞生、七步莲花、九龙浴太子、阿私陀仙人占相等场景[43]，图像中的主要人物皆褒衣博带，是当时士大夫阶层的形象。其他的服侍人物，则与同时代石棺上的线刻人物、壁画中的人物相一致。这些现象说明，佛教造像艺术不仅有其中国化的一面，也说明同一时代的各类艺术形象，即使其载体和所要表现的内容有所不同，但都遵循同一审美标准，正是在这一审美标准的指导下，对其中的一些内容用大众化的人们熟悉者进行了替换。

甘肃敦煌莫高窟藏经洞出土的唐代灵梦托胎图[44]，也可以视之为以固有代替外来的典型例子。在这幅灵梦托胎图中，作为画面背景的建筑样式完全是唐代建筑风格，白墙朱柱红窗，摩耶夫人发髻是唐代仕女的高发髻样式，身盖红色被子，右胁而卧于床榻之上，床榻的样式也为唐代所常见。虽然灵梦托胎的题材和内容是依据佛经记载而绘制未发生改变，但作为故事背景的建筑物及其中的人物都被替换成了唐代建筑样式和唐人形象。

在北朝至隋唐时期的石窟寺壁画、墓葬壁画及三彩俑中，世俗女性常身着一种颜色相间呈条带状的裙子，一般称为"间色裙""裥色裙""花间裙"。还有一种裙子也呈条带状，但条带却为同色，文献中称为"浑色裙"。关于这种裙子，在文献中有所记载。如《旧唐书·高宗本纪下》记载："其异色绫锦，并花间裙衣等，糜费既广，俱害女

工。天后，我之匹敌，常着七破间裙，岂不知更有靡丽服饰，务遵节
俭也。"[45] 又《新唐书·车服志》记载："凡裥色衣不过十二破，浑色
衣不过六破。"[46] 结合文献记载和考古发现来看，"间色裙"系将不同
颜色的布帛剪裁成条带状，然后缝制在一起；"浑色裙"则是将相同颜
色的布帛剪裁成条带状，然后缝制在一起。文献中所云的"六破""七
破""十二破"等，指缝制"间色裙"所用布帛条带的数量。从文献的
描述来看，条带数量的多少还可以反映奢靡与节俭，而"破"是指用剪
刀剪裁成的布帛条带。在甘肃武威慕容智发现的唐代丝织物中，可以看
到两种不同的制作条带状间色织物的方法，一种是将不同色彩（一般为
两种颜色）的布帛条带间隔缝制而成，或者直接将染有条带纹的布帛
剪裁成条带状进行缝制，用条带纹布帛缝制成的"间色裙"，其间隔色
彩不仅多样，而且较细密，显得华丽一些，同时缝制起来也较为简便。
它们有一个共同特点，就是将不同颜色的条带状布帛相间缝制起来，而
无底衬；另一种则是用某种颜色的布帛为底衬，并将另一种颜色的布
帛裁剪成条带，有的还在中间夹一绺丝带，然后缝制于底衬之上，条
带一般等距离间隔并露出底衬颜色，由于条带与底衬颜色不同，同样
也可以有"间色裙"的效果[47]。与之类似的衣物，在阿斯塔那 M188 发
现 1 件，在蓝色襦上缝制黄色条带[48]。前述条带状的"间色裙"或"浑
色裙"，在北朝时期已经出现，如敦煌莫高窟北魏第 288 窟绘制的女性
供养人，西魏大统四、五年（538 年、539 年）开凿的第 285 窟所绘制
的女性供养人等，就身着这种裙子，并已经影响个别菩萨像的裙装[49]；
在西安北周大象元年（579 年）安伽墓的屏风石榻上，雕刻有骑马的汉
族女性形象，其所骑乘马匹的马具装饰也是北朝时期的常见样式[50]，其
所着之裙雕刻成"间色裙"，立体感较强。"间色裙"在隋、初唐墓壁
画及三彩俑中多见，身着"间色裙"的女性形象多身材高挑，亭亭玉
立，头梳高发髻，身披半臂（半袖），下身多着红白相间的"间色裙"，
脚蹬云头履。如宁夏固原隋大业六年（610 年）史射勿墓[51]、唐永徽二
年（651 年）段蒨璧墓[52]、唐咸亨二年（671 年）燕妃墓[53]、唐龙朔三

年（663年）新城长公主墓[54]等墓葬的壁画中，都绘制有身着"间色裙"的侍女形象，而且在唐景云元年（710年）节愍太子墓中还出土了身着"间色裙"的三彩女俑（图七八）[55]。在新疆吐鲁番阿斯塔那唐墓还出土了这类裙子的实物，如73TAM214、73TAM208分别出土1件，前者用22块绢、后者用12块绮缝制而成[56]。由于它们是同色条带缝制成的裙子，可能就是文献中所说的"浑色裙"，发掘者将其称为"百褶裙"。就目前的图像资料和实物资料来看，"间色裙"及"浑色裙"，尤其是"间色裙"主要流行于隋至8世纪初期，而其至迟在北魏时期已开始出现。这种世俗女性的裙装，也影响到了佛教造像。如1985年，在陕西西安雁塔区隋正觉寺遗址出土的北周天和二年（567年）菩萨像，下半身所着之裙特征明显，裙子下半部被雕刻成"百褶裙"样式（图版三九）[57]，但其裙腰部分却形象地展示了以条带缝制的裙腰，显然这是模仿世俗的"间色裙"雕刻而成，裙子的下半部雕刻成"百褶裙"样式，是为了更加凸显条带的视觉效果而进行的艺术改变；1988年，在山西永济城关镇太峪口村出土的北周至隋的菩萨立像[58]，在菩萨身躯背面立体而形象地雕刻出了"间色裙"的样子。这两尊菩萨造像上表现

图七八　唐景云元年（710年）节愍太子墓出土三彩女俑

的"间色裙"，与世俗图像中的"间色裙"表现出同步性，这说明"间色裙"作为北朝魏至 8 世纪初期流行的女性服饰，其样式显然为工匠及艺术家们所熟悉，从而能够在菩萨像上形象而逼真地雕刻出其样子来，这也可以看作是"以熟悉替换不熟悉，以固有替代外来"的一个较为典型的案例。

第五节　夜叉形象的模糊性
——特定条件下的过滤，导致艺术形象的欠缺和模糊化

与思想文化的包容不同，一些特定的艺术形象在某一些地区广泛流行，而在另外一些地区则显得有碍观瞻，这显然是在伦理道德和审美观层面存在巨大差异造成的，而这一差异又是无法调和的。这种不可调和性往往以直接过滤的形式将其阻挡在外，其作用相当于现在网络上的"防火墙"。对一些与中国传统的伦理道德观、审美观相悖的佛教艺术形象，则完全没有引进，这种情况应该是中国传统的伦理道德观起了重要的"防火墙"的作用，使得佛教的传播者（不论外来的僧侣还是西去求法的高僧）在传播过程中被直接过滤掉了。最为典型的事例就是古印度的夜叉形象。夜叉在印度本土并不完全是凶恶的怪异的形象，有男性又有女性，男性夜叉低矮肥胖而丑陋[59]，而女性夜叉在古印度的艺术形象几乎完全是裸体的，并且乳房硕大饱满，其艺术形象不仅展示了夜叉女美丽的一面，同时也是古印度雕塑艺术的杰出代表[60]。对于夜叉女的形象，日本学界多称之为"官能性的刺激"，李泽厚先生则直接称其为"性的刺激"。同样，其祖裸的身躯，对于中国的僧侣来说是难以接受的。笼统而言，宋代以前的高僧特别是那些西去印度的高僧，许多都受到良好的传统文化教育，对于儒家经典等都是熟悉甚至精通的。以玄奘为例，"（玄奘）幼而珪璋特达，聪悟不群，年八岁，父坐于几侧口授《孝经》，至曾子避席，忽整襟而起。问

其故，对曰：'曾子问师命避席，（玄奘）［某］今奉慈训，岂宜安坐。'父甚悦，知其必成，召宗人语之，皆贺曰：'此公之杨乌也。'其早慧如此。自后备通经典，而爱古尚贤，非雅正之籍不观，风圣哲之风不习；不交童幼之党，无涉阛阓之门；虽钟鼓嘈啐于通衢，百戏叫歌于间巷，士女云萃，亦未尝出也"[61]。在其心目中《论语·颜渊上》所云的"非礼勿视，非礼勿听，非礼勿言，非礼勿动"[62]应该是存在的，这里似乎可以将其延伸为"非礼勿取"，在佛教的传播过程中，将不合乎中国传统伦理道德观念的夜叉女的艺术形象直接过滤掉了——达到了非礼勿取的效果。为什么这样说呢？因为这一过滤符合了伦理道德观念，避免了佛教与中国传统伦理道德观念的冲突，可以使佛教能够更广泛地得以传播。但这样的话，却带来了一个很大的问题，就是以什么样的艺术形象来表现佛教经典中屡屡涉及的夜叉呢？由于印度的男性夜叉虽然也表现出低矮肥胖显得丑陋的特征，但作为艺术形象则难以将其定格化，并使得礼拜者一目了然。在这样的情况下，中国的工匠和艺术家们只能是将其画得凶恶一点或者奇怪丑陋一点而已。但问题接着又来了，什么样的形象才是凶恶的、丑陋的呢？人们会因时因地因人不同而对于其理解有所不同，这就必然会导致其形象的多样化，而多样化的结果表现在艺术形象上就必然是令人难以琢磨的模糊化。这一系列的问题的产生，使得中国佛教造像中的夜叉形象最不突出，主要表现为不确定性和模糊性，我们有时候在雕像或者壁画中难以准确地确认出夜叉形象，甚至无法区分飞行夜叉与飞天，在早期造像和壁画中表现得尤其突出。

　　同时，在中国的佛教造像中，很难看到一个与古印度艺术形象中相似或者相近乃至于经过改造的夜叉形象，这似乎可以看作是被直接过滤掉的证据。夜叉在中国的工匠或者艺术家的脑海里只是一个概念的存在，而没有具体特定的艺术形象。所以，他们在表现这一佛教题材时对其形象的把握，表现出极大的模糊性和不确定性，只能以其生存的年代所认为的丑陋、凶恶或者怪异来表现这一佛教题材，或者弱化这一佛教题材。即使在唐代的佛教造像如四川、甘肃敦煌莫高窟等比较鲜明的造像和壁画中，在表现八部护法（天、龙、夜叉、阿修罗、金翅鸟、乾闼婆、紧那罗、摩睺罗伽）时，其他各部的形象不仅都有所表现，而且生动形象，容易辨认和把握，唯独夜叉，要么不见其形象，要么不知所绘者为何物。这种现象的发生，是直接过滤不符合中国传统伦理道德观念艺术形象的必然结果。

第六节　鬼子母地位的变化
——传入、排斥与边缘化

　　鬼子母，梵文作 Hāritī，音译作诃利帝、诃梨底、诃梨帝、哥利底、呵利帝、可梨陀等，意译为欢喜，又有恶报、青色、黄色、药叉女神等异名，又被称作欢喜母、爱子母、功德天、天母等[63]。鬼子母皈依佛法后，成为爱护小儿的女神，也成为生育、送子之神，在古代印度民间祀祷颇盛[64]。同时，鬼子母还是人们崇拜的财富和农业女神[65]。据佛经记载，王舍城护持药叉娑多的女儿名欢喜，与犍陀罗国药叉半遮罗之子般支迦结婚，婚后生有五百个儿子，欢喜仗恃豪强，偷食王舍城中的小儿。守王舍城的天神托梦给城内人民，揭穿了欢喜偷食小儿的秘密，因而改欢喜名为诃利帝药叉女。后来佛以钵覆其最小的儿子爱儿之上，以其威力令兄不见弟，弟可见诸兄。欢喜因找不到小子爱儿而发狂，最后为佛所降服。西晋时期已经翻译出《佛说鬼子母经》[66]，但其事较为简略，云鬼子母有千子，五百子在天上，五百子在人间。其事在《根本说一切有部毗奈耶杂事》卷三十一有较为详细的记载，云其有五百子[67]。又见于《杂宝藏经》卷九“鬼子母失子缘”，其经文云：“鬼子母者，是老鬼神王般阇迦妻，有子一万，皆有大力士之力，其最小子，字嫔伽罗。”[68]

　　鬼子母因其多子，在犍陀罗一带成为人们的祭祀和供奉对象，她是保佑幼儿无病或送子之神，所以其信仰相当广泛。据《南海寄归内法传》卷一记载："西方诸寺，每于门屋处，或在食厨边，塑画母形，抱一儿子于其膝下，或五或三，以表其像。每日于前盛陈供食。其母乃是四天王之众，大丰势力。其有疾病无儿息者，享食荐之，咸皆遂愿。广缘如律，此陈大意耳。神州先有名鬼子母焉。"[69] 又据《大唐西域记》卷二"健驮逻国"条记载："梵释窣堵波西北行五十余里，有窣堵波，是释迦如来于此化鬼子母，令不害人，故此国俗祭以求嗣。"[70] 据玄奘的记载，释迦牟尼化鬼子母在犍陀罗国境内，所以，犍陀罗造像中出现大量鬼子母形象也就不奇怪了[71]。鬼子母之所以成为生育、送子女神，主要是其生育了五百子或一千子或一万子，表现出极强的生育能力。

　　随着西晋时期《佛说鬼子母经》的翻译，鬼子母的传说也传入中国，其形象也在寺院中得以雕塑，这在南北朝时期已经开始了。据《异苑》卷五记载："陈虞字君度，妇庐江杜氏，常事鬼子母，罗女乐以娱神。后一夕复会，弦管无声，歌者凄怆。杜氏尝梦鬼子母皇遽涕泗云：'凶人将来'。婢先与外人通，以梯布垣，登之入。神被服将剥夺毕，加取影象，焚钲而后去。"[72] 又据《荆楚岁时记·识》记载，在每年的四月八日，"诸寺各设香汤浴佛，共作龙华会，以为弥勒之征；而长沙寺阁下有九子母神。是日，市肆之人无子者供养薄饼以乞子，往往有验"[73]。说明南北朝时人们已根据相关佛经将鬼子母作为送子之神供养。图像资料也见于北魏时期的石窟寺造像之中，如山西大同云冈石窟第9窟后室南壁第2层西侧佛龛中鬼子母与般支迦并坐像，二人均半跏趺坐于藤座上，两者形象基本一致，均有头光，其中怀抱一小儿者为鬼子母（图版四〇）[74]；河南巩县石窟寺第3窟中心柱右面大龛下层鬼子母像和第4窟中心柱西面基座上浮雕的鬼子母形象[75]，其形象呈双面、怀抱小儿的坐姿，这两处石窟中现存的早期鬼子母图像资料，验证了文献记载的南北朝时期人们将鬼子母作为生育、送子之神来崇拜是确实存在的，其形象虽然与晚期的鬼子母形象有一定差异，但怀抱小孩这一点却是一致的。

　　唐代之时，有关鬼子母的故事和绘塑鬼子母的记载逐渐多了起来，说明其影响范围也较之前有所扩大。尽管鬼子母后来被不断地污名化，但这一来自佛教的护法求嗣女神形象在唐代仍然是正面的并产生了广泛影响，在唐长安城的寺院中有绘塑有鬼子母的形象。据段成式《西阳杂俎》续集五《寺塔记上》记载："光明寺中，鬼子母及文惠太子塑像，举止态度如生。工名李岫。"[76]《西阳杂俎》续集六《寺塔记下》记载："（崇义坊招福寺）库院鬼子母，贞元中，李真画，往往得长史规矩，把镜者尤工。"[77] 从文中"把镜者尤工"一语来看，李真所画鬼子母身旁有侍者的存在。《元和郡县图志》卷三十八"安南都护府龙编县"条云："石九子母祠，在县东十四里。"[78] 在《太平寰宇记》卷一百七十的记载则更为详细，其文云："石九子母者，坐高九尺，在今州寺中。九子悉附于石体，传云浮海而至，士庶祈祷，求子多验，于今不绝。"[79] 又据《全唐文》卷八〇六所录唐僖宗时人侯圭的《东山观音院记》云："制未周岁而及半，创观音像堂三间，南边佛舍五间，山头大阁三层七间，房廊厨库门庑十五间。皆尽雕饰之妙，宏壮之丽。瞻仰崇峻，依归者万计。旧传砖塔十三层，岁久倾欹，忽遇风雷，迟明却正，时以龙神扶掖之异，今余其址。又有石龛四五，兼鬼子母，下临方泉，里巷以高禖之飨，祈祷者众，颇有灵异。"[80] 侯圭之文说明在广明（880～881年）初的梓州，仍然有崇拜鬼子母的现象，人们还以中国传统的婚姻生育之神"高禖之飨"来祭拜，至少说明在梓州（今四川东北部）这一带，鬼子母在人们心目中的地位已等同于"高禖"，成为"婚姻生育之神"。同时还应该注意的是，在四川一带的东汉以来的画像石或者画像砖上，常见以野合等形式表现的高禖图像，说明这一地区有祭祀高禖的悠久传统，而且表现得非常直白，而一个外来的神——鬼子母能够在这一地区能够脱颖而出，并得到高禖之飨，同时受到人们的崇拜，一方面反映了这一地区的佛教盛况，另一方面则反映了鬼子母在当时影响力之深远。

　　关于求嗣于鬼子母，而得以应验的故事，在唐代也有不少记载。

据《太平广记》卷四十一《神仙四十一》"黑叟"条引《会昌解颐》及《河东记》记载："唐宝应（762～763 年）中，越州观察使皇甫政妻陆氏，有姿容而无子息。州有寺名宝林，中有魔母神堂，越中士女求男女者，必报验焉。政暇日，率妻孥入寺，至魔母堂，捻香祝曰：'祈一男，请以俸钱百万贯缔构堂宇。'陆氏又曰：'傥遂所愿，亦以脂粉钱百万，别绘神仙。'既而寺中游，薄暮方还。两月余，妻孕，果生男。政大喜，构堂三间，穷极华丽。陆氏于寺门外筑钱百万，募画工。自汴、滑、徐、泗、杨、润、潭、洪，及天下画者，日有至焉。但以其偿过多，皆不敢措手。忽一人不说姓名，称剑南来，且言善画。泊寺中月余，一日视其堂壁，数点头。主事僧曰：'何不速成其事耶？'其人笑曰：'请备灯油，将夜缉其事。'僧从其言。至平明，灿烂光明，俨然一壁，画人已不见矣。政大设斋，富商来集。政又择日，率军吏州民，大陈伎乐。至午时，有一人形容丑黑，身长八尺，荷笠莎衣，荷锄而至，阍者拒之，政令召入，直上魔母堂，举手锄以刷其面，壁乃颓。百万之众，鼎沸惊闹，左右武士欲擒杀之，叟无怖色。政问之曰：'尔颠痫耶？'叟曰：'无。''尔善画耶？'叟曰：'无。'曰：'缘何事而刷此也？'叟曰：'恨画工之罔上也。夫人与上官舍二百万，图写神仙，今比生人，尚不逮矣。'"[81] 这个故事中的鬼子母是一个极美丽的女神，其形象是正面的，因对其求子嗣多有应验，而成为人们的崇拜对象。这个故事反映中的"黑叟"，还因画工所画鬼子母不够美丽，便荷锄将其捣毁，也反映出鬼子母在人们心目中的地位。

但唐末五代之时，开始出现了将鬼子母污名化的故事。据《太平广记》卷三六八《精怪一》"南中行者"条引五代时期人王仁裕的《玉堂闲话》云："南中有僧院，院内有九子母象，装塑甚奇。尝有一行者，年少，给事诸僧。不数年，其人渐甚羸瘠，神思恍惚。诸僧颇怪之。有一僧，见此行者至夜入九子母堂寝宿，徐见一美妇人至，晚引同寝，已近一年矣。僧知塑象为怪，即坏之。自是不复更见，行者亦愈，即落发为沙门。"[82] 冯梦龙在其《情史》卷十九《情疑类》之

"九子魔母（鬼子母）"条，记载了一个鬼子母幻化成美女勾引常州吴生的故事，两人缠绵久了，最后其家人请道士咒驱之，道士在降服鬼子母幻化成的美女时，挥剑击中其臂。最后吴生的"家人于城北一古庙中，忽见九子魔母妆塑，姿容绝丽。旁有四侍者，一折其臂，容貌依稀，宛如前观"。在这个故事的末尾，冯梦龙这样评论道："魔母不择偶如此，一淫物耳！何以称神？神不为淫，祟或凭焉。"[83] 尽管自唐末五代开始出现将鬼子母污名化的现象[84]，但这并未完全阻挡其影响，人们对鬼子母的信仰在宋元明时期仍然延续着[85]。但从佛教造像来看，其地位明显下降，已经被边缘化，主要表现在她不再以单独的形象出现，而仅仅是群像中的一员[86]；在供养的地域上偏远化了，同时也更加民间化了。但值得注意的是，其形象仍然是端庄美丽的贵妇人形象，只是在以都城为核心的文化中心区域的寺庙和石窟中，再也难得一见其形象，这可以视之为排斥与淘汰。

　　这里顺便提一下，鬼子母的污名化大约自《玉堂闲话》始，故事中将其描绘成一个勾引人的荡妇形象，她也成为自佛教传入中国后，唯一被污名化的女神，这显然与鬼子母的有关传说是相悖的，属于当时文人对其污名化之作，有的故事甚至已经到了荒诞不经的程度。之所以如此，应该有其深层次的原因。鬼子母由恶转善皈依佛法，并成为生育、送子等的女神，但其曾经的行为与儒家理念相冲突。"人非圣贤，孰能无过？过而能改，善莫大焉"，为人们所熟悉。但这句话是从春秋时期的"人谁无过，过而能改，善莫大焉"[87]的基础上逐渐演变过来的，汉代逐渐变为"自非圣人，鲜能无过"[88]，最终演变成"人非圣贤，孰能无过？过而能改，善莫大焉"。在演变过程中，不断增设前提和条件，这个前提和条件就是圣贤无过或者说不能有过，而其他人是可以有过的，而且如能改过，还是很好的事情。这一演变过程某种程度而言，也是儒家思想逐渐得到加强的过程。鬼子母作为一个被人们崇拜的护法及求嗣之神，有过吃别人小孩的历史污点，这显然不符合儒家的标准——圣贤是无过的或者说是不能有过的，所以，鬼子母最终成为被儒生们肆意攻击的对象，而且从道德层面编造各种荒诞不经的故事，试图将其从接受供养的诸天中边缘化甚至淘汰，这应该是深层次的思想文化冲突的必然结果，而且最终形成一个奇特的现象，即这个来自犍陀罗的生育、送子女神，一边被局部地域的民间信仰着，一边又被文人污名化着。这说明在唐末五代之后的民间和文人之间在对待鬼子母的问题上存在巨大的差异，反映出民间从实用主义出发，对文人站在道德高度进行的评判并不领情。由此可见，不符合传统的思想文化观念的事物和圣贤标准的人物，即使传入也会被以各种理由逐渐淘汰，或者被边缘化，从而降为众天中的普通一员，不再作为单独的护法之天来接受人们的供养和礼拜。

值得注意的是，在有关鬼子母的图像资料中还发生了一个有趣的文化现象。据《初学记》卷二十八引晋张华《博物志》云："张骞使西域还，得安石榴、胡桃、蒲桃。"[89]石榴作为一个外来物种，在北朝时期被人们作为多子多福的象征。据《北齐书·魏收传》记载，北齐天保年间，"安德王延宗纳赵郡李祖收女为妃，后帝幸李宅宴，而妃母宋氏荐二石榴于帝前。问诸人，莫知其意，帝投之。收曰：'石榴房中多子，王新婚，妃母欲子孙众多。'帝大喜，诏收：'卿还将来'，仍赐收美锦二匹"[90]。从文中"问诸人，莫知其意"来看，将石榴作为多子多福的象征约在此时开始出现，尚不是一个普遍现象，此后才逐渐流行，并影响到日本。日本奈良醍醐寺所藏平安时代（12世纪）绢本设色鬼子母像[91]，其图像样式传自中国，图像中的鬼子母右手持石榴枝，枝上有一朵石榴花和两颗石榴。鬼子母本身就是送子之神，是人们祈祷多子多福的崇拜偶像，同时又让其手持象征多子的折枝石榴，目的是强化其身份。问题的关键是，石榴作为一个外来物种，被赋予多子多福的中国文化色彩，同时又将其与来自犍陀罗地区的鬼子母融合在一起。从其发展逻辑来看，经历了输入石榴（吸收）——赋予其中国文化色彩（中国化）——与外来的鬼子母相结合（再融合）——传播至日本这么一个过程，这一有趣的现象充分反映了文化交流与融合的复杂性。

第七节　从狮子座到须弥座

——蕴含了中华文明对稳定与和平的态度

自犍陀罗地区传入中国的佛教造像，其中有一种佛座呈方形或者长方形的"工"字形（图 10-50）[92]。据佛经记载，由于佛是人中狮子，佛所坐之处皆为狮子座，强调佛能够降伏一切。由此可见，这种方形或者长方形的佛座是抽象的狮子座，旨在表现佛能够降伏一切的象征意义。但为了与座子正面雕刻狮子的具象狮子座相区别，中国古代人经过长期摸索，至宋代之时将这种呈方形或者长方形的"工"字形佛座命名为"须弥座"，强调佛座稳固如须弥山而且不可撼动，这样就以巧妙的方式和切入点替代了原有的佛能够降伏一切的观念，同时又没有脱离须弥山这一宗教概念，从而被僧俗所理解和接受，并得以流传，特别是将其作为一种建筑基座而被广为运用（图七九、八〇）[93]。这一改变，不仅仅是名称的改变，也是在不同文化背景下对同一事物认识差异的反映。佛经中强调其降伏一切，而中国古代人强调其稳固如须弥山，不仅与中国传统的稳如泰山理念相吻合，而且还与下面所谈的中华文明的生产方式需要稳定、和平的环境这一文化背景有着密切的关系，是渴望稳定、和平这一深层次的意识在佛座名称上的反映，从而在思想层面和具体的名称层面完成了佛教的中国化，并成为中国文化的一部分。从此，须弥座以崭新的姿态和新的文化内涵出现在世人面前，其样式本身就包含有祈求稳定、稳固与和平的愿望，所以，中国的建筑大师梁思成先生、林徽因女史作为天安门前人民英雄纪念碑的主要设计者，他们设计时将人民英雄纪念碑的基座部分设计成须弥座的样式，并在其束腰部分浮雕历代人民英雄的形象，不仅象征着人民江山永固，而且对历代的人民英雄以鲜血换来的和平表示纪念，同时也象征人民英雄的牺牲精神如

阶基叠涩坐角柱

图七九 宋李诫《营造法式》卷二十九附须弥座样式

须弥座一样万古长存。

从狮子座到须弥座的变化，表面上看似乎只是名称变化的问题，实际上它蕴含了中华文明对社会稳定、和平的态度。众所周知，中华文明是以农业为基础而诞生的文明，具有浓郁的东方色彩，这是其产生之初的生产方式所决定的。不同于游牧民族，中国中原地区和南方地区文明的诞生，都是建立在采集到种植农业的基础上的，而农业对于自然环境的依赖性是极其强烈的，不仅需要较为固定的居住区域，同时也需要所在区域的气候较为稳定。如浙江衢州皇城墩遗址发现了距今 9 300～8 000 年的环壕和稻田遗址，这也是目前所知的世界上最早

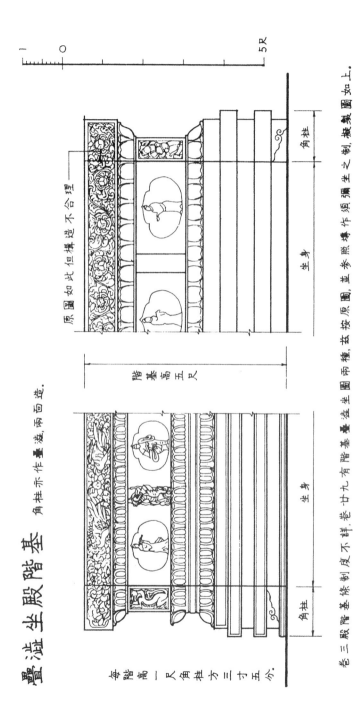

图八〇 梁思成先生绘制的须弥座复原座复原图对比图（图中手写体文字系原图之注）

的稻田遗址，它证明了中华文明很早就进入到以农业为主的生产方式。这种生产方式决定了中华文明对于稳定的理解是深刻的，也充满着渴望。如果说稳定与自然关系较为密切，那么和平则是对人群之间的关系的阐述，仅有稳定的自然环境，而没有和平的人群之间的关系，农业生产也是无法进行的。中华文明诞生的基础决定了其对稳定与和平的理解和渴望表现得尤其强烈，而乡土观念的形成则是其外在的表现形式。这一理解与唯物史观中的生产力决定生产关系、经济基础决定上层建筑是相吻合的。

文化传播问题表面上是源流问题，简单地说就是文化从哪里来，到哪里去，来去的过程中又有哪些变化，影响了什么，这些影响又是怎么发生的。从世界范围来看，希腊与波斯之间、希腊罗马与犍陀罗之间、中亚与西亚之间等，无不存在着密切的交流和影响，但从关联度较高的各类遗存来看，明显地存在着相似而又不同这两个方面，相似代表着传播与交流，不同代表着变化，准确地说，就是在适应当地各种观念的前提下进行的改变。这些情况表明，在世界范围内，任何文化现象包括物质的和精神的，都罕见全盘照搬者，充分体现了"适者生存"的特性，这里的"适"就是用各种办法将外来的"不适"变成本土的"适"，使之能够产生积极的作用。佛教造像艺术的传播正是如此，其在逐渐中国化的过程中，经过不断地取舍、添加、替换与过滤等方式方法，最终成为符合中国的价值观、伦理道德观、审美观、生活习惯等的艺术，而作为一种具体而直观的艺术形象，受到传统的伦理道德和审美观的制约表现得更为强烈一些。正是在伦理道德和审美观的制约之下，经过不断地对艺术形象进行调和，从而使其符合中国传统的伦理道德和审美观，并最终成为中国文化的重要组成部分。还有一些艺术形象，不涉及伦理道德观念和审美观念的问题，但却受到工匠和艺术家们的认知程度的制约。尤其是对一些不得不进行艺术表现但又仅知其名不知其实或未见其实的外来事物，工匠或艺术家们往往以熟悉替换不熟悉，或者借鉴传统予以重新构建，使之成为一个崭新的艺术形象，而这种新的艺术形象又会因人因地不同而表现出一定的差异，并进入到一个新的需要整合的发展历程中，从而又催生代表性人物及具有范式意义的作品，如此不断地循环往复。

　　还有一点值得注意，宗教艺术的传播和器物的传播在受制约方面有所不同。宗教艺术主要以人形来表现神灵，对其形体表现时更多地受到来自伦理道德观念的制约，而外来器物的传播则更多地受到用器习惯和审美观的制约，在对待外来器物的传播方面其包容性显得更为强烈，夏鼐先生曾有过生动而精辟的论述："一般中国制造的仿制品，器形和伊朗人所制的大致相同，但是花纹的风格，常是中国唐代型的。有些连花纹都模仿得很像，那就难以把它们和输入品相区分。中国手工艺人不仅在金银制造的容器模仿萨珊朝式的，并且在瓷器、漆器和铜器中，也有模仿萨珊朝式的。可见当时的中国人民对于萨珊朝艺术品的喜爱。"[94]

注释

1. 李泽厚：《美的历程》，文物出版社，1989 年，第 2 版，第 114 页。此外还有大量的论文涉及中国化这一问题时，也常用本土化以及民族化、世俗化等这些概念。关于佛教造像艺术中国化，少数为宏观论述，如黄心川：《从印度到中国：佛教造像的艺术之路》，《世界宗教艺术》2001 年第 2 期。多数则从某个时期的造像、某个石窟造像及壁画本身特征的出发，探讨造像、服饰、技术与艺术风格表现的本土化、民族化、世俗化以及民间化，如徐振杰：《中国早期佛教造像民族化与世俗化研究》，山东大学博士论文，2007 年。该文主要把中国早期佛教造像放到不同地域和阶层间的文化差异与相互影响的时代和环境背景中去，力图做更为具体同时更为整体的分析，而且强调中国文化在吸收佛教造像艺术方面的不同地域和阶层的文化特征，它们之间的互动推动了中华民族共同体文化特征的发展；张成渝、张乃翥：《略论龙门石窟唐代造像的民族化特点》，《敦煌学辑刊》1999 年第 2 期等。更有大量论文大都提到了民族化和世俗化等，但不论从文章的体量（多为 3 页左右），还是从内容本身来看，大多为泛泛而论，难以承担解决中国化这一问题的责任，而且此类论文数量巨大，限于篇幅，此不列举。纵观目前为止的同类论文，探讨更多的是造像等的艺术风格和特征，是一种类比，罕见对于造成变化的深层次原因进行探讨者，正因为如此，本文着重从佛教造像艺术的取舍、添加、替换、过滤、淘汰与边缘化等角度，深入探讨了发生这类现象的深层次的社会原因。

2.《中国共产党在民族战争中的地位》，《毛泽东选集》(第 2 卷)，人民出版社，1991 年，第 534 页。

3.（宋）郭若虚著，黄苗子点校：《图画见闻志》，人民美术出版社，1963 年，第 17 页。

4. 宿白：《保利艺术博物馆收藏的北齐佛像》，《保利藏珍：石刻佛教造像精品展》，岭南美术出版社，2000 年，第 26～29 页。

5.［日］肥塚隆、宫治昭：《世界美術大全集·東洋編》第 13 卷《インド（1）》，小学館，2000 年，第 84 页，图版 72；［日］京都国立博物館、東武美術館、朝日新聞社：《大英博物館所藏：インドの仏像とヒンドウの神々展図録》，朝日新聞社，1994 年，第 66 页，图版 19。

6.［日］京都国立博物館、東武美術館、朝日新聞社：《大英博物館所藏：インドの仏像とヒンドウの神々展図録》，朝日新聞社，1994 年，第 143 页，図版 79。

7. 青州市博物馆编：《青州龙兴寺佛教造像艺术》，山东美术出版社，2014 年，第 83 页，图版 64、67。

8. 西安博物院编著：《西安博物院》，世界图书出版公司，2007 年，第 23 页。

9. 中国陵墓雕塑全集编辑委员会编：《中国陵墓雕塑全集》4《两晋南北朝》，陕西人民美术出版社，2007 年，图版一五一。

10. 陈寅恪著：《隋唐制度渊源略论稿》，生活·读书·新知三联书店，2015 年，第 3 版，第 79 页。

11.（唐）李百药撰：《北齐书》，中华书局，1972 年，第 685～694 页。

12.（唐）李百药撰：《北齐书》，中华书局，1972 年，第 347 页。

13. 温玉成：《迹旷代之幽潜　托无穷之炳焕——龙门石窟艺术综论》，《中国石窟雕塑全集》4《龙门》，重庆出版社，2001 年，第 26 页。

14. 河南省文物研究所编著：《中国石窟·巩县石窟寺》，文物出版社、株式会社平凡社，1989 年，图版 251、252。

15.（唐）玄奘、辩机原著，季羡林等校注：《大唐西域记校注》下册，中华书局，2000 年，第 1041 页。

16. 汤用彤：《汉魏两晋南北朝佛教史》，商务印书馆，2015 年，第 24 页。

17.（唐）魏征、令狐德棻撰：《隋书》，中华书局，1973 年，第 193、196 页。

18.（唐）房玄龄等撰：《晋书》，中华书局，1974 年，第 962 页。

19.（唐）房玄龄等撰：《晋书》，中华书局，1974年，第756页。

20.（唐）魏征、令狐德棻撰：《隋书》，中华书局，1973年，第192页。

21.［日］龍谷大学、龍谷ミュジアム：《釈迦と親鸞：釈尊編》，龍谷大学、龍谷ミュジアム，2011年，第1页，图版7。

22. 笔者拍摄于尼泊尔国立博物馆。

23. 张焯主编：《云冈石窟全集》第3卷《第6窟上》，青岛出版社，2017年，第90页，图版101；河南省郑州市博物馆：《河南荥阳大海寺出土的石刻造像》，《文物》1980年第3期；延安文物研究所编著：《延安石窟菁华》，陕西人民出版社，2016年，第11页。

24. 金维诺总主编：《中国美术全集·卷轴画（一）》，黄山书社，2010年，第95页。

25.（唐）玄奘、辩机原著，季羡林等校注：《大唐西域记校注》下册，中华书局，2000年，第523页。

26.［日］栗田功：《ガンダーラ美術（Ⅰ）》（改訂増補版），二玄社，2003年，第242、243页，图版482、483。

27. 河北省文物研究所编著：《河北考古重要发现1949～2009》，科学出版社，2011年，第326页；陕西省文物局、陕西省考古研究院编：《留住文明：陕西"十一五"期间基本建设考古重要发现》，三秦出版社，2012年，第228页。

28.（唐）玄奘、辩机原著，季羡林等校注：《大唐西域记校注》下册，中华书局，2000年，第176页。

29. 中国社会科学院考古研究所、河北省文物研究所编著：《邺城北吴庄出土佛教造像》，科学出版社，2019年，第65～67页。

30.［日］東京国立博物館、京都国立博物館、日本経済新聞社：《インド古代彫刻展》，日本経済新聞社，1984年，图版2。

31. 笔者拍摄于印度加尔各答印度博物馆。

32. 濮阳市文物管理委员会、濮阳市博物馆、濮阳市文物工作队：《河南濮阳西水坡遗址发掘简报》，《文物》1988年第3期。

33. 中国社会科学院考古研究所二里头工作队：《河南偃师市二里头遗址中心区的考古新发现》，《考古》2005年第7期。

34. 洛阳市文物管理局、洛阳古代艺术博物馆编：《洛阳古代墓葬壁画》上册，中州古籍出版社，2010年，第81～83页。

35. 中国画像石全集编辑委员会编：《中国画像石全集》7《四川画像石》，河南美术出版社、山东美术出版社，2000年，第101页，图版一二九。

36. 赵荣主编：《长安丝路东西风》，三秦出版社，2018年，第10页。

37. 申秦雁主编：《陕西历史博物馆珍藏金银器》，陕西人民美术出版社，2003年，第132页，图版149。

38. 中国画像石全集编辑委员会编：《中国画像石全集》2《山东画像石》，山东美术出版社、河南美术出版社，2000 年，第 88 页，图版 96，说明文字参见第 33 页。

39. 宋天竺三藏求那跋陀罗：《过去现在因果经》，《大正藏》第 3 册，No.189，第 624 页。

40. ［日］樋口隆康、桑山正進、宮治昭、田辺勝美：《パキスタン・ガンーダラ美術展図録》，日本放送協会，1984 年，第 48 页，图版Ⅱ-5。

41. 云冈石窟文物保管所编著：《中国石窟·云冈石窟》（一），文物出版社、株式会社平凡社，1991 年，图版 73。

42. 延安市文物研究所编著：《延安石窟菁华》，陕西人民出版社，2016 年，第 10 页。

43. 张燕编著：《陕西药王山碑刻艺术总集》第二卷《西魏造像碑》，上海辞书出版社，2013 年，第 135～170 页，图 280、281。

44. 星云大师总监修，罗世平、如常主编：《世界佛教美术图说大典·绘画③》，湖南美术出版社，2017 年，第 878 页。

45. （后晋）刘昫等撰：《旧唐书》，中华书局，1975 年，第 107 页。

46. （宋）欧阳修、宋祁撰：《新唐书》，中华书局，1975 年，第 530 页。

47. 甘肃省文物考古研究所编著：《王国的背影——吐谷浑慕容智墓出土文物》，文物出版社，2022 年，第 198、200、201、212 页。

48. 新疆文物考古研究所：《吐鲁番阿斯塔那古墓群第十次发掘简报（1972～1973 年）》，《新疆文物》2000 年第 3～4 期合刊。

49. 敦煌研究院主编，本卷主编谭蝉雪：《敦煌石窟艺术全集》23《服饰画卷》，同济大学出版社，2016 年，第 42～44、48 页。

50. 陕西省考古研究所编著：《西安北周安伽墓》，文物出版社，2003 年，图版二九。

51. 金维诺总主编：《中国美术全集·墓室壁画（二）》，黄山书社，2010 年，第 281 页。

52. 昭陵博物馆编：《昭陵唐墓壁画》，文物出版社，2006 年，第 58 页。

53. 昭陵博物馆编：《昭陵唐墓壁画》，文物出版社，2006 年，第 157 页。

54. 金维诺总主编：《中国美术全集·墓室壁画（二）》，黄山书社，2010 年，第 291 页。

55. 陕西省考古研究所、富平县文物管理委员会编著：《唐节愍太子墓发掘报告》，科学出版社，2004 年，第 182、183 页。

56. 新疆文物考古研究所：《吐鲁番阿斯塔那古墓群第十一次发掘简报（1973 年）》，《新疆文物》2000 年第 3～4 期合刊。

57. 西安市文物保护考古所编著，孙福喜主编：《西安文物精华·佛教造像》，世界图书出版公司，2010 年，第 55 页，图版 46。

58. ［日］齋藤龍一：《大唐王朝　女性の美》，中日新聞社，2004 年，第 63 页，图版 29。

59. ［日］東京国立博物館、京都国立博物館、日本経済新聞社：《インド古代彫刻展》，日本経済新聞社，1984 年，图版 6。

60. ［日］東京国立博物館、京都国立博物館、日本経済新聞社：《インド古代彫刻展》，日本経済新聞社，1984 年，图版 1；［日］京都国立博物館、東武美術館、朝日新聞社：《大英博物館所藏：インドの仏像とヒンドウの神々展図録》，朝日新聞社，1994 年，第 56 页，图版 12。

61. （唐）慧立、彦悰著，孙毓棠、谢方点校：《大慈恩寺三藏法师传》，中华书局，2000 年，第 5 页。

62. 程树德撰，程俊英、蒋见元点校：《论语集释》，中华书局，1990 年，第 821 页。

63. 关于鬼子母的代表性研究成果，可以参见李翎著：《鬼子母研究：图像、经典与历史》，上海书店出版社，2018 年。其相关文章可以参考《鬼子母揭钵故事的流传与图像》，《世界宗教文化》2014 年第 1 期；《从犍陀罗开始：诃利谛的信仰与造像》，《敦煌学辑刊》2014 年第 2 期；《西藏的鬼子母信仰：经典与图像》，《中国藏学》2014 年第 4 期；《新疆的诃利帝信仰——以〈南海寄归内法传〉和丹丹乌里克相关绘画的释读为中心》，《新疆师范大学学报》（哲学社会科学版）2015 年第 3 期等。

64. （唐）玄奘、辩机原著，季羡林等校注：《大唐西域记校注》上册，中华书局，2000 年，第 254 页。

65. （巴基斯坦）穆罕默德·瓦利乌拉·汗著，陆水林译：《犍陀罗——来自巴基斯坦的佛教文明》，五洲传播出版社，2009 年，第 261 页。

66. 《佛说鬼子母经》，《大正藏》第 21 册，No.1262，第 290 页。该经失译者名，被认为是西晋时期翻译。

67. （唐）义净译：《根本说一切有部毗奈耶杂事》，《大正藏》第 24 册，No.1451，第 360 页。

68. （元魏）西域三藏吉迦夜共昙曜译：《杂宝藏经》，《大正藏》第 4 册，No.0203，第 492 页。

69. （唐）义净著，王邦维校注：《南海寄归内法传校注》，中华书局，1995 年，第 50 页。

70. （唐）玄奘、辩机原著，季羡林等校注：《大唐西域记校注》上册，中华书局，2000 年，第 254 页。

71. ［日］財団法人平山郁夫シルクロード美術館：《ガンダーラ——仏像のふる

さと》，财团法人平山郁夫シルクロード美術館，2009年，第75页，图版69、70。

72. （南朝宋）刘敬叔撰，黄益元校点：《异苑》，《汉魏六朝笔记小说大观》，上海古籍出版社，1999年，第637页。

73. （梁）宗懔撰，杜公瞻注，黄益元校点：《荆楚岁时记》，《汉魏六朝笔记小说大观》，上海古籍出版社，1999年，第1061页。

74. 云冈石窟文物保管所编著：《中国石窟·云冈石窟》（二），文物出版社·株式会社平凡社，1994年，图版42。

75. 杨超杰著：《洛阳周围小石窟全录》第五卷，外文出版社，2010年，第42页；图161；河南省文物研究所编著：《中国石窟·巩县石窟寺》，文物出版社、株式会社平凡社，1989年，图版175。关于该图像的身份属于鬼子母，可以参见常青：《北朝石窟神王雕刻述略》，《考古》1994年第12期。

76. （唐）段成式撰，曹中孚校点：《西阳杂俎》，《唐五代笔记小说大观》上册，上海古籍出版社，2000年，第753页。

77. （唐）段成式撰，曹中孚校点：《西阳杂俎》，《唐五代笔记小说大观》上册，上海古籍出版社，2000年，第762页。

78. （唐）李吉甫撰，贺次君点校：《元和郡县图志》下册，中华书局，1983年，第958、959页。

79. （宋）乐史撰，王文楚等校点：《太平寰宇记》（七），中华书局，2007年，第3255页。

80. （清）董诰等编：《全唐文》，中华书局，1983年，第8473、8474页。

81. （宋）李昉等编：《太平广记》，中华书局，1961年，第259、260页。

82. （宋）李昉等编：《太平广记》，中华书局，1961年，第2931页。

83. 魏同贤总主编：《冯梦龙全集》第7册《情史》，凤凰出版社，2007年，第721～723页。

84. 关于鬼子母的被污名化，可以参见李翎：《佛教送子神研究——观音送子还是鬼子母送子？》，《人间宗教》总第五辑（第1册），宗教文化出版社，2015年，第148～170页。该文中列举了大量的鬼子母在五代以后被污名化的相关资料和研究，同时列举有鬼子母也同时被信仰着的相关资料。

85. 李翎：《佛教送子神研究——观音送子还是鬼子母送子？》，《人间宗教》总第五辑（第1册），宗教文化出版社，2015年，第148～170页。

86. 金维诺总主编：《中国美术全集·殿堂壁画》（二），黄山书社，2020年，第247、318页；中国寺观壁画全集编辑委员会编：《中国寺观壁画全集》2《元代寺观水陆法会图》，广东教育出版社，2011年，第161页，图版一五二。

87. （清）洪亮吉撰，李解民点校：《春秋左传诂》上册，中华书局，1987 年，第 397 页。

88. （宋）范晔撰，（唐）李贤等注：《后汉书》，中华书局，1965 年，第 2791 页。

89. （唐）徐坚著：《初学记》，中华书局，2010 年，第 2 版，下册，第 683 页。

90. （唐）李百药撰：《北齐书》，中华书局，1972 年，第 490 页。

91. 上海博物馆、陕西历史博物馆编：《醴醐寺艺术珍宝》，上海书画出版社，2016 年，第 150、151 页，图版 37。

92. ［日］财团法人平山郁夫シルクロード美術館：《ガンダーラ——仏像のふるさと》，财团法人平山郁夫シルクロード美術館，2009 年，第 60 页，图版 52。

93. 关于须弥座作为建筑基座的使用，最先出现在宋李诫的《营造法式》，该书卷十五云："垒砌须弥坐之制：共高一十三砖，以二砖相并，以此为率。自下一层与地平，上施单混肚砖一层，次上牙脚砖一层（比混肚砖下龈收入一寸），次上罨牙砖一层（比牙脚出三分），次上合莲砖一层（比罨牙收入一寸五分），次上束腰砖一层（比合莲下龈收入一寸），次上仰莲砖一层（比束腰出七分），次上壸门、柱子砖三层（柱子比仰莲收入一寸五分，壸门比柱子收入五分），次上罨涩砖一层（比柱子出五分），次上方涩平砖两层（比罨涩出五分）。如高下不同，约此率随宜加减之（如殿阶基坐须弥坐砌垒者，其出入并依角石柱制度，或约此法加减）"。参见梁思成：《营造法式注释》，《梁思成全集》第七卷，中国建筑工业出版社，2001 年，第 276 页；（宋）李诫：《营造法式》，中国书店，2013 年，第 319、320 页，插图见第 641 页。梁思成先生曾根据《营造法式》的记载，对须弥座进行过复原，参见《梁思成全集》第七卷第 372 页复原对比图。

94. 夏鼐：《近年中国出土的萨珊朝文物》，《考古》1978 年第 2 期。

后　记

　　考古学教学与研究，不是简单地对遗迹现象与遗物进行客观描述，或者编年，或者钻入其中不能自拔从而只见树木不见森林，为什么呢？因为这些遗迹与遗物是古人在社会活动中遗留下来的，怎么建、怎么放、怎么制，无不体现着古人的思想、文化和技术水平，我们要探讨的是为什么会这样？中华文明为什么会在世界文明中独树一帜且绵延不衰？等等一系列问题，而这些问题就蕴含在丰富的遗迹现象和遗物中，透过遗迹与遗物能够触摸到古人的思想脉搏，能够感受到古人的苦心经营，能够体会到古人的筚路蓝缕不断奋进，能够感知到古人的家国情怀，凡此种种，不一而足。对遗迹与遗物的探讨，实际上是通过遗迹与遗物与古人对话，虽然这种对话是片段的或者断断续续的，但却是实实在在的，可观可触可思，因此，在讲授和传播所必需的学科知识、探讨遗迹与遗物发展演变规律的同时，要始终将家国情怀、弘扬中华文明的理念贯穿其中。因为这样的方式不仅完成了专业教育和考古学研究的基本任务，同时也系统化了作为受体的学生和普通受众所掌握的一些碎片化的基本知识，并以潜移默化的方式将中华五千年文明的一脉相承性、怎样对待外来文化的问题等必须关注的问题贯穿其中，受众不仅不会感到突兀或者认为是简单的说教，反而会认为是生动的系统的，开启了思路，从而达到了润物细无声地教学、研究和传播五千年中华文明的目的。其中的主要原因是做到了以唯物史观看问题，以时空框架看背景，历史地解释考古学资料，以翔实的史料作为实证，最终达到从考古学角度激发爱国情怀。说到底，课堂上的专业教育、日常的考古学研究以及通过生动形象的考古资料弘扬中华文化，就是专业知识与爱国主义教育、民族自豪感教育的完美结合，是教育和研究所要达到的培养人、弘扬中华文化的最高境界，其主要目的是培养出有情操、有文化底蕴、有民族自豪感和爱国主义的社会主义建设者，通过宏观的考虑与设计，加上鲜活而生动的案例的讲述，是完全可以实现这一目的的。特别注意的一点是，作为授课主体的教师，要打破自身的知识壁垒，加强科研能力，拓宽知识视野，善于发现和组织生动活泼的有说服力的案例，以唯物史观、时空观念、历史解释、史料实证、家国情怀五大史学核心素养夯实自身的学养，必然能够水到渠成，做到教学、科研与思想政治教育一体化。

还值得一提的是，考古学教学及考古学研究中对中华文明的总结和凝练，反过来又会对教学、科研本身产生促进作用。考古学遗存中的很多现象，单靠自己所研究的某一个阶段的某些研究对象是难以得到正确认识的，必须对其进行长时段的宏观思考，为了达到这一目的，就得大量阅读、了解、比对、思考、斟酌、总结、凝练，在这一过程中，无形中又促进了考古教学和考古研究，实际上就是伟大的教育家孔子所云的"教学相长"。由此可见，考古教学和考古研究中对中华文明优秀遗产的总结、凝练、传承与表达不仅必要而且必须，它可以让教育者、研究者和被教育者、普通受众对立统一的双方在这一过程中都能受益，从而提高认识，端正学术思想，谨严学术态度，弘扬正能量，增强民族自豪感和文化自信。

最后，需要说的是，拙著在编辑出版过程中，得到了上海古籍出版社编辑贾利民先生的大力协助，西北大学文化遗产学院也给予了经费等方面的支持，硕士研究生李育瑾、刘昕玥、苗莹莹、吴晨奇参与了文字校对工作，在此一并表示衷心感谢。同时，拙著中的内容主要产生于教学和科研的过程中，所论所述难免失之偏颇，乃至于错误，敬请方家批评、指正，以便于日后改正。